i
imaginist

想象另一种可能

理
想
国
imaginist

Leïla Haddad
Guillaume Duprat

MONDES
MYTHES ET IMAGES DE L'UNIVERS

图解创世神话

[法]蕾伊拉·哈达 [法]纪尧姆·杜帕——著

袁俊生——译

民主与建设出版社
·北京·

序　言

所有的人类社会，无论是占据整片大陆的大型社会，还是散落在戈壁沙漠、岛屿或北冰洋地区的小型社会，都会提出同样的问题："我们来自哪里？我们身处何地？我们究竟是谁？"答案不计其数，却又丰富多彩，每一种答案都带有鲜明的地方特色，成为世界上各种宇宙起源传说的组成部分。

应当说，这本由蕾伊拉·哈达、纪尧姆·杜帕合著的书，采撷、汇总了世界各地关于宇宙起源的传说，让喜欢世界神话故事的人大饱眼福。我们由此也能看到，在人类起源的问题上，各民族、各地区的答案不乏创造性和想象力。无论是文字还是图画，都生动地展现出世界各地的宇宙起源传说，充分满足了我们的好奇心。

在关于世界起源的所有传说里，通常都有一些完全相同的元素。创世之初，世界是没有形状的，古人常常将其描绘成一片广袤无垠的水域。接着，一个"超自然"的生物（一只鸟或一条蛇）出现了。它规划整个世界，并把各种生物带到世界上来。人通常在最后才出现。在天体物理学家眼里，将这类宇宙起源传说与现代宇宙学知识做一番对照，还是很有意思的。现代宇宙学认为，宇宙确实有过一个"开端"（大爆炸）。在原初阶段，所有的物质都呈一种高温稠密的状态（像岩浆一样），没有任何一种现代物质的结构，比如微观层面上的粒子——原子、分子，或宏观层面上的星球、星系。尽管如此，与传统想象所不同的是，这种岩浆物并不是一种暗黑的物质，而是十分明亮的。

大爆炸理论所提供的宇宙演变方案，也展示出宇宙复杂的发展过程。只不过组织宇宙元素的是物理学的各种力，比如引力、电磁力、强核力及弱核力。当岩浆物温度降下来时，物理学的各种力便开始闪亮登场，形成各种有机体系，让世界在各个层面变得丰富起来。根据现代科学的说法，人类在这个美妙的故事中出现得很晚。

我们注意到，宇宙起源的传统说法（本书介绍了很多种说法）与现代宇宙科学之间存在着某种相似性。宇宙科学是经过无数次天文观测才建立起来的，那么这种相似性又该如何解释呢？难道人类祖先真有某种直觉，靠着直觉的认知去引导传统社会认识宇宙吗？问题再次摆在我们面前。这个问题非常有意思，但却很难回答。

此外，我还可以补充一点。创世神话传说与大爆炸理论有些相似，有些人因此对大爆炸理论持怀疑态度，甚至完全否定大爆炸理论。英国天文学家弗雷德·霍伊尔曾是当代最伟大的天体物理学家之一，在一次广播节目中，有听众问起宇宙起源问题，霍伊尔公开对大爆炸理论提出反对意见，因为他根本看不起这套理论。要说起来，正是他在这次广播节目中，以嘲讽的口吻将大爆炸称为"Big Bang"的。有些哲学家也持类似的看法，我也听到过他们的反对意见，他们说，这一理论"从哲学层面上看是站不住脚的"。

虽然大爆炸理论与许多宇宙起源的传说有相似之处，有些人认为这简直难以置信，甚至认为它们完全是风马牛不相及的东西，但大爆炸理论还是被人接受了。因为经过无数次的天文观测之后，人们发现大爆炸理论正是描述宇宙起源最恰当的手法，这也正是大爆炸理论最迷人的地方。当年多明我修会的修士们对伽利略否定地心说的论述持反对态度，伽利略却明确告诉他们："然而，地球确实在转啊。"

我想再次重申，大爆炸理论并未完结，也不是一种定型的理论。有关这一理论的研究还在进行中，其中依然有许多缺乏条理的地方有待完善，有很多问题等待解决。不过，对热衷于了解世界起源的人来说，大爆炸理论仍然是最可信的宇宙起源说。与此同时，大爆炸理论还让我们联想到人类智力活动的一个基本要素：要让哲学去适应现实，而不是让现实去适应哲学。

休伯特·里夫斯
（Hubert Reeves，
加拿大天体物理学家，科普作家）

目 录

欧 洲　　1
古希腊：打打杀杀的各路神祇　　4
凯尔特人：彼世之旅　　8
维京人：诸神的黄昏　　12

北非和西亚　　17
古埃及：太阳神与混沌永恒的斗争　　20
古巴比伦：晚辈推翻长辈　　24
波斯：九千年的善恶之争　　28

南亚和东亚　　33
印度：世界"劫"后重生　　36
中国：开天辟地　　40
日本：为爱奔赴，人鬼殊途　　48

环北极圈地区　　53
西伯利亚：潜水鸟衔来的大地　　56
因纽特人：世界始于漫长的黑夜　　60

北美洲　　65
休伦人：大海龟背上的世界　　68
纳瓦霍人：在不同的世界迁徙　　72

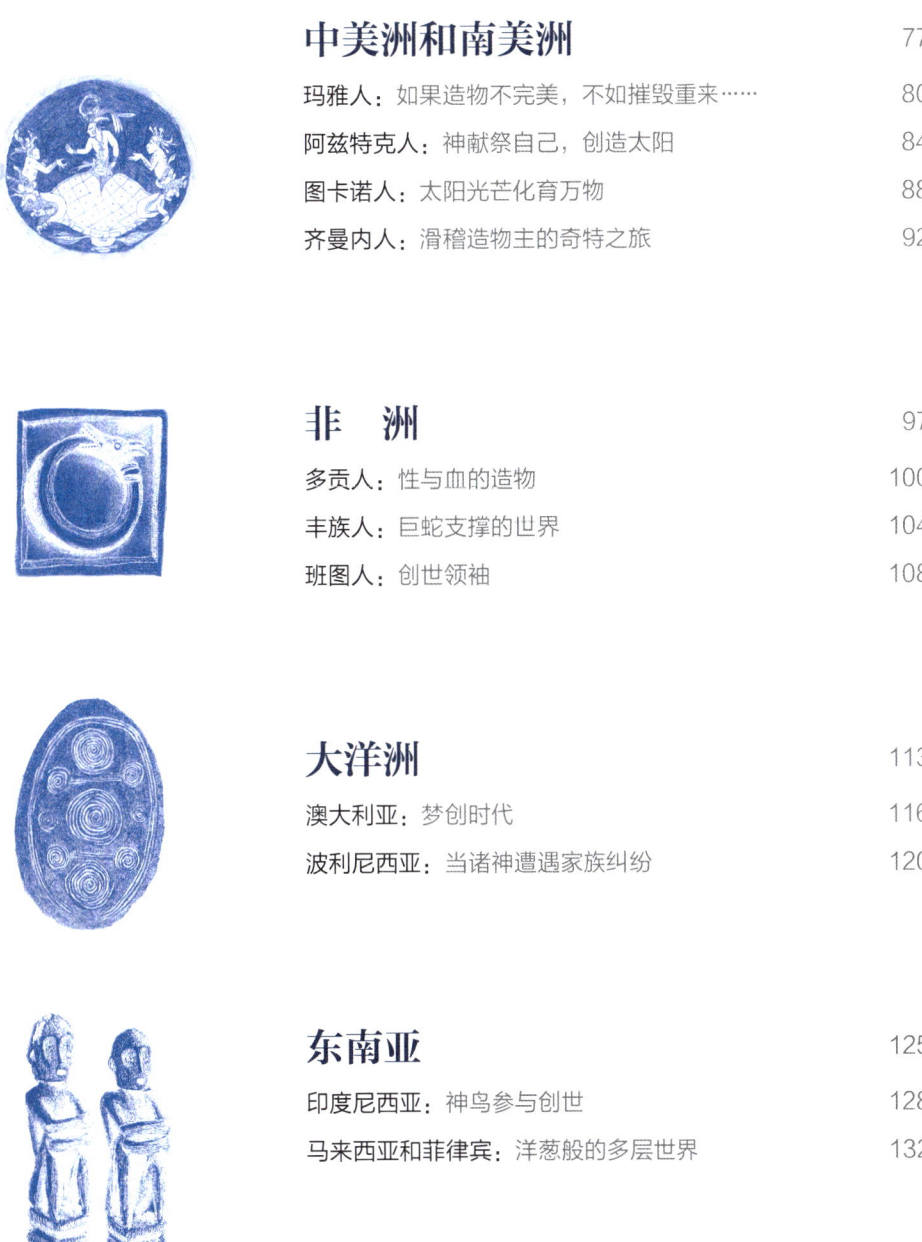

中美洲和南美洲　　　　　　　　　77
　　玛雅人：如果造物不完美，不如摧毁重来……　　80
　　阿兹特克人：神献祭自己，创造太阳　　84
　　图卡诺人：太阳光芒化育万物　　88
　　齐曼内人：滑稽造物主的奇特之旅　　92

非　洲　　　　　　　　　97
　　多贡人：性与血的造物　　100
　　丰族人：巨蛇支撑的世界　　104
　　班图人：创世领袖　　108

大洋洲　　　　　　　　　113
　　澳大利亚：梦创时代　　116
　　波利尼西亚：当诸神遭遇家族纠纷　　120

东南亚　　　　　　　　　125
　　印度尼西亚：神鸟参与创世　　128
　　马来西亚和菲律宾：洋葱般的多层世界　　132

结束语　　　　　　　　　137

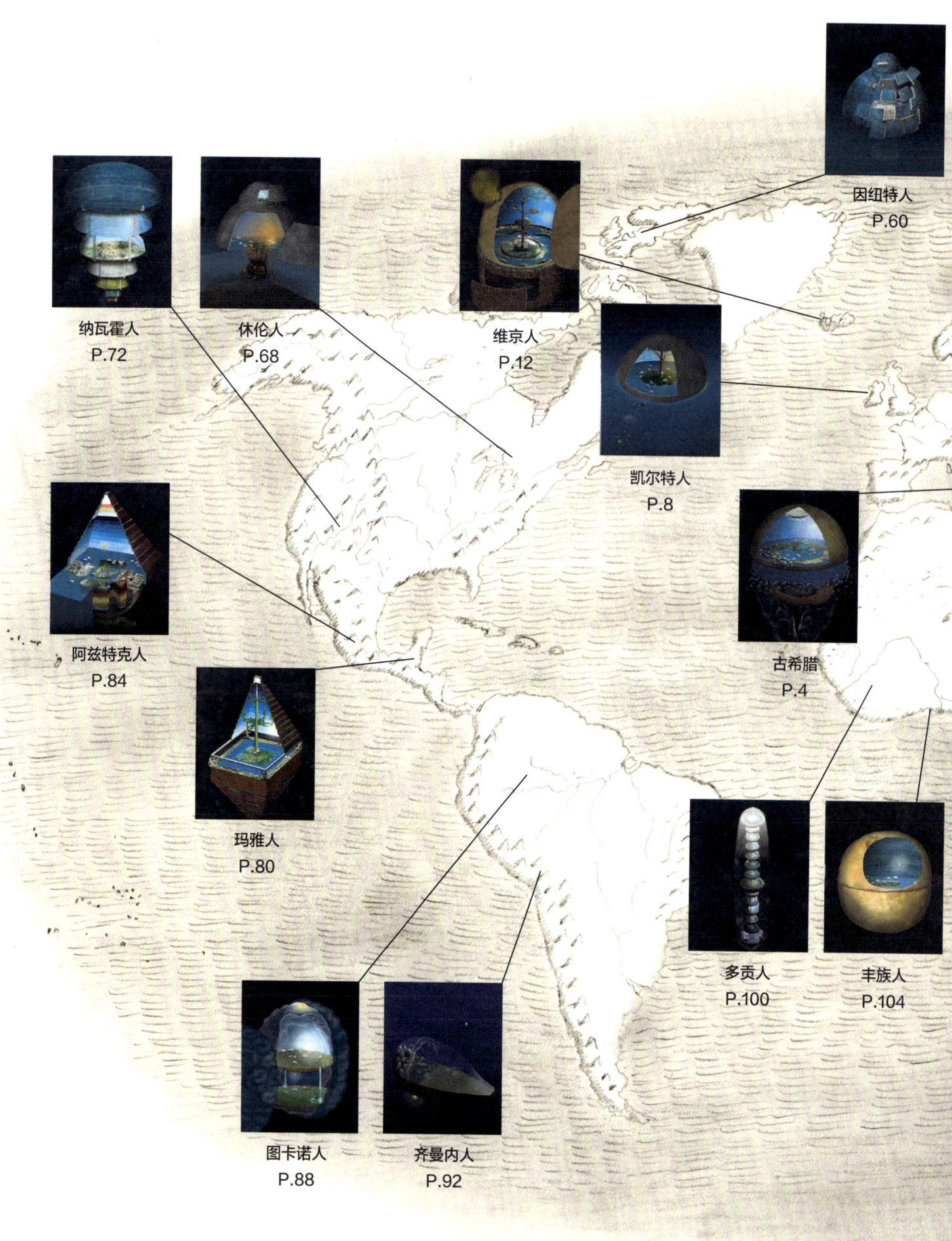

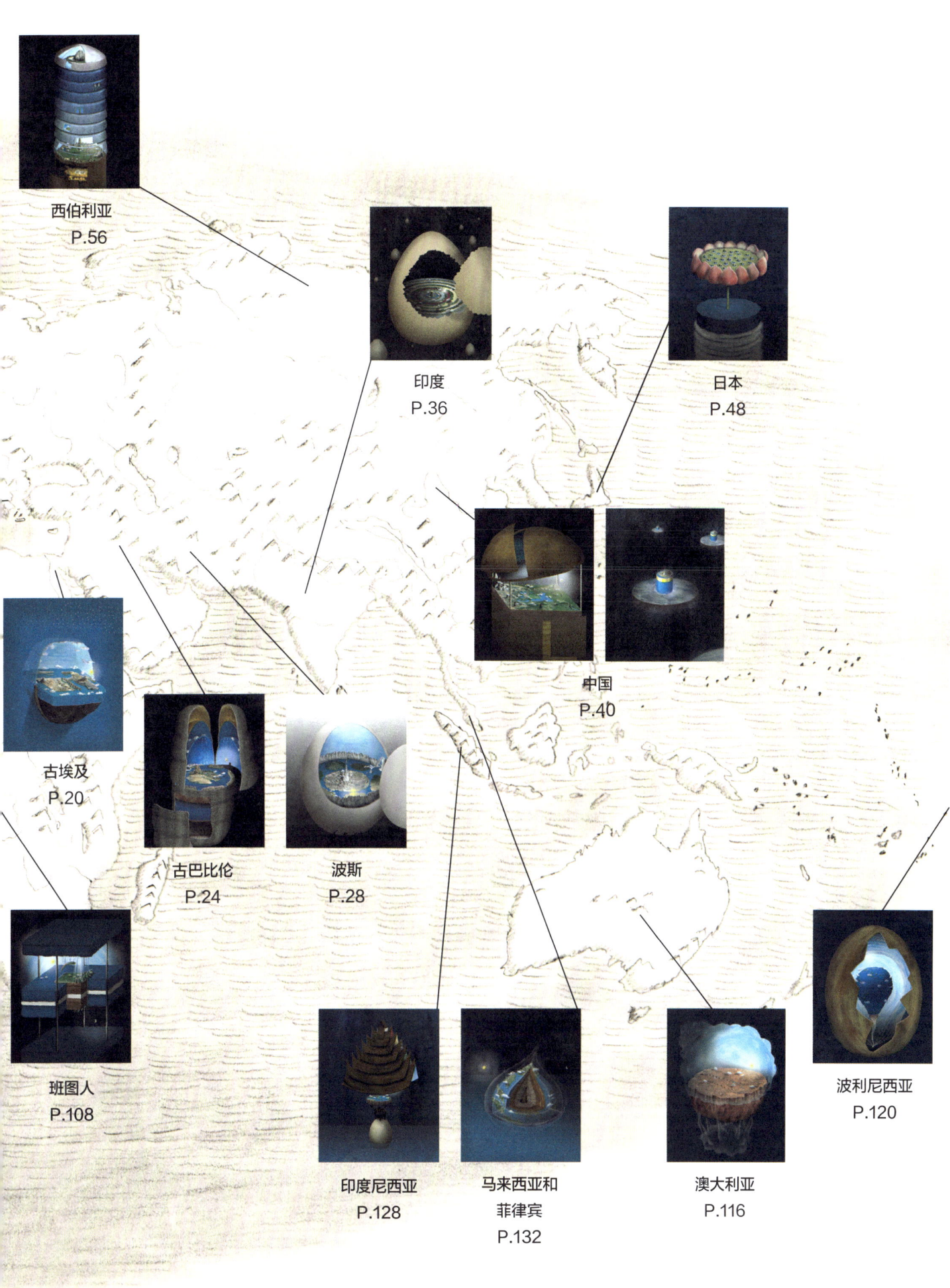

欧 洲

欧　　洲

古希腊人对探究世界的起源并不上心，不过他们还是给后人留下一些有关世界起源的描述。在希腊神话里，我们能看到赫拉克勒斯、伊阿宋、忒修斯等人物在艰难的征途中历经坎坷的故事。公元前 8 世纪，希腊诗人赫西俄德描述了宇宙和神的诞生。但这种创世神话与其说是一种宇宙起源说，倒不如说是一个神谱，因为诗人描述的仅仅是诸神诞生的故事，而不是宇宙的起源。自从出现三位祖先，即混沌神卡俄斯、地母盖亚、天神乌拉诺斯之后，希腊诸神便陆续诞生出来，形成一个庞大的希腊神族。然而这一庞大神族中却出现了许多畸形、怪异的另类，神的后代们则一直设法除掉这些败类。为了争权夺利，后代们轻率地举刀互相残杀，弑父、杀子、害死叔父的惨剧屡见不鲜。人要想生存下来，只有给自己插上翅膀，逃离出去。之所以要冒这种风险，是因为造出人的神祇根本就不喜欢人。了解这一背景之后，我们对神话人物命途多舛也就不会感到奇怪了……

与古希腊人相比，凯尔特人对世界的形态和起源更不感兴趣。在公元前 1800 年至前 1600 年间，凯尔特人逐渐从欧洲中部向外扩张，到公元前 500 年至前 200 年间达到鼎盛，整个欧洲大陆几乎都在凯尔特人的掌控之下，甚至涵盖爱尔兰岛、大不列颠岛，远及小亚细亚。后来，他们退到爱尔兰岛，以及大不列颠岛上的苏格兰和英格兰西南部的康沃尔等地，但没有留下任何文字记录。直到 12 世纪，凯尔特人的神话故事才由爱尔兰的修士们编辑整理出来。这些神话故事并未讲述其历史起源，所上溯的源头不会早于爱尔兰原住民的年代，却讲述了许多冥界故事。这类故事比真实的历史更传奇，更引人入胜。

在公元 9 世纪至 11 世纪，日耳曼人的一支在丹麦、瑞典和挪威安顿下来。他们似饿狼一般走出森林，驾驶着龙头船，在欧洲沿海地区大肆掠夺。他们就是维京人。维京人是勇敢的探险家，是敢于冒险的商人。在诺曼底地区建立起一个真正的王国之后，他们又占领了爱尔兰岛、大不列颠岛和冰岛，将版图一直扩展到俄罗斯和格陵兰岛。13 世纪初，冰岛神学家斯诺里·斯图鲁松萌生了收集维京人神话的念头，随后创作出记录维京人神话的《散文埃达》（又译《新埃达》）。但这些神话后来被基督教统统抹去，仅给后人留下一个凄惨、悲壮的维京人世界。传说，奥丁将霜巨人尤弥尔肢解后，用他的身体创造出了世界。在维京人世界里，奥丁相当于希腊神话里的宙斯（但他不像宙斯那么轻佻）。大梣树"世界之树"是奥丁的脊梁，其枝干撑起了整个世界。奥丁预知了末日的来临——"诸神的黄昏"。就是在那一天，巨狼芬里尔挣脱了锁链……

古希腊

打打杀杀的各路神祇

在希腊神话中，世界最初只有混沌神卡俄斯，于是他忙不迭地造出一批神，其中有大地之母盖亚，死亡之神（地狱之神）塔耳塔洛斯，爱与欲望之神厄洛斯，幽冥之神厄瑞玻斯，以及黑夜女神倪克斯。令人感到奇怪的是，日神和天空之神竟然不在创世神之列，他们是幽冥之神厄瑞玻斯和黑夜女神倪克斯结合之后，才诞生于世的。盖亚身材丰腴，长得漂亮、强壮，根本不屑于做卡俄斯的后代，因为卡俄斯长得太丑陋了。盖亚倒情愿独自生一个孩子，这个孩子后来成为盖亚的丈夫，而且还成为诸神永久的栖息地，他就是天空之神乌拉诺斯。紧接着，大地之母和天空之神便积极地造神，他们先后生下三个百臂巨人，无不凶猛丑陋。乌拉诺斯对此感到极为恼火，就把他们囚禁在一个秘密的地方，牢牢地锁起来。后来，盖亚和乌拉诺斯又生了三个孩子，他们是独眼巨人，看上去和前三个怪物一样可怕：三个巨人像山峰那么高，力大无比，脑门正中间长着一只眼睛。再往后，他们又生了十二个孩子。乌拉诺斯本已对自己的造神能力失去了信心，但这十二个孩子又让他重拾希望，他们就是提坦十二神，其中主要人物有俄刻阿诺斯（大洋河流之神）、忒提斯（海之女神）、伊阿珀托斯、许珀里翁、克洛诺斯、瑞亚（地母神）、忒弥斯（正义女神）、谟涅摩绪涅（记忆女神）。

三个长子因长相丑陋而被乌拉诺斯囚禁起来，盖亚对他的做法感到格外生气，于是命各位弟弟为长兄们报仇。但提坦巨人对复仇这种事根本不感兴趣，只有克洛诺斯答应母亲去报仇。他给父亲设了一个圈套，趁机割下父亲的生殖器。污秽的伤口流了很多血，由此又诞生出怪物巨人和复仇三女神等。三女神非常可怕，眼睛血红，头发是一条条毒蛇，她们会毫不留情地惩处那些犯下罪孽的人。被割下的生殖器又被抛得远远的，落到大海里，激起一阵浪花。在海浪的泡沫中诞生出漂亮的阿佛洛狄忒，即司掌爱情、美与性欲的女神。

之后，克洛诺斯与妻子瑞亚当上了乌拉诺斯部族的首领。与此同时，他的提坦哥哥们却在忙着生儿育女，比如许珀里翁生下了塞勒涅（月神）和赫利俄斯（太阳神）；伊阿珀托斯生下了普罗米修斯和阿特拉斯。克洛诺斯深知自己是兄弟当中最出色的一个，却担心未来被孩子们夺权，于是他要瑞亚把刚出生的孩子都交给他，接着把婴儿吞到肚子里。就这样，波塞冬（海神）、德墨忒耳（农业女神）、赫斯提亚（灶神）、赫拉（宙斯的妻子及生育女神）及哈迪斯（冥王）都先后被克洛诺斯吞到肚子里，直到瑞亚决定不再把孩子交给他。第六个孩子出生之后，她把孩子藏到一个安全的地方，然后用襁褓包着一块石头，交给了克洛诺斯。克洛诺斯连看都不看，就把襁褓一口吞下肚子。这个被瑞亚藏起来的孩子就是宙斯。

长大成人之后，宙斯自然要去报仇。在祖母盖亚的帮助下，宙斯迫使克洛诺斯把吞到肚子里的哥哥姐姐们都吐出来，接着又把乌拉诺斯囚禁的三个百臂巨人释放出来，随后又率领自己这帮人马与提坦诸神展开殊死搏斗。当然，宙斯最终打垮了对手。宙斯没有表现出任何怜悯和宽容，他把背叛自己的伯父、姑母、堂兄弟、表姐妹统统定罪，狠狠地惩罚他们。他把最残酷的惩罚判给阿特拉斯，让阿特拉斯永远用双肩支撑苍天。

还没来得及喘口气，宙斯又拿起武器，这次他用的是闪电和霹雳，向魔王提丰（盖亚生出的巨人之一）以及反叛的巨人族发起进攻。所有的反叛者都被投入塔耳塔洛斯（地狱）里。在把天地间所有的败类清除掉之后，宙斯宣布自己是世界之主，并把大本营设在宇宙间最高、最宏伟的山峰——奥林匹斯山顶上。一切都准备就绪，就等着迎接创世的最后一个成员——人的到来。

有好几种神话讲述了人是如何来到世间的，其中一种说法是，早在克洛诺斯时代，众神就创造出了第一批人。他们用金子造出人之后，把人带在自己身边。人们整天无所事事，日子过得十分惬意。不知什么原因，他们后来竟全部消失了。宙斯又用银子造出新人种。但这批人粗俗、野蛮，明显不如第一批人聪明，很快就被消灭掉了。接着，众神又用青铜造出第三批人。这批人生性好斗，总是到处打打杀杀。后来又出现了半神的英雄，他们勇敢、豪放，创造出许多可歌可泣的伟绩，但最终也灭亡了。最后出现的是用铁造的人，他们吃苦耐劳，生来就要忍受痛苦，要去劳作。但从本质上看，这批人不是最好的人。

还有一种说法是，普罗米修斯用水和泥土造出了人。在宙斯攻打各位兄长的战争中，普罗米修斯是少有的几个站在宙斯一边的神。普罗米修斯有个弟弟，名叫埃庇米修斯，他做任何事都不假思索，总是给普罗米修斯惹麻烦。埃庇米修斯从其他神祇那里得到许多本能和特性，比如勇气、力量、狡黠、速度、羽毛、利爪、皮毛等，他负责把这些本能和特性分配给人类及动物。但是，他却把它们都给了动物，什么也没有留给人类。见此情况，善良的普罗米修斯便跑到铁匠之神赫菲斯托斯那里，偷了一点火种，将其交给人类，以此来保护人类。宙斯对此非常生气，要求人类定期拿牲畜向他献祭。普罗米修斯则设法让人类把献祭牲畜最好的部位留下来。他把一头牛切成碎块，把最好的牛肉用牛的内脏和排泄物遮盖起来，表面看上去让人倒胃口。接着，他又用牛板油把所有的牛骨头都包裹起来，做成一堆油光发亮的祭品。他问宙斯选择哪一堆祭品，宙斯最终挑选了牛骨头那一堆。这就是要在为神祇献祭的祭台上烧牛骨和牛板油的原因，人类把牛身上最好的部位留给了自己。

但之后，宙斯的报复非常可怕。他用链条把普罗米修斯锁在高加索山的一块岩石上，派一只鹫鹰去啄食普罗米修斯的肝脏。每次被鹫鹰啄食之后，普罗米修斯的肝脏还可以再长出来。就这样，一个世纪接着一个世纪过去了，普罗米修斯一直忍受着痛苦的折磨，直到被赫拉克勒斯发现，才得救。

赫拉克勒斯（右）和阿特拉斯（左）

宙斯还把怒火撒到人类头上，决定引来滔天的洪水，要把人类都淹死。整片陆地都被洪水覆盖，仅有一座山峰露出水面。一艘方舟从滚滚的波涛中顺流而下，在山峰处搁浅下来。方舟里只有丢卡利翁和皮拉两个人。丢卡利翁是普罗米修斯的儿子，皮拉是埃庇米修斯与潘多拉所生的女儿。洪水退去之后，丢卡利翁和皮拉夫妇二人来到一座坍塌的庙宇前，祈求众神告诉他们接下来该怎么做。这时，空中响起一个声音："离开这里，把你们母亲的骨头扔在身后。"这里所说的"母亲"是大地之母盖亚，而盖亚的骨头就是石头。他们依照上天的旨意，把石头扔在身后。男人扔下的石头变成了男人，女人扔下的石头变成了女人。由此诞生出最后一族人，即石头族人。

在其他版本的神话故事中，宙斯对人类的惩罚似乎没有这么严重，而是决定造个女人来惩罚人类！他让铁匠之神赫菲斯托斯打造出一个高贵、淫荡的尤物，给她起了一个名字"潘多拉"，然后把她送到男人的世界里。潘多拉生下的女儿都继承了她那狡黠、邪恶的个性……还有神话表示，潘多拉是宙斯送给埃庇米修斯为妻的。众神送给她一个小盒子，每个人都把自己的缺点放到盒子里，但嘱咐她不要打开盒子。然而，潘多拉不听叮嘱，打开了盒子，于是所有的痛苦、恐惧、悲伤、罪恶都从盒子里跑了出来，人类从此饱受折磨。潘多拉对此感到惊恐不安，赶紧盖上了盒子，却把一个好礼物关在了盒子里，这个礼物就是：希望……

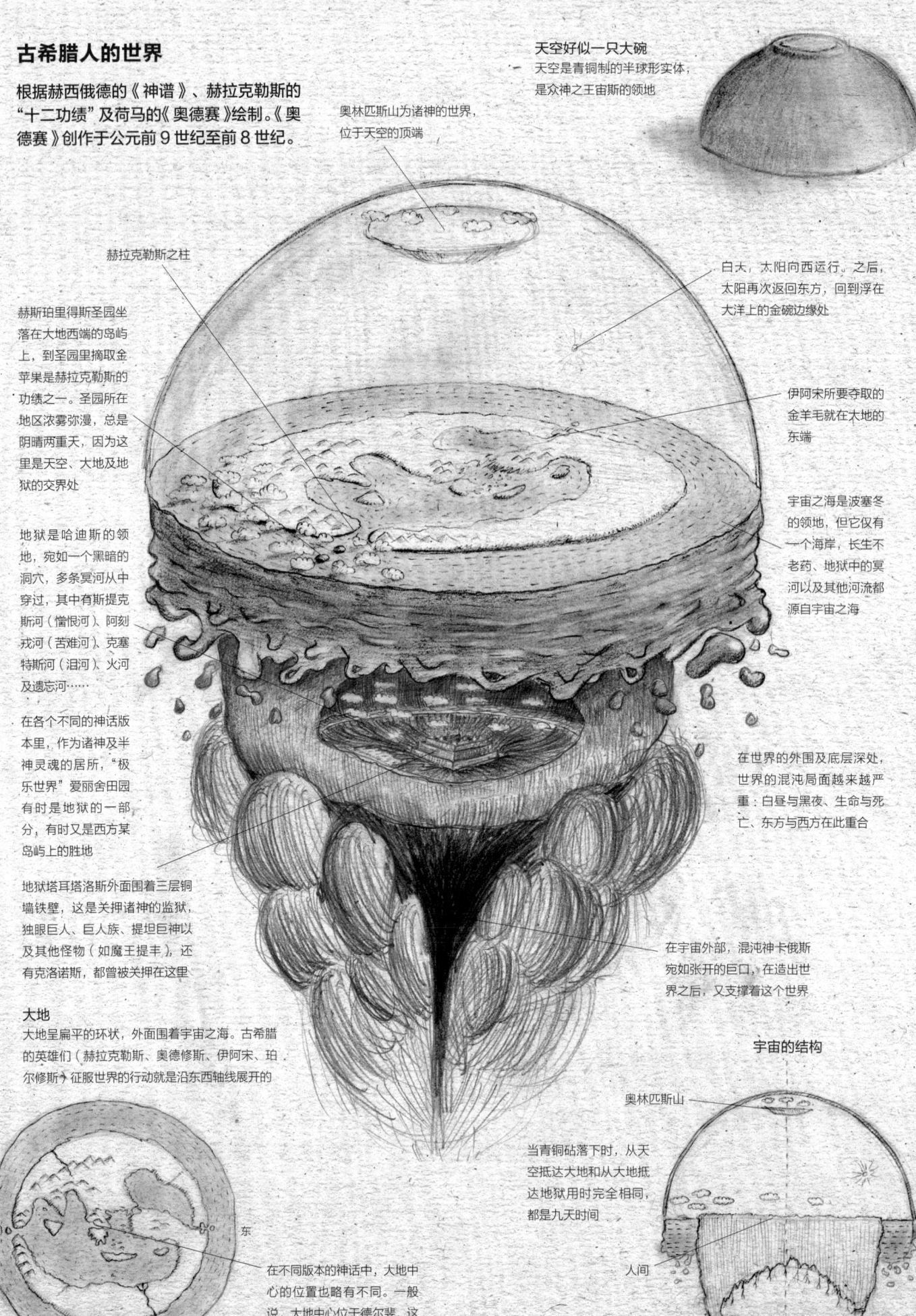

凯尔特人

彼世之旅

爱尔兰世界的历史始于这个民族出现之后，之后便发生了神奇的大洪水——后来被认为是《圣经》里描述的那场洪水。在西塞尔的率领下，一族人被大水冲到一座岛屿上。西塞尔是比斯的女儿，而比斯与诺亚同族（也有传说，比斯是诺亚的儿子）。其实西塞尔之所以乘船出走，是因为她欺骗过神，出走是为了逃避惩罚。出逃的人中只有三个男人，他们是比斯、费坦和拉德拉，还有五十个女人。三个男人瓜分了这五十个女人后，在岛上住了下来。拉德拉率先踏上了黄泉路，据说是被女人给累死的，他的遗孀就被活着的两个男人分了。后来比斯也死了，留下来守着女人的仅剩费坦一人了。费坦害怕极了，卑怯地丢下所有的女人，悄悄溜走了，让她们孤独终老。

就在西塞尔率人登岛三百年后，另一批人在帕苏朗的率领下在爱尔兰岛靠了岸。帕苏朗犯下弑父罪，也是因逃避惩罚而出海。他带来了农耕、庖厨技艺，以及酿制啤酒、建造房屋的手艺。不过，他们遇到了爱尔兰巨人族弗莫尔人的顽强抵抗。弗莫尔人是一群可怕的怪物，他们长着一只胳膊和一条腿。但这第二批登岛的人最终被当地肆虐的鼠疫赶尽杀绝。

再往后，内米德人登上了爱尔兰岛。与前两批人截然不同的是，他们不是为逃避惩罚而出海，而是自愿出海航行的。他们曾几次打败弗莫尔人，但内米德去世之后，他们成了弗莫尔人的奴隶，被迫交出大部分谷物、牛奶，甚至是刚出生的孩子。后来他们奋起反抗，试图挣脱弗莫尔人的控制，与其展开海战。但只有一艘战船顶住了弗莫尔人的攻击，船员们后来分成三支，分散到希腊、大不列颠岛及"世界北部岛屿"上。

流落到希腊的一支人的后代，即费伯格人，后来又回到爱尔兰。紧跟着，流散到"世界北部岛屿"上那些人的后裔——达努神族人也返回爱尔兰。达努神族人在那里学会了一套很神奇的本领，会魔法、巫术和占卜。

他们有许多神祇，其中有善良的保护神达格达，他手中有两件神器，一件是永不干涸的锅，另一件是巨棍——一端能一击毙命，另一端却能起死回生；有铁匠之神格弗努，铁器工匠卢奇达，青铜器工匠克雷尼亚，他们专为本族人打造兵器；还有医术之神迪安克特，力大无比的勇士奥格玛，战神奈特，以及海神玛纳诺等。

达努神族人和费伯格人也展开了一场殊死搏斗，战争以达努神族人获胜告终。但达努神族人的首领努阿达在战场上被砍掉一只胳膊。就在迪安克特为他疗伤、配备银制假肢这段时间里，他因无法统领自己的部族，便把统领权交给了布瑞斯——弗莫尔人与达努神族人的混血后代。布瑞斯无能、小气，又歹毒，要不是努阿达及时回来掌权，爱尔兰非得败在他手里。达努神族人再次和弗莫尔人开战。但这一次弗莫尔人底气十足，他们的首领巴罗尔长着一只可怕的眼睛，眼睛刀枪不入，所有被这只眼睛看过的生物必死无疑。达努神族人的首领是神奇的鲁格。说起来，鲁格还是巴罗尔的孙子呢。打仗的时候，鲁格用投石器一下子击中了巴罗尔的头，让他的脑袋转了个方向，于是站在巴罗尔身后的弗莫尔士兵都被眼睛的目光给杀死了。

最后，盖尔人，又称凯尔特人，来到爱尔兰。这是登陆爱尔兰的最后一支。他们处处排挤达努神族人。达努神族人便在地下挖洞，在地下世界里躲藏起来。于是，爱尔兰丘陵地带上散落着一座座小山丘。

凯尔特人讲述真实世界的文字并不丰富，但在描述彼世时却有说不完的话题。他们认为，彼世由一座座小岛组成，位于广阔海洋的西方。那是一个天堂般的极乐世界，时间不会流逝，女人都格外漂亮、贤惠。

有一天，费巴尔的儿子布兰在自家城堡附近散步时，听到一首甜蜜的乐曲，很快就在乐曲声中睡着了。醒来时，他看到眼前放着一束银枝，上面开着白花。到了晚上，城堡的大厅里人头攒动，一位女子朝布兰走过来，向他称颂艾曼岛是如何清秀美丽、绝妙不凡，那里住着许多仙女，绝对是人间仙境。可谁也不知道这位女子是什么时候进来的。转眼间，她就消失得无影无踪，还拿走了布兰的银枝。布兰被这番描述给迷惑住了，马上准备帆船、召集船员，扬帆出海，朝西边驶去。他首先来到快活岛，一个船员与岛上一群快活的人交上了朋友，竟然把同伴忘得一干二净。后来，布兰又来到梦境般的女儿国岛，与女儿国王后结为夫妻，船上的伙伴们也都各自找到一个仙女，在岛上快活地度过了好几个月。但是慢慢地，他们想家了。王后同意他们离开女儿国岛，但告诫他们，在任何情况下都不能踏上家乡的土地。他们回到爱尔兰海边，布兰从船上向岸上的人打招呼，岸上的人都不认识他。可当他说出自己的名字时，他们都大惊失色，因为布兰在很久以前就离开爱尔兰了，那段往事还是他们的祖母从祖母那儿听说的呢！有一个船员再也忍不住了，悄悄从船上溜下去，游到岸边。可他一踏上故乡的土地，便化为一堆灰烬。布兰只好拉起船锚，再次扬帆起航，从那以后，谁也没有再见过他……

彼世传说中还有一个英雄人物，名叫梅尔顿，他的传说倒不那么凄惨。梅尔顿的父亲被人暗杀，据说凶手逃到西边的岛上去了。梅尔顿决意捉拿凶手。但祭司说，他只能带十七个人一同前往。可就在他准备开船时，三个弟弟跳入海中，爬上帆船，要和他一起去报仇。这看起来不是一个好兆头。他们来到第一座岛屿前，听到一个声音，夸口自己杀了梅尔顿的父亲。就在梅尔顿准备泊船靠岸时，一股股洪流将帆船冲到无边的海面上，由此开启了一段神奇的海洋之旅。他们遇到了三十一座岛屿，座座稀奇古怪。其中一座岛上住着种怪物，是既像马又像狗的巨型蚂蚁。他们登岛的时候，怪物热烈地欢迎他们，他们靠得越近，它就越高兴，因为这样它就可以饱餐一顿了。另外一座岛上住着许多恶魔般的野马。在某座岛上，他们发现一间空房子，饭桌上摆满了各种美味佳肴，于是美美地吃了一顿。他们还遇到了一座林木茂密的岛屿，梅尔顿离开时折下一根树枝，发现上面

保护神达格达

立刻长出三个苹果，摘下后又源源不断地长出来，船员们吃了一个多月。他们又登上一座岛屿，岛上有一座无人居住的城堡，仅有一只神猫在里面玩耍，从这根柱子跳到那根柱子上，乐此不疲。这座城堡里藏着稀世珍宝，但就在梅尔顿的一个弟弟要去拿一只手镯时，立刻被神猫化为灰烬。在浩瀚的大海上，他们又经过一座变色岛。这座岛屿被栅栏分隔成两部分，一边都是黑羊，另一边全是白羊。有一个身材魁梧的男人，时不时地把一只羊从这一边放到另一边，放过去的羊马上就变了颜色。来到哭岛后，梅尔顿又失去了一个弟弟——岛上有一群哭哭啼啼的人，弟弟加入他们的行列之后，就再也没回来。他们穿过清澈见底的水晶海时，发现海底下有一座城市；在穿越另一片浮云岛时，发现那片海仿佛是飘在空中的云，真担心浮云能不能撑得住帆船。最后，他们登上了女儿国岛。女儿国王后带领众多女儿热情地接待他们。梅尔顿和王后结为夫妻，船员们每人都娶了王后的一个女儿，所有人都生活得非常快活。转眼间好几个月过去了，有些人开始想家，梅尔顿手下的人督促他赶紧起航。就在帆船要起航离开这天堂般的神岛时，女儿国王后抛出一个线团，线团正好粘在梅尔顿的手上。她只要一搜这根线，就能把梅尔顿拽回来。船员们只好忍气吞声，返回岛上住了一段时间。后来他们试着从岛上逃走，王后再次抛出手中的线团。但这一次，一位船员抓住了线团。随船出海探险的吟游诗人毫不犹豫地砍下船员的手，他们终于扬起风帆，朝爱尔兰驶去。返程途中，在笑闹岛上，梅尔顿又失去了第三个弟弟。他们最终回到可爱的故乡，而且并没有遭遇魔咒、化为灰烬。他们虽然空手而归，但给后人留下了很多神奇的故事……

凯尔特人

凯尔特人的世界

根据《梅尔顿之旅》绘制，此书诞生于12世纪的爱尔兰。

彼世被描述为"快活之地""女人之地""享乐的原野"，这些描述是想展现一个理想的世界，一个没有痛苦、没有疾病、青春永驻的世界。在那个世界里，时间和秩序都被颠倒。德鲁伊教祭司则在人与那个美妙世界之间扮演着协调人的角色

凯尔特人用来表述"天空"的词让人联想到曲面，因此天空或许是拱形的……

世界的中心耸立着一棵紫杉

在高卢人的想象里，世界的中心有一根擎天柱，而在爱尔兰人（包括大不列颠岛的凯尔特人）看来，世界的中心耸立着一棵神树，即紫杉。紫杉是长生不老的象征，是凯尔特人的保护神达格达最喜欢的树，达格达就是"为紫杉树才去战斗"的

巨树支撑着天穹。凯尔特人首领与亚历山大大帝会面时说，他在世间只害怕一件事情——天塌下来砸在脑袋上

爱尔兰的平原和湖泊是第二批登陆者帕苏朗族人整治的

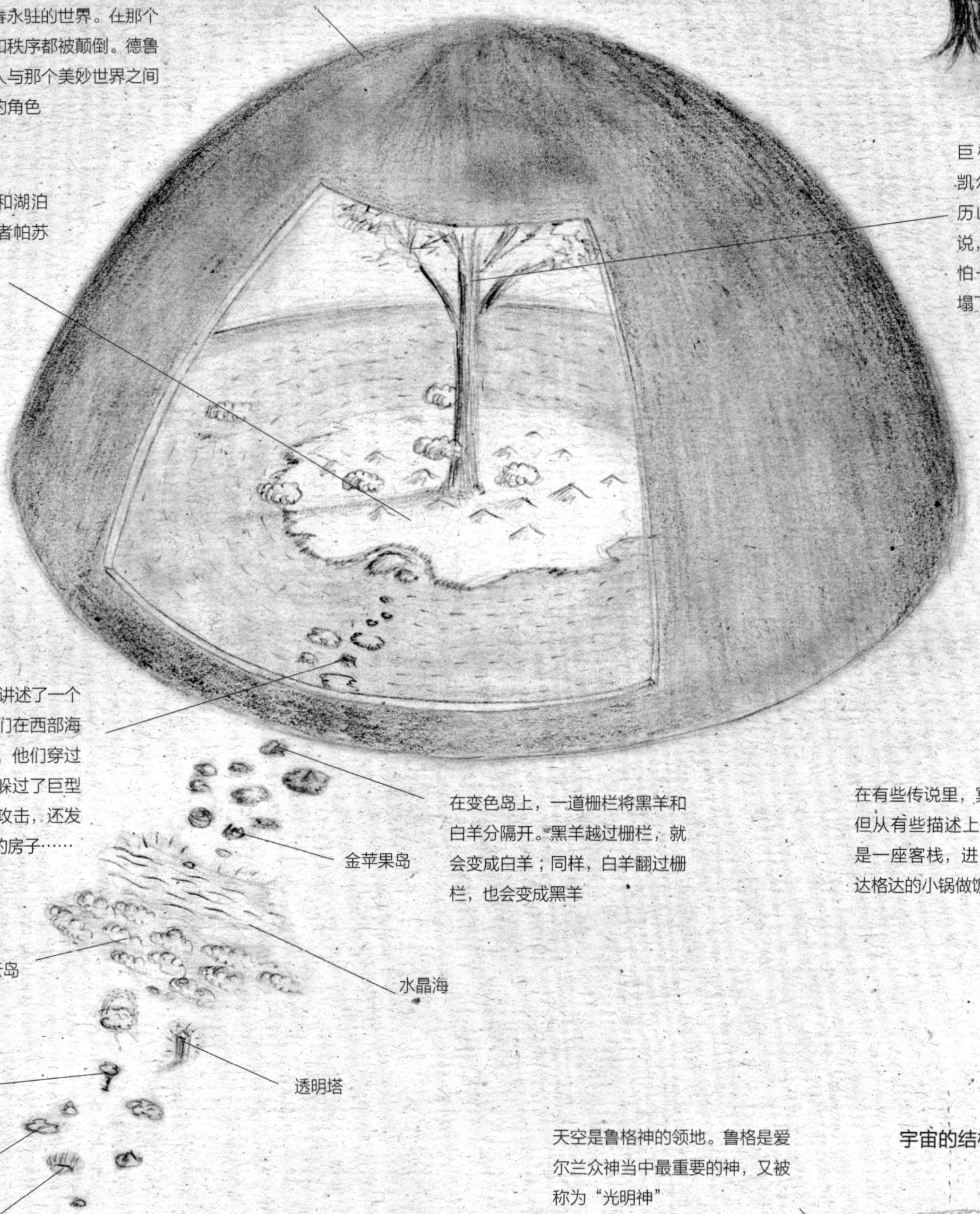

《梅尔顿之旅》讲述了一个英雄率领伙伴们在西部海域漂泊的经历，他们穿过一座座岛屿，躲过了巨型蚂蚁和巨人的攻击，还发现了一座鲑鱼的房子……

金苹果岛

浮云岛

水晶海

烛台形岛

透明塔

女儿国岛

火岛

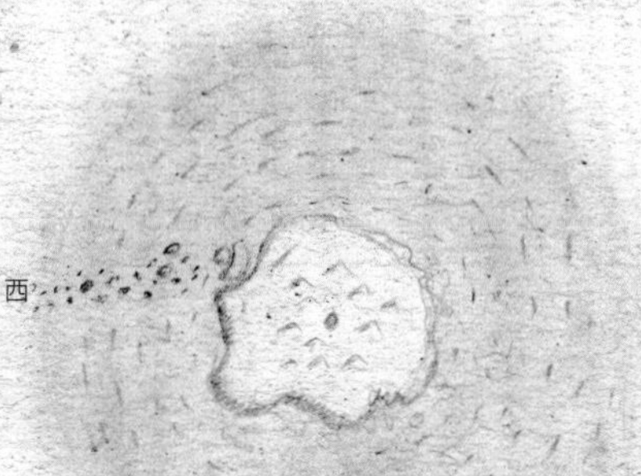

在变色岛上，一道栅栏将黑羊和白羊分隔开。黑羊越过栅栏，就会变成白羊；同样，白羊翻过栅栏，也会变成黑羊

在有些传说里，冥界位于地底下。但从有些描述上看，冥界倒更像是一座客栈，进入冥界的人会用达格达的小锅做饭吃

天空是鲁格神的领地。鲁格是爱尔兰众神当中最重要的神，又被称为"光明神"

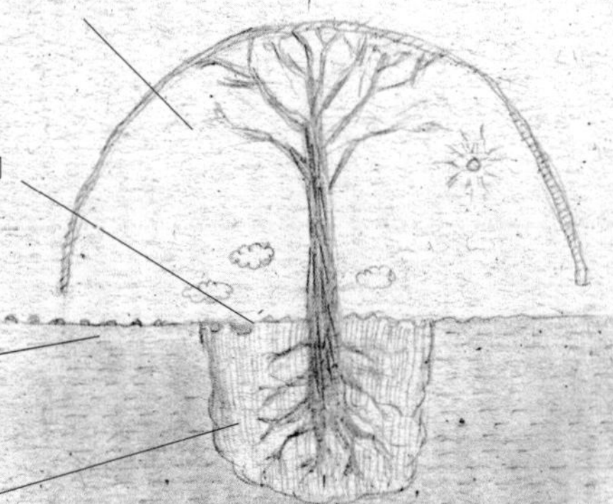

宇宙的结构

人间

彼世的岛屿

西

大地

大地呈扁平状，形态不规则，四周是一望无垠的海洋

地下的冥界是达格达的领地，达格达是时间之主

维京人

诸神的黄昏

在北欧人看来，世界并不是从混沌、真空或虚无中冒出来的，在宇宙问世之前就已经存在着一个宇宙。这是一个云雾弥漫的地界，分成三个明显不同的区域。一个是北方的"雾之国"尼福尔海姆，这是一个终年充满浓雾、寒霜和冰雪的寒冷地区。一个是南方的"火之国"穆斯贝尔海姆，这是一个热气腾腾、到处是火焰的地区。还有个区域夹在前两个地区中间，是原始的深渊，名叫金伦加鸿沟。从尼福尔海姆飘过来的冷空气与来自穆斯贝尔海姆的热风碰在一起，冷空气裹挟的冰粒遇热后融化，一滴滴水便流落下来，由此诞生出霜巨人尤弥尔。尤弥尔睡觉的时候，身上流出许多汗水，一对男女巨人便从他那湿润的腋下诞生。他把双脚放在一起搓一搓，就生出了另外一个巨人……还有一头乳牛，名叫欧德姆布拉，也是在尼福尔海姆冰粒融化后诞生的。尤弥尔以乳牛的乳汁为食，维持生命。在这个原初世界里，石块外面都裹着冰霜，冰霜里含有盐分，乳牛欧德姆布拉很喜欢舔食带咸味的冰霜。有一天，乳牛贪婪地舔着一块石头，舔着舔着，从冰下露出一缕头发，接着露出脑袋，最后露出一个男人，这就是众神的始祖布利。布利不久后也生出一个男人，名叫包尔。包尔后来娶了一个女巨人，生了三个儿子，分别是奥丁、威利和菲。三个孩子长大后，便向原初世界里的巨人举起了屠刀，把住在那里的巨人赶尽杀绝，最后把可怜的尤弥尔也杀死了。尤弥尔身上流出的鲜血淹没了一片片土地。奥丁和弟弟们把尤弥尔的躯体拖到金伦加鸿沟后，开始肢解他的躯体。尤弥尔的肌肤变成土地，鲜血变成海洋，骨骼化为一座座山峰，牙齿散落在各地，变为一块块岩石。他的头颅悬在大地上方，由站在大地四角的四个侏儒支撑着，成为天空。三位创世者把从穆斯贝尔海姆迸出的火星收集起来，撒到空中，形成一颗颗星星。尤弥尔的脑浆也被他们抛向空中，变成一片片云朵。尤弥尔的眼睫毛被拿来建造成一圈结实的围栏，把整个米德加德（人类世界）陆地都围了起来。这片陆地就变成一座牢固的堡垒，供未来的人类居住。人类则是由两截木头创造出来的。

世界的中心耸立着一棵高大的梣树尤克特拉希尔，即世界之树，它不但象征着世界和谐，还联系着世界的各个部分。它的枝叶覆盖着大地，树根深入三股泉水：一个是密弥尔泉，即智慧之泉；另一个是兀儿德泉，即命运之泉，诺恩三女神就住在泉水旁，所有生者的命运都掌握在这三位女神手里；还有一个是赫瓦格密尔泉，是不竭之泉。把世界安排好之后，在众神之王、战神及魔法之王奥丁的率领下，众神都退到阿斯加德（神域）的城堡里，开始等待最终的结局。

这个新世界刚刚诞生就遭到诅咒，注定要在可怕的世界末日那一天遭到彻底毁灭，迎来"诸神的黄昏"。但这一天什么时候到来，谁也不知道，只知道世界末日将由诡计多端的洛基引发。洛基和一个女巨人私通，生出三个可怕的怪物：巨狼芬里尔、"尘世巨蟒"耶梦加得，以及海拉。当众神得知这三个怪物降生于世后，便去祈求神谕，结果发现这些凶险的败类会导致他们的末日。他们试图扭转这一命运——无论成败，都要试一试。奥丁将巨蟒抛到深海里。结果巨蟒在海洋深处成长起来，巨大无比，首尾相衔，把整个世界包围起来。奥丁把海拉投入冥界的地牢里，海拉也由此变成邪恶的死亡女神。在芬里尔还是小狼崽的时候，就被严格地看管起来。芬里尔是由战神提尔喂大的，长大之后变得既强壮又高大。众神决定把芬里尔拴起来，但任何锁链都无济于事。于是，奥丁要善制兵器的侏儒打造出一条锁链。这条锁链是用各种罕见之物打造的，其中有流浪猫的脚步声，女人的络腮胡、高山的根基、鱼的气息、鸟的唾液……侏儒们打造好这条神奇的锁链，众神要让芬里尔试试，看能不能挣脱。巨狼怀疑这是一个圈套，但还是答应把手脚捆住试试，不过提出一个条件：要让一个神把右手放到它嘴里。众神当中只有提尔接受了这个条件。芬里尔果真被神奇的锁链给束缚住了，但却咬掉了提尔的右手。这个可怕的怪物被结结实实地拴在一块巨岩上，众神还在它上下颌之间插了一把利剑，使它的嘴永远无法闭合。

洛基也遭受了同样的命运，但这是他自找的。奥丁有一个儿子，名叫巴德尔。一天夜里，巴德尔梦见自己死于非命。他把梦境告诉了母亲弗丽嘉。弗丽嘉认为这是一个不祥之兆，于是决意要不惜一切代价来拯救她的孩子。她跑遍世界各地，祈求万物发誓不会伤害她的儿子。巴德尔从此变得刀枪不入、无懈可击。见此情景，其他神感觉很好玩，便把手边的东西随手扔到巴德尔头上，比如刀、斧头、树干、岩石……洛基对这种打打闹闹的小游戏很好奇，便想查个究竟，最终发现有一种小植物，即槲寄生，被弗丽嘉给忽略掉了——槲寄生没有对弗丽嘉发誓不去伤害巴德尔。为人险恶的洛基便拔掉槲寄生，把它塞到双目失明的黑暗之神霍德尔手里。他叮嘱霍德尔，要把手中的东西扔到巴德尔身上，就是为了逗大家一笑。霍德尔按照他的嘱咐去做了，结果槲寄生的尖枝像长枪一样，刺死了巴德尔。母亲弗丽嘉难以接受儿子就这样死了，便再次想办法拯救他。她请求冥界女神海拉把儿子还给她。海拉却开出一个条件：如果世界万物都为巴德尔不幸身亡而流下眼泪，她就把巴德尔还给弗丽嘉。于是万物都落下了眼泪，只有一个名叫索克的女巨人断然拒绝为死者哭泣。其实这个女巨人就是洛基本人变的。巴德尔被留在海拉的冥界，而洛基宁愿躲进一座孤单的房子里，他白天把自己变成一条鲑鱼，到住所旁的一条河里畅游。洛基最终自掘坟墓，他预感自己离死期不远了。有一天，他琢磨着其他神能用什么方法抓住他，就设想并制作出了第一张渔网。这张渔网刚制作好，前来抓他的对手便找上门来。他赶紧把渔网扔到火里，自己变成鲑鱼逃走了。前来捉拿他的人在灰烬中看到渔网的样子，便仿照着编织了一张大

骑在骏马上的奥丁神

网。洛基最终被自己发明的渔网给抓住了。众神在他后腰、双肩和膝盖处放置了三块大石头，把他牢牢地绑在石头上。一条毒蛇不停地往他身上滴毒液。他的妻子西格恩不离不弃，一直守护在他身边，手持器皿去承接毒液。器皿接满之后，她要起身把毒液倒掉，这时滴下的毒液就会落到洛基身上，火辣辣的毒液灼得他痛苦不堪。

在世界末日"诸神的黄昏"到来之际，将发生可怕的灾难：各种自然灾害肆虐，洪水泛滥，到处都是残酷的战争……月亮和太阳会被两只可怕的巨狼吞到肚子里，繁星都落到大地上，一座座山峰不停地摇晃，巨狼芬里尔将挣脱身上的锁链，隐藏在海底深处的巨蟒将冲破大海的监牢，洛基将驾驶着恐怖的战船向诸神挑战。战船是用死者的利爪建造的，船上坐着一个个巨人。穆斯贝尔海姆的火巨人，其首领史尔特尔率领整个军团朝阿斯加德城堡迈进，他们将在那里展开最后一场决战。最终，巨狼芬里尔把奥丁咬死，巨蟒耶梦加得打败了雷神托尔，整个世界在史尔特尔点燃的熊熊烈火中化为灰烬……

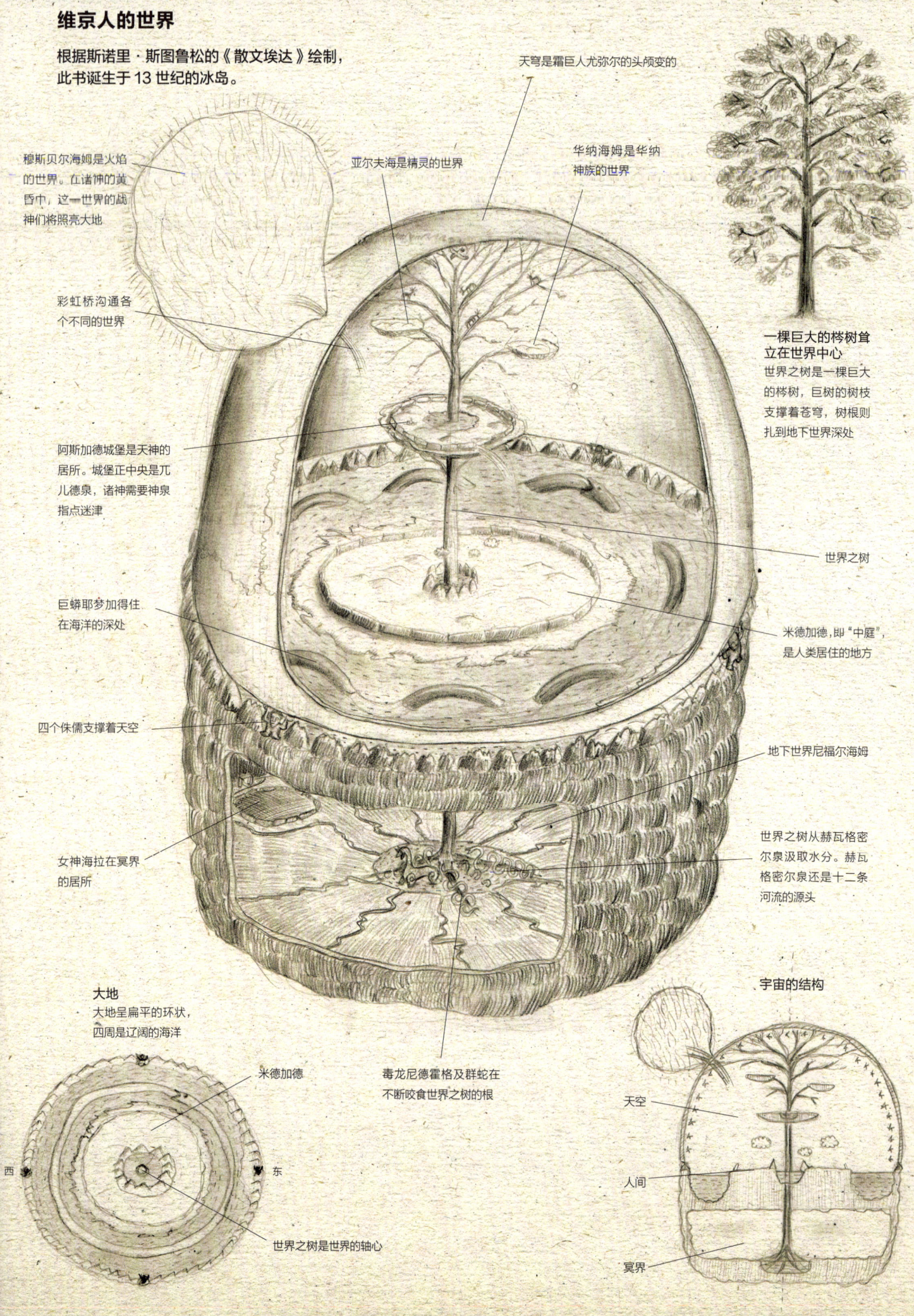

北非和西亚

北非和西亚

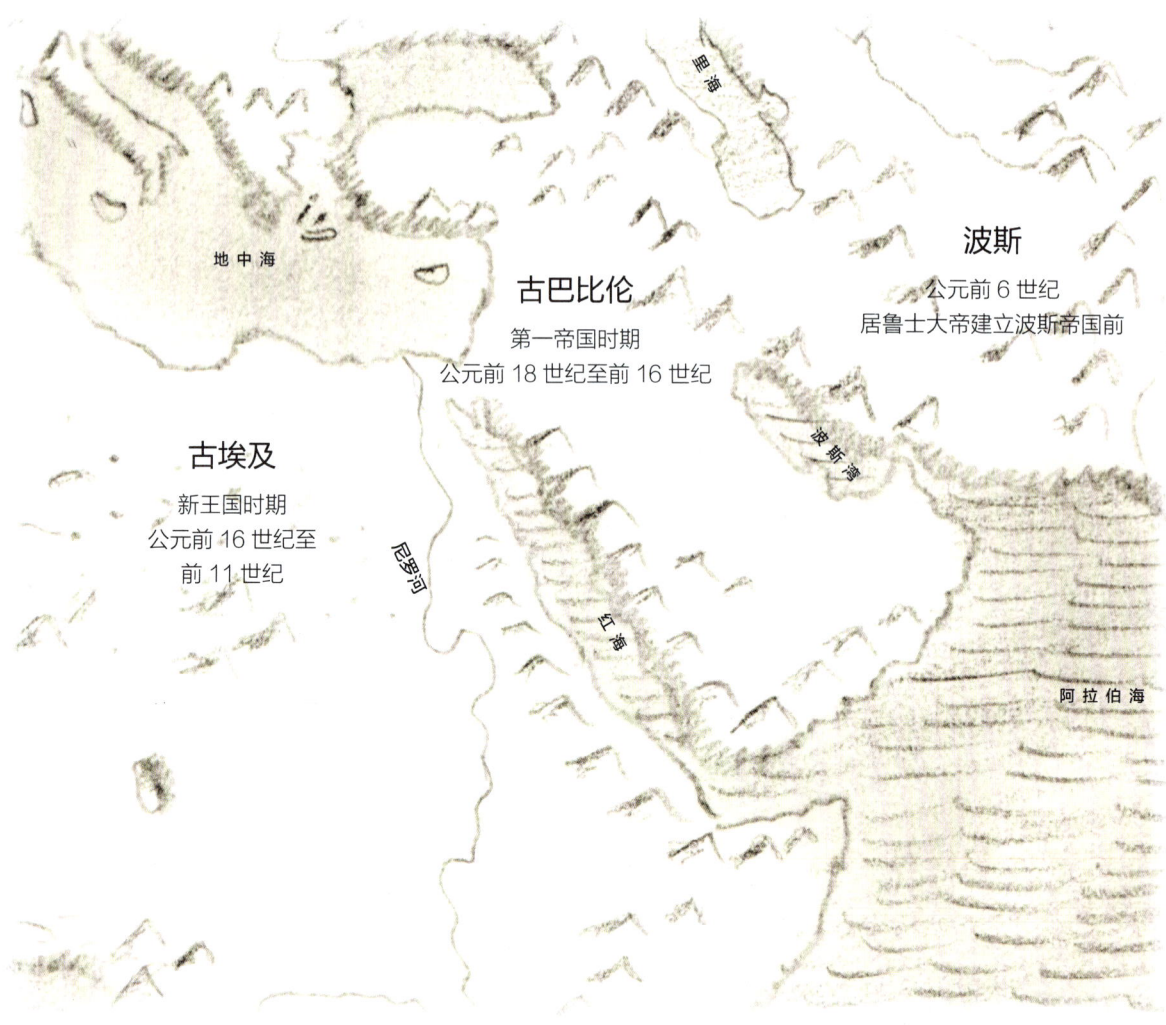

约公元前3000年，埃及形成一个统一的国家，从此便成为一个名副其实的"诸神庙会"。每一座城市都有自己的保护神，而且还有自己的造物神，比如底比斯的阿蒙神（即太阳神）；孟斐斯的造物神普塔，后来也是匠人保护神；赫尔莫波利斯的八神团，即八个创世神；尼罗河源头之神克奴姆……所有的城市都编撰出属于自己的宇宙起源说，有时甚至肆无忌惮地抄袭邻近城市的神话故事，把外乡的神祇搬到自己的神话里。古埃及本土最知名的宇宙起源说是赫利奥波利斯（即太阳城）的神话体系，整个古埃及自第一王朝以来，都把赫利奥波利斯的主神"拉"视为太阳神。拉神不是永恒不变的，而是乘太阳船穿行在天空和冥界之间，每天都会返回东方重生，而且始终面临混沌之神阿波菲斯争权夺势的威胁。只有与混沌展开不懈的斗争，秩序与和谐才能维持下去，因此夹在天地之间的古埃及人，一直生活在世界末日的威胁之下。

蜷缩在椭圆形宇宙中心的古巴比伦人则没有任何焦虑感。在巴比伦城的守护神马杜克的规划下，这个宇宙的结构十分严谨，每一个微小的细节都被安排得恰到好处。公元前18世纪，汉谟拉比统治下的巴比伦王国达到全盛，统治区域扩展至整个美索不达米亚平原，其首都位于巴比伦城。美索不达米亚是指两河流域一带广阔的地区，包括今伊拉克、科威特、叙利亚、土耳其和伊朗的部分地区。直到公元1世纪，巴比伦一直是该地区的政治及宗教中心。古巴比伦创世史诗《埃努玛·埃立什》（公元前2000年左右），讲述了马杜克与混沌女神提亚玛特展开的殊死搏斗。提亚玛特代表着无序和迂腐的势力。马杜克最终打败了提亚玛特，并把她的尸体分成两半，一半变成苍穹，一半变成大地……

然而，古代的波斯世界从未经历过这种突然降临的和平局面，在阿胡拉·马兹达（又称查拉图斯特拉）的创世说里，秩序与混沌一直在不停地打斗。阿胡拉·马兹达是琐罗亚斯德教（又称拜火教或祆教）的创始人，被奉为"唯一真正的造物主"。琐罗亚斯德教创立于公元前1000年至前600年间，公元3世纪时成为波斯帝国的国教，但公元7世纪时被伊斯兰教横扫出波斯（如今在伊朗仅有几万名琐罗亚斯德教信徒，在印度大约有二十万）。琐罗亚斯德教的经典《阿维斯塔》大部分已佚失，我们从神学著作《班达希申》（又称《创世记》）中，或许能对古波斯有关宇宙的论述有所了解。《班达希申》大约成书于公元9世纪。根据这部古书的描述，宇宙被封闭在一个金属蛋里，恶神阿里曼一直虎视眈眈地盯着它。在善与恶两股势力的争夺下，宇宙被反复拉来扯去……但是争斗的结局早就毫无悬念了！

古埃及

太阳神与混沌永恒的斗争

古埃及的城市都有自己的造物神。比如赫尔莫波利斯就格外崇拜八神团：原初之水神努恩和努涅特，黑暗神凯库和凯克特，隐秘神阿蒙和阿蒙涅特，以及无穷神海赫和海赫特。他们筹划了整个世界，并让太阳神"拉"从原初之水的一朵莲花里诞生出来。在另一个传说里，这八位神祇抱成团，形成一个巨卵，从中诞生出神。赫尔莫波利斯宣称一直保留着一片蛋壳，并为此感到格外自豪……在孟斐斯，所有的神都是匠人保护神普塔创造出来的，他首先给众神造了一颗心脏，最后让众神拥有说话的能力，才让他们变得更有活力。在底比斯，阿蒙神是万物的造物神。而在埃斯纳，创造世界的重任就落在克奴姆神的肩上。克奴姆是羊首人身的公羊神，他在制陶轱辘上造出众神和人类。但最著名、最重要的创世说都出自"太阳城"赫利奥波利斯，如《金字塔铭文》、《石棺铭文》（两者是约公元前2400年至前1800年间的丧葬文本）和《亡灵书》（约公元前1500年）中就讲述了这些创世传说。

据传，世界源自努恩，他并不是由神造出来的，其本身是原初混沌之水，那里既没有时间和空间，也没有光明和生命，但不是一种虚无的状态，因为那里潜伏着宇宙的萌芽。最先从这片无际的混沌之海里冒出来的是一座小山丘，原本在努恩混沌之水里酣睡的阿图姆，就在小山丘上落下脚来。

阿图姆首先给自己创造出一种形态。面对四周的混沌之海，他难抑内心的情欲，喷出的精液中诞生了一对孪生姐妹，一个名叫舒，另一个名叫泰芙努特（还有一个版本是，这对孪生姐妹是从阿图姆神吐出的唾液里诞生的）。舒是光明和生命气息的女神，是生命的熔炉；而泰芙努特是热气女神，也被比作玛阿特女神——宇宙秩序与和谐的化身。宇宙秩序与和谐密不可分，当它们不起作用时，混沌便卷土重来，因为努恩的原初混沌之水并没有完全消失，而是流到了宇宙的边缘地带……

舒和泰芙努特后来生下了努特和盖布，他们一个是天穹的化身，另一个象征着大地。那时候天地还紧紧地连接在一起，努特怀着四个孩子，却因为天地之间没有足够的空间而无法生产。于是舒站立在天地之间，将天穹与大地分开。有时候，努特被描绘成一头乳牛，但她最常见的形象是一个窈窕淑女，肤色略黄，将自己整个身躯在弟弟的身体上方弯成一个拱形。她生下四个孩子，即伊西斯、欧西里斯、赛特和奈芙蒂斯。从此，赫利奥波利斯九柱神族的各位神祇便闪亮登场了。

老阿图姆神又肩负起第二项重任，展现出世界之主、太阳神拉的神格。他始终用一只眼睛盯着自己的神族，这是他整个身体里唯一可以接近的器官。拉神的眼睛就是他的光芒，灿烂的金色光环把他的真实面目遮挡起来。他代表着光明、灼热、生命本源和情感，但也同样象征着伤痕和痛苦。

舒和泰芙努特刚出生，便动身去探索原初之水努恩。阿图姆也把拉神的眼睛派出去寻找他们，这是阿图姆神第一次动感情。当拉神的眼睛把孩子们领回来时，阿图姆非常高兴，竟然流下了眼泪。神流露出的情感化为湿润的雨露，人类就从这雨露中诞生出来。还有一种说法是，拉神的眼睛四处游荡，迟迟不回，诸神等得不耐烦了，就把它撤掉了。回来之后，它发现自己已被撤掉，非常伤心，失声痛哭，泪水中便诞生出人类。拉神把被撤掉的眼睛放到自己额头上，这个眼睛就变成了圣蛇——竖立的眼镜蛇。

拉神的眼睛也是他的女儿。眼睛的正面是哈索尔，一位漂亮的金色女神，主管爱情和生育。哈索尔女神的形象也是多种多样的：有时她是一位美丽的女子，披着一头卷曲的长发，展露出太阳神高兴、慈祥的面容；有时她又是一头乳牛，或者是一位用头上犄角顶着太阳的女子。眼睛的反面是可怕的塞赫麦特，一位暴虐成性的狮面女神。

然而，拉神并不是长生不老的神祇，这在各地区的神话中极为罕见。各地的人见拉神日渐衰老，便纷纷起来造反，拉神便把强壮的塞赫麦特派出去镇压各地的骚乱。塞赫麦特在埃及大地上肆虐横行，残忍地杀害人类。见此人间惨景，拉神决定终止塞赫麦特的使命。他命令赫利奥波利斯的祭司们将啤酒染成鲜红色，装满七千罐，然后倒在塞赫麦特要去屠杀的地界。第二天早晨，她发现到处都流淌着血红色的液体，以为是血，便把它们喝下肚去，最终醉倒。当她返回家乡时，又变成温柔的哈索尔，受到当地民众的热烈欢迎。

拉神最终还是决定抛弃大地。舒和努特负责照料大地。努特变成一头乳牛，阳光照在她的脊背上时，她就从地面拱向天空。身体越升越高，她感觉头晕目眩，四肢不停地颤抖。舒赶紧呼喊凯库兄弟前来搭救。凯库是阿图姆时代诞生的八神团成员之一，赫尔莫波利斯的八神团支撑着扁平方形天穹的四根天柱。

努特还是繁星的聚集地，繁星在她体内循环运转，她每天都让星星获得新的生命。她的躯体成为一处居所，最后连拉神都在这里安顿下来，不再离开。每天清晨，努特把拉神生下来。那时，他还仅仅是一个婴儿，即凯布利神，形象是一只圣甲虫。它滚动粪球，这圆球就象征着太阳。而神的孩子们都刚刚降生，从地底下一个个地冒出来。神坐在太阳船上，开始穿越天空。在穿

阿波菲斯和拉神

行的过程中，凯布利逐渐长大，变为成年拉神，那时太阳的热度也升到最高点。然而，在日暮时分，经历过无数次复活的造物主老阿图姆（代表黄昏时的太阳）却逐渐陷入地下深处，开启了跨越黑暗世界艰难的征程。无论是白昼还是黑夜，太阳一直都在不停地运转，因为可怕的巨蛇阿波菲斯始终在威胁着太阳神——象征着混沌的阿波菲斯，总是梦想着推翻太阳船，要把这艘辉煌的神船占为己有，进而霸占整个世界。有时候，巨蛇阿波菲斯还真把太阳神给打败了，拉神竟然在白天从空中消失得无影无踪——这就是日全食。神船上陪同拉神的众神赶紧出手搭救，最终把拉神从死对头手里夺回来，又让宇宙恢复了秩序。

古埃及人的世界

根据《亡灵书》和《来世之书》绘制，两部文献诞生于埃及新王国时期（公元前 16 世纪至前 11 世纪）。

在创世之初，来源于尼罗河和雨水的原初之水，滔滔不绝，源远流长

世界像一个气泡
世界像一个气泡，漂在原初的水面上

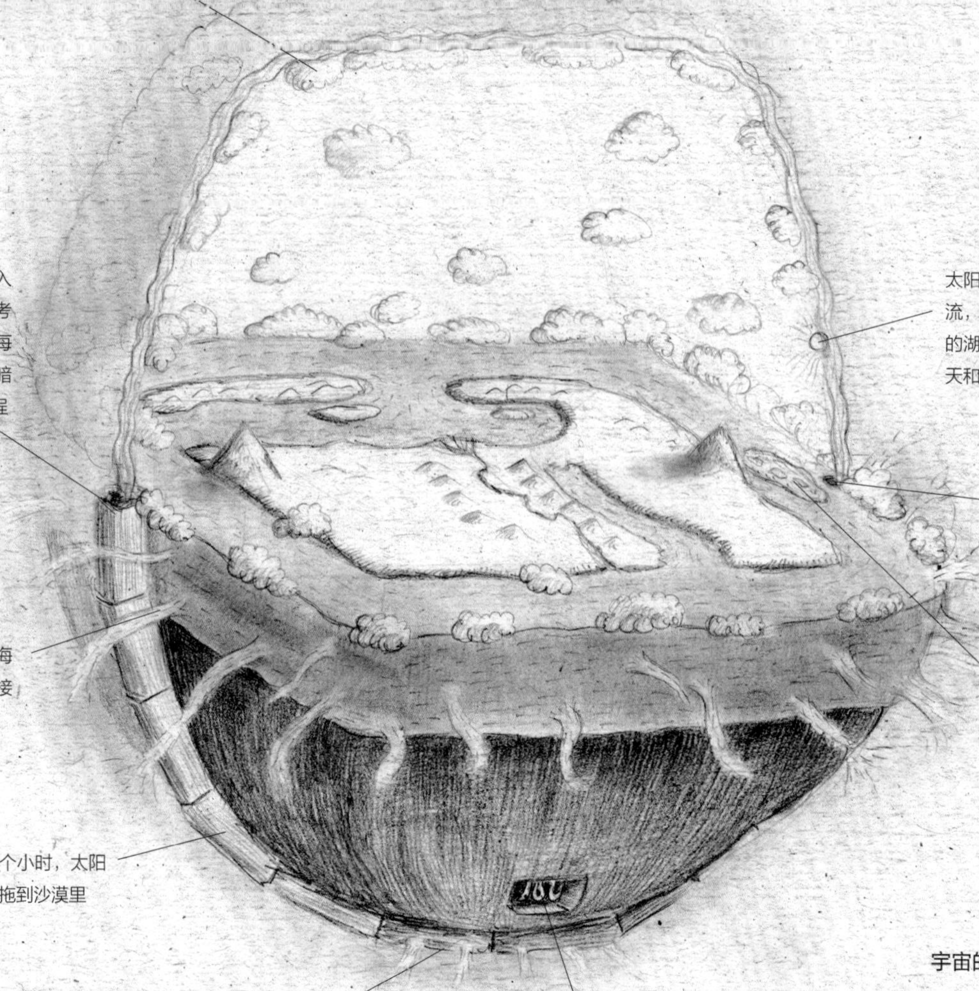

空气阻挡住天上的水，不让水落下来

每天夜里，太阳要沉入冥界，在经过一系列考验之后，才能再生。每天循环往复的历程也暗合了人死后灵魂的旅程

太阳的运行轨迹宛如一条河流，有时又像是一座青绿色的湖泊。整个运行轨迹在白天和黑夜均分为十二个时段

这里是太阳的再生之地

环绕陆地的大海与原初之水连接在一起

芦苇之野宛如一座天堂，是净化灵魂的圣地。人的灵魂就居住在那里，崇拜秩序女神玛阿特

第四个小时，太阳船被拖到沙漠里

第六至七个小时，太阳穿越与原初之水接壤的地区

无论是白昼还是黑夜，太阳神的死对头阿波菲斯总想掀翻太阳船

宇宙的结构

大地
大地呈扁平状，东西两端各有一座高山，东边是巴寇山，西边是马努山

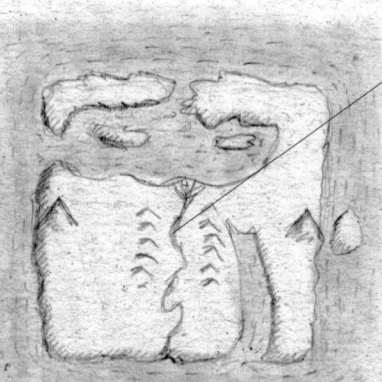

西　东

埃及王国位于宇宙的中心，尼罗河两岸就是王国的国土。尼罗河两岸土地肥沃，由南向北贯穿整个王国的河水起着非常重要的作用

埃及王国划分为两个区域：北部的下埃及（包括赫利奥波利斯和孟斐斯）和南部的上埃及（包括底比斯）

天空（努特）　原初之水（努恩）

空气（舒）

人间、大地（盖布）

地下深处隐藏着冥界（杜阿特），这里是西方之主欧西里斯的领地

太阳每日的运行轨迹

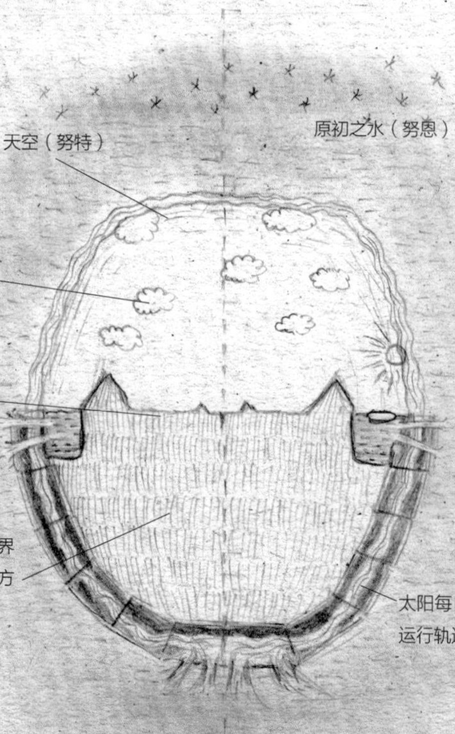

古巴比伦

晚辈推翻长辈

古巴比伦世界的命运被封固在水里，那是一池尚未分化的液体，一望无边。在这一池液体里有两个原初之神，一个名叫阿普苏，另一个名为提亚玛特。阿普苏是男神，代表着深海里平和、静止不动的淡水；提亚玛特则代表着海洋表面的咸水。阿普苏和提亚玛特积极地造神，他们生下了安沙尔和基沙尔。安沙尔和基沙尔后来又生下拉赫姆和拉哈姆。后一代的孩子们总是比前一代更优秀、更聪明，只有拉赫姆和拉哈姆的儿子安努才真正配得上神这一称号。安努后来又生下埃阿，这是创世之初最完美的一个神。

阿普苏和提亚玛特的后代们让这个世界变得嘈杂，充满了泪水和叹息。这个喧闹纷杂的世界最终让创世的族长阿普苏感到格外愤怒，原本宁静平和的海水再也无法安安静静地休息下去。于是，他把谋士穆姆召到自己身边，再一同前往提亚玛特处，以商讨解决这个问题的办法。阿普苏的计划很简单，甚至非常野蛮——他向众神的族母提出建议，要把他们的后代赶尽杀绝。听他这么一说，提亚玛特差点没冲过去把他暴打一顿，接着便狠狠地责备他怎么会冒出这么可怕的念头。把孩子们都杀掉，那绝对不行。在提亚玛特的责备下，这位丢尽颜面的老人只好对孩子们表露出一丝耐心和宽容。阿普苏带着一肚子怨气回到自己的住所，谋士穆姆却在一旁给他鼓劲：这些可怕的后代吵吵闹闹的，让你睡不好觉，不得休息，要想除掉他们，有必要去谋求提亚玛特的支持吗？闻听此言，阿普苏非常高兴，热烈地拥抱了一下穆姆，马上就把要去屠杀的消息告诉无辜的诸神。听到这一可怕的消息，诸神一下子都惊呆了，一句话也说不出来，浑身好似瘫痪了一样。精明的埃阿立即采取对策，要不是他及时出手，众神恐怕都被杀死了。埃阿使出魔法，让穆姆和阿普苏睡死过去。他把一只圆环穿到穆姆的鼻孔里，再把他关进一间阴森森的地牢里。至于阿普苏，他则得到了自己最想要的东西：永远的安息。

埃阿在阿普苏的领地里为自己建造了一座富丽堂皇的新宫殿，他的妻子达姆金娜在宫殿里生下了伟大的马杜克。马杜克一生下来就已成年，在方方面面都胜过所有的前辈，甚至超过了他的父亲，典雅帅气、阳刚有力。安努还把神奇的能力赋予他的孙子，让马杜克能在海面上掀起狂风，还能掌控海风的力量；让他比其他神具备更多的才干。这让马杜克如虎添翼。马杜克忍不住想试试自己的能力，就在海面上掀起狂风。看着狂风卷起的巨浪把提亚玛特领地里的神祇抛来甩去，他真是开心极了。遭受这番折磨之后，这些神便跑到提亚玛特身边去抱怨。他们哭哭啼啼，满腹牢骚，恨得咬牙切齿，嚷着一定要把这个败类的脑袋割下来，因为诸神已被这家伙搅得不得安宁了。这一次，原初族母也被波涛汹涌的海浪弄得晕了头，不再像以前那么宽容了，她支持诸神的想法。海洋世界由此分裂成两个阵营，战争一触即发。

提亚玛特打造出一件件神奇的武器，并生下一群奇丑无比的怪物：红龙、狮身怪物、疯狗、半人蝎、半人鱼、半人马……它们将要充当作战部队的急先锋。她任命这群魔怪当中最残暴的一个怪物（金古）为将军，甚至把它擢升为神，紧接着又嫁给了它。

当然，这边紧锣密鼓的备战行动，那边不会没有察觉，埃阿开始担心起来。他无意向自己的祖先、向她身边那群可怕的魔怪发起挑战。他转身向安沙尔和安努寻求帮助，可面对提亚玛特那咄咄逼人的攻势，这两个神早就逃得远远的了。本阵营里竟然没有一个神准备去迎战，就在埃阿打算放弃争斗的前一刻，他突然冒出一个想法：能不能把马杜克派到战场上去呢？不管怎么说，这场迫在眉睫的战争还是他挑起来的呢，他为了显示自己的本领，在海面上掀起狂风巨浪……马杜克立刻答应下来，但要求其他各位神都必须听从他的指挥。在得到全部授权之后，他登上战车，朝战场奔去。

金古率领自己的魔怪兵将朝马杜克扑去，而马杜克毫无惧色，给他抛了一个媚眼。金古难以招架，顿时失去了战斗力。排除掉这一危险之后，马杜克毅然决然地朝提亚玛特冲去，厉声责备她，甚至嘲笑她，把提亚玛特骂了个狗血喷头。提亚玛特气急败坏地朝他扑来，张开血红的大口，想一口把马杜克吞下肚去。说时迟，那时快，马杜克霎时间撒开一张神网，立马让暴怒的提亚玛特困在那里。与此同时，他把自己暗藏的毒气释放出来，这股毒气通过提亚玛特张开的大嘴，一下子钻到她肚子里。毒气把她的肚子撑起来，让她的身体膨胀开来，最终把她的身体给撑爆了。马杜克最后朝她射了一支箭，了结了她的性命。魔怪军团见首领被打死了，顿时惊慌得不知所措，全部被马杜克的神兵歼灭。

随后，马杜克挽起袖子，着手开天辟地。他把提亚玛特的身体分割成两半，一半变为苍穹。他给苍穹做了周密的安排，仔细丈量每一个地方，为诸神打造出一个巨大的宫殿。接着，他把繁星排成星座，星座复制了神的模样；他又画出黄道，让太阳和行星在苍穹中按照黄道的路线各行其道。根据太阳在黄道上运行所用的时间，他定出年历，将黄道分成十二等份，为每一等份设定一个星座，这就是黄道十二宫。接下来，他又创造了尼比鲁星（木星），委托尼比鲁监督天体运行。他打开天空的东大门和西大门，让太阳从东大门升起，从西大门落下；又将天顶放到提亚玛特的肚子里，造出南纳，即月亮，让月亮去管控时间。他详细告诉月亮该如何履行自己的使命，确定好她该在哪一天、以什么样的形态去面对世界。

马杜克用提亚玛特的下半截身体造出大地。如同安排苍穹一样，他把大地也布置得井井有条。他把老女神的头颅变成山峰，将她的双眼变成底格里斯河和幼发拉底河，把她的鼻孔堵住之后形成一座座水库，将她的乳房变成富饶的土丘。看到这些非凡的壮举，诸神无不表露出赞叹之意，纷纷跪倒在他面前，毫无保留地奉他

马杜克

为主神……但他们最终却发现，要由自己去耕种这片富饶的土地，去种植神奇的植物，去牧养所有的动物。让他们去劳作？这真是太可怕了！那么谁去养活他们？谁给他们织衣服？谁给他们盖房子呢？马杜克想到这个问题，便把埃阿召唤来商量对策。他把对未来的想法告诉埃阿：他要造出小奴隶来为众神服务。这个即将造出的生物就叫人。不过，要想造出人，他需要一位神的骨骼和鲜血。埃阿断然拒绝了他的要求：为了让人类在未来为他们服务，竟然要牺牲一位神，这个代价也太大了。于是，主神把众神召集在一起，商讨该怎么办。大家讨论来讨论去，也没有想出更好的办法，最后他们找到了一个方案：牺牲金古。金古原本只是一个魔怪，是提亚玛特把他擢升为神的，况且金古过去还是他们的敌人，没有哪个神会对牺牲金古感到惋惜。提议一出，立马执行，马杜克从金古身上取下造人所需要的器官，最终用一位叛神的血与肉造出了人类……

古巴比伦人的世界

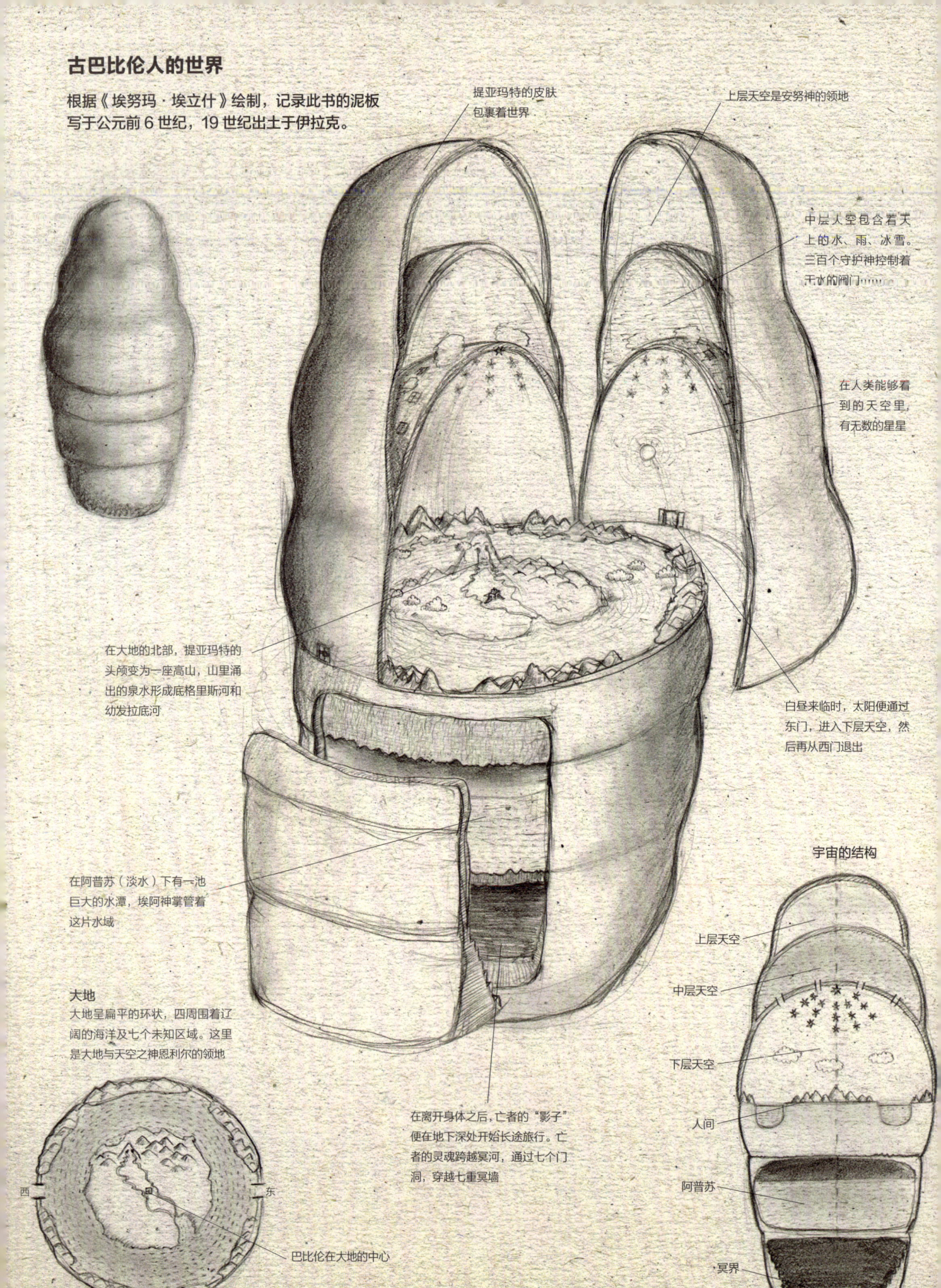

根据《埃努玛·埃立什》绘制，记录此书的泥板写于公元前 6 世纪，19 世纪出土于伊拉克。

提亚玛特的皮肤包裹着世界

上层天空是安努神的领地

中层天空包含着天上的水、雨、冰雪。三百个守护神控制着天水的闸门

在人类能够看到的天空里，有无数的星星

在大地的北部，提亚玛特的头颅变为一座高山，山里涌出的泉水形成底格里斯河和幼发拉底河

白昼来临时，太阳便通过东门，进入下层天空，然后再从西门退出

在阿普苏（淡水）下有一池巨大的水潭，埃阿神掌管着这片水域

大地
大地呈扁平的环状，四周围着辽阔的海洋及七个未知区域。这里是大地与天空之神恩利尔的领地

在离开身体之后，亡者的"影子"便在地下深处开始长途旅行。亡者的灵魂跨越冥河，通过七个门洞，穿越七重冥墙

巴比伦在大地的中心

西 东

宇宙的结构

上层天空
中层天空
下层天空
人间
阿普苏
冥界

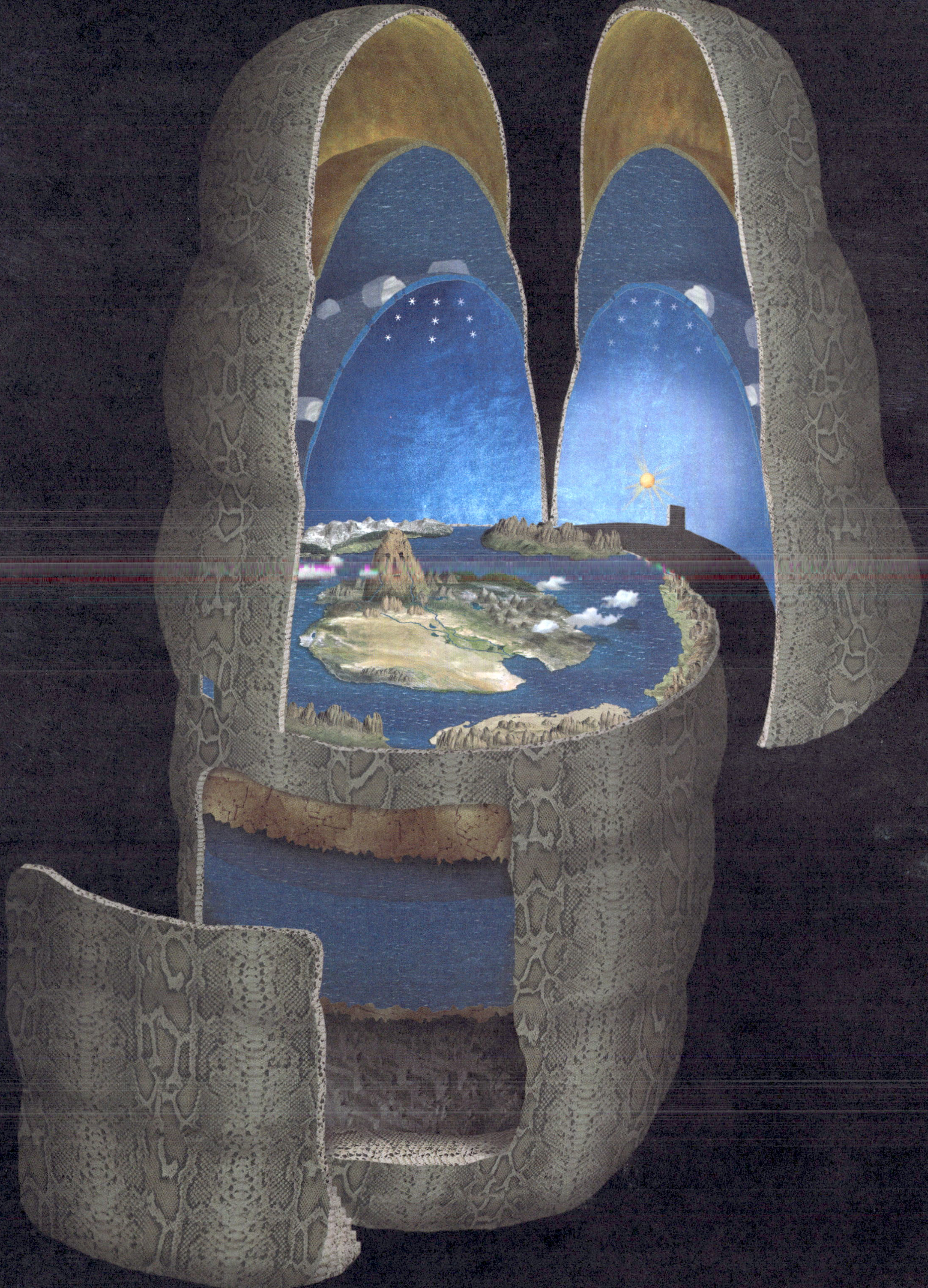

波斯

九千年的善恶之争

至高无上的善神阿胡拉·马兹达想创造出一个世界，但遭到恶神阿里曼的抵制，于是善神和恶神便展开殊死的搏斗，波斯世界就是在这搏斗过程中诞生的。有一种传统说法（这一说法后来被认定是异教邪说）认为，是时间神苏尔凡把善神和恶神派到世界上来的。时间神苏尔凡不惜任何代价也想得到一个孩子。在一千年当中，苏尔凡普施祭礼，想实现自己的愿望。不过，他期盼很久的孩子却迟迟不肯来到这个世界上，苏尔凡最终失去了信心。正是在这个时候，两个孩子突然同时孕育出来，一个是善神阿胡拉·马兹达，他代表着信义；另一个是恶神阿里曼，他是疑惑的化身。

善神阿胡拉·马兹达一直成长在优越的环境中，生活在善意的光明下，而恶神阿里曼则满脑子充斥着打杀的念头，在深沉的黑暗当中忍气吞声。在善神与恶神之间，是一片广袤的虚空。阿里曼并不知道这世界上还存在着善神阿胡拉·马兹达，相反，阿胡拉·马兹达却对恶神阿里曼了如指掌，就连阿里曼暗中策划的险恶阴谋都逃不过阿胡拉·马兹达的眼睛，他甚至还知道恶神未来的命运，知道在恶神及其造物身上将要发生的事情。他知道该用什么手段去摆脱恶神，并采用最佳方法来实施自己的计划，这就是为什么他要创造出世界。在创世之初的第一阶段，世界处于非物质状态，充满潜在的可能性。那时候，世界还不具备实体和形态，更没有智慧。尽管这样一个世界难以捉摸，而且一动也不动，但这个世界已然建立起来，并呈现出丰富的多样性，这一状态一直持续了三千年。

一天，阿里曼离开他的老巢，才发现这个世界上还存在着光明。他朝光明奔去，看到眼前的一切，嫉妒得发疯，恨得咬牙切齿，内心涌出一股强烈的报复欲。为了彻底摧毁阿胡拉·马兹达所创造的世界，他造出一系列与世界上美好的东西相对的事物。善神的光明世界有多明智、多和睦，恶神的黑暗世界就有多丑陋、多疯狂。阿胡拉·马兹达最初还是想给阿里曼一个机会，尽力出手去帮助他。两个神完全可以携手合作，从中获益，这样阿里曼也能平静、祥和地生活下去。然而，阿里曼却误解了对方的好意，认为阿胡拉·马兹达之所以提议合作，是因为他害怕了，认怂了，于是断然拒绝了对方的建议，发誓要把阿胡拉·马兹达的造物拽到自己这边，将其打造成与善神作对的仇敌。两个神达成一项约定：既然他们命中注定要在两个世界的中间地带打斗，那就确定一个时限。双方商定，这一时限为九千年，时限一过便宣布哪一方是获胜者。阿胡拉·马兹达早就看过未来的启示了，知道将来会发生什么样的事情。至高无上的神开始吟唱圣歌。阿里曼从歌中知道等待他的将是什么样的命运：在第一个三千年期间，阿胡拉·马兹达想做什么就做什么。在第二个三千年里，善神与恶神频频交手，直打得天昏地暗，但双方互有胜负，任何一方都没有绝对优势去压倒对方。在最后一个三千年里，恶神呈兵败之势，溃退下去，而善神则取得最终的胜利。恶神没有任何希望去统治世界，他的造物都被摧毁了。世界彻底摆脱了他的控制，成为一座光明、灿烂的天堂，所有与善神阿胡拉·马兹达并肩作战的神都生活得极为惬意。

听到圣歌所描述的这番场景，阿里曼昏死过去。正如事先所预料的那样，阿胡拉·马兹达可以随意支配第一个三千年……他让自己的造物有了生命，赋予它们实体、形态、动作。他设置好天空，引来水源，铺设好大地，造出种种植物，繁育出牲畜，最后造出了人。他把天空翻过来，形成一个卵形，并给它配上一个结实的金属外壳，把所有的造物都放进去。他将阿里曼也关在里面，无论如何不能让他跑出来，因为他一旦跑出来，就会在世界外围落下脚来，这对阿胡拉·马兹达的所有造物都是一种威胁。只有在善神创造的世界里与他搏斗，才能最终战胜他。

水是用天空中的物质与风混在一起造出来的，雨、雾、风暴、雪也和水同时来到这个世界上。紧接着，大地也被创造出来，巨大、宽广、深厚的大地是圆形的。大地浸在原初之水里，原初之水随后朝南方涌去，形成大海。一条大江不断地将滔滔的河水输送给大海。大江又分出两条支流，一支流向东方，另一支流向西方，就像伸出的两只胳膊，把即将拥有生命的世界拢在自己怀里。大地被划分成七块陆地，中央一块陆地，其余六块陆地围绕中央陆地分散开来；中央陆地的面积最大，相当于其余六块陆地面积的总和。阿胡拉·马兹达把高山的种子撒到大地上，群山之母厄尔布尔士山在一条条山脉之中拔地而起。此山在八百年间一直不断地长高：先用了两百年，长到繁星的高度；又用了两百年，长到月亮的高度；再用了两百年，长到太阳的高度；最后用了两百年，碰触到无限的光明，即天空的顶点。大地外围有一圈山脉，山脉的东部和西部各有一百八十个孔，在西边也打开一百八十个孔，太阳、月亮和繁星就是通过这些孔出现又消失在空中的。

阿胡拉·马兹达

阿胡拉·马兹达的第四个造物是植物，它们生长在大地中央。这棵植物没有枝杈，没有外皮，也没有尖刺，它清新、柔软，体内包含着未来所有植物的潜力和种子。接着，阿胡拉·马兹达又造出第一头牲畜，这就是原初之牛，一头像皓月一样闪闪发光的公牛。最后出现的是第一个人迦约玛特，但他仅仅活了三十来岁，就被阿里曼给杀死了。那时候，恶神发动攻势，去攻打善神。恶神撒下的种子都被阿胡拉·马兹达麾下的善神给回收了，并交给太阳去净化。四十年过后，这些种子长成一种植物，样子很像大黄，植物后来又变成两个人：一个是玛什耶，另一个是玛什耶那。阿胡拉·马兹达开始对他们讲话，告诫他们要爱戴善神，远离邪恶。但他这番劝说并没有收到良好的效果。因为阿里曼已把不好的东西灌输到他们的头脑里，让他们良莠难辨，他们甚至开始称颂起恶神阿里曼的伟绩与智慧……善与恶就这样混淆在一起了。

波斯

波斯人的世界

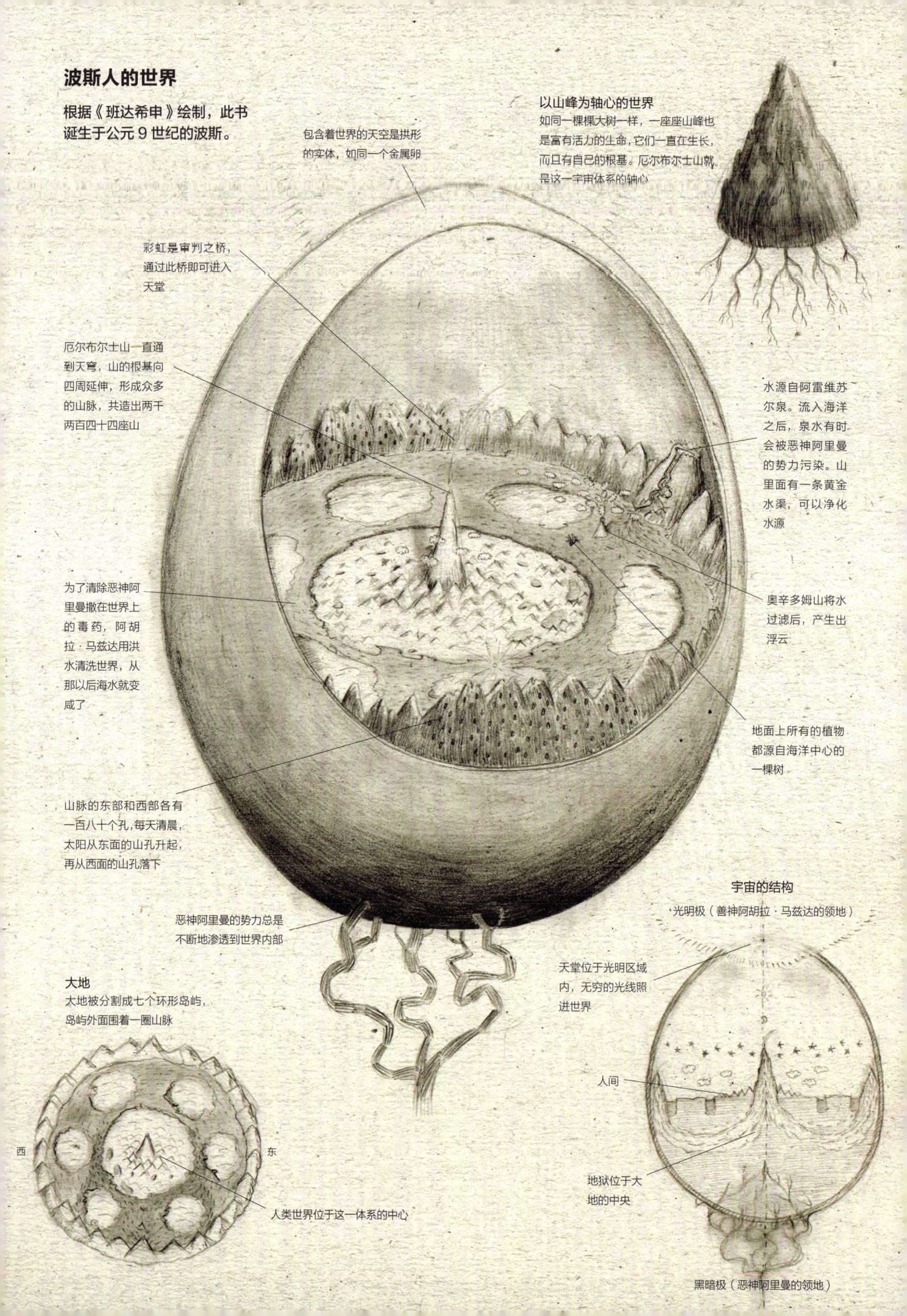

根据《班达希申》绘制，此书诞生于公元9世纪的波斯。

包含着世界的天空是拱形的实体，如同一个金属卵

以山峰为轴心的世界
如同一棵棵大树一样，一座座山峰也是富有活力的生命，它们一直在生长，而只有自己的根基。厄尔布尔士山就是这一宇宙体系的轴心

彩虹是审判之桥，通过此桥即可进入天堂

厄尔布尔士山一直通到天穹，山的根基向四周延伸，形成众多的山脉，共造出两千两百四十四座山

水源自阿雷维苏尔泉。流入海洋之后，泉水有时会被恶神阿里曼的势力污染。山里面有一条黄金水渠，可以净化水源

为了清除恶神阿里曼撒在世界上的毒药，阿胡拉·马兹达用洪水清洗世界，从那以后海水就变咸了

奥辛多姆山将水过滤后，产生出浮云

地面上所有的植物都源自海洋中心的一棵树

山脉的东部和西部各有一百八十个孔，每天清晨，太阳从东面的山孔升起，再从西面的山孔落下

恶神阿里曼的势力总是不断地渗透到世界内部

宇宙的结构
光明极（善神阿胡拉·马兹达的领地）

天堂位于光明区域内，无穷的光线照进世界

大地
大地被分割成七个环形岛屿，岛屿外面围着一圈山脉

西　东

人间

人类世界位于这一体系的中心

地狱位于大地的中央

黑暗极（恶神阿里曼的领地）

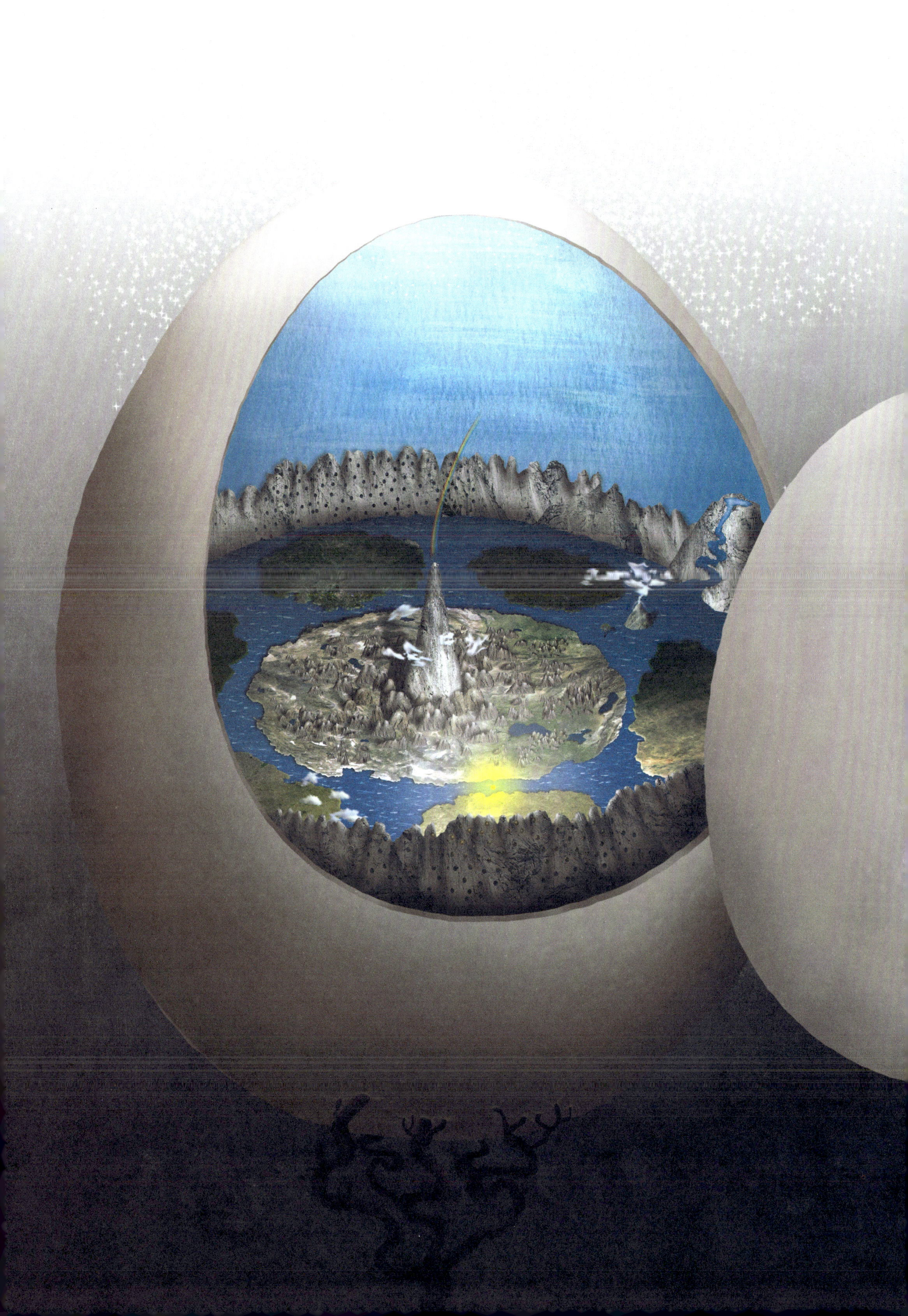

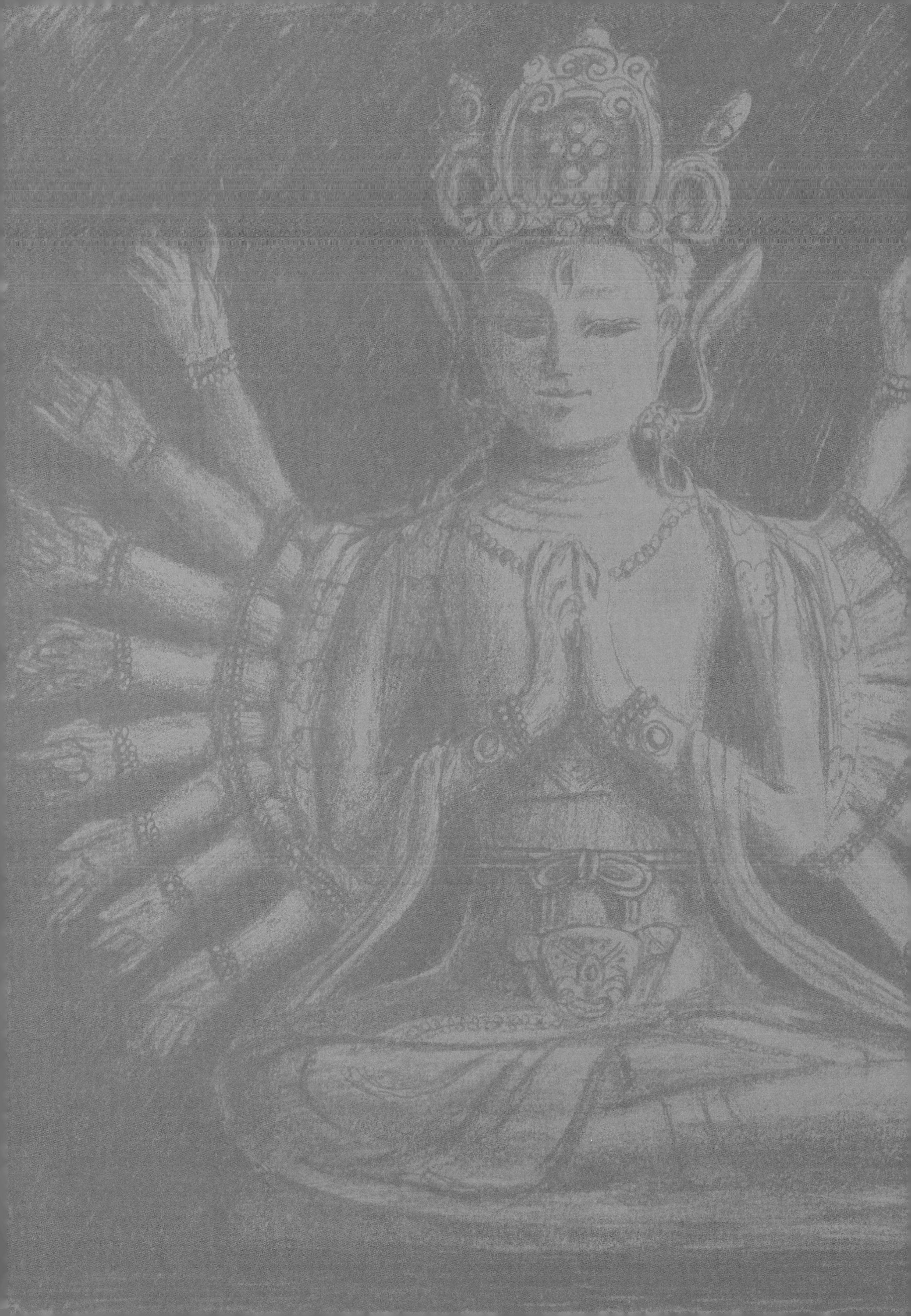

南亚和东亚

南亚和东亚

在印度，有关世界起源的问题很值得单独讨论，因为对这一问题的思索一直持续了将近两千年。公元前2000年，印欧人的一支雅利安人迁徙至印度，并定居下来，同时将吠陀教带入印度，这一古老的宗教后来演变为印度教。有关世界起源的思索最早就出现在吠陀教的圣书《吠陀经》里。这一思索后来又出现在思辨型的宗教经书里，其中包括《婆罗门书》和《奥义书》。在14世纪定型的《往世书》中，有关世界起源的认识已变得十分成熟。《往世书》是一类古印度文献的总称，涵盖印度历史、印度各王国君主及诸神等众多内容。文献中记载了创世的多种途径，其中包括肢解巨人、原初金卵破壳、思想的创造或宇宙抽象法则的演化等。由于宇宙循环反复出现，金卵便成为象征宇宙全部特征及无穷潜力的最佳选择。只要创世主梵天的清晨一到，世界便从金卵里破壳而出；世界到了黄昏就会消亡，新生命在夜里孕育成形，第二天清晨再次破壳而出。

中国本土的创世模式，是由道家创立的。就中国创世神话而言，中国古代的文人似乎对创世说并不感兴趣，他们只喜欢探究一个开端，即华夏文明的起源。有关华夏文明起源的话题无穷无尽，但论述宇宙起源的文字并不多见。只是到了3世纪前后，才出现一个关于创世的神话故事，这个故事好像出自中国南方，讲述了盘古从宇宙之卵中破壳而出的过程。相比之下，许多道家文献则论述了宇宙的起源。无论这些论述是受道家哲学的启发，还是受神话故事的影响，都将创世的阴、阳、气推到了历史舞台上。

中国西藏地区传说中的原初世界也带有上述宇宙的部分特征，如金卵、多极世界、循环反复的时间、须弥山（土由中心，印度诸神的居所），但他们依照佛教的教义，并结合自身的传统，对创世说做了更改。佛教在公元前6世纪诞生于印度，这是一种救世学说，目的是推翻连续轮回转世的概念（轮回转世是印度教信仰的支柱之一），这样才能达到涅槃状态，或在一生当中磨炼自我，而不必经历多次艰难困苦的生活。佛教约于1世纪传入中国，6世纪传入日本，并在流传中发展变化，衍生出多个流派。佛教还会与当地的传统信仰融合，比如中国西藏的苯教，日本的神道教。虽然佛教本身并没有创世的神话，但佛教的许多宇宙观——对宇宙实质的描述，都借鉴了创世的神话故事。

印度

世界"劫"后重生

公元前1800年至前800年间，印度吠陀教的圣书《吠陀经》逐渐成形，经书把宇宙起源的几种可能模式都给推翻了。在讲述宇宙起源时，此书描述得很抽象，往往带有哲学意味，有时讲得含糊不清、过于简练。随着巨人普鲁沙的出现，宇宙起源说才变得丰富起来。巨人普鲁沙长着千头、千眼、千脚，是千变万化宇宙的化身，他代表着此地和别处，代表着现时和永久。他为众神献出生命，众神随后肢解了他的身体。其身体大部分用来打造永恒的星体，其余的小部分则用来创造鲜活的生命乃至万物。由此诞生出各种各样的动物，有在天上飞的，有在荒野里跑的，还有在城镇里散居的。接着又出现了歌曲、诗歌和各种礼拜仪式，再往后则出现了马、牛、山羊、母羊。从巨人嘴里诞生出婆罗门，从他的手臂里诞生出刹帝利，从腿里诞生出吠舍，从脚里生出首陀罗（它们即古印度四大种姓，等级依次降低）。后来，从他的意识中诞生出月亮，从目光中诞生出太阳，从口中诞生出因陀罗（吠陀教中的主神，是彪悍的战神，有时极为残暴）和阿耆尼（吠陀教中的火神），他呼出的气息变成风。空气从他的肚脐里冒出来，双脚孕育出大地，耳朵里生育出四个方位基点。

依照《婆罗门书》的说法，在创世之初，世界仅有水。但水希望能生育后代，并琢磨该怎么做才能实现自己的愿望。她想了想，便开始祈祷，让自己体内温度越升越高，高温形成一个金卵。金卵在水里漂来漂去，漂泊了整整一年后，一个巨人破壳而出，他就是生主，是万物的造物主。但打碎卵壳之后，他没有地方住，只好在壳里又住了一年。后来，他开始说话，发出第一个声音之后，大地冒了出来；他发出第二个声音，天空即刻展现出来；第三个声音发出之后，太空随即而生。生主说出的这三个字有五个音节，这五个音节后来就变为五个季节。生主最后站起身来，一边唱着颂歌，做着祈祷，一边走着。他想繁育出下一代，于是一个个飞天从他嘴里飞出，一个个善神把天空控制在自己手里。光明也随同他们一起诞生。再往后，他又生出阿修罗。阿修罗是恶魔，把大地霸占在自己手里。而黑夜则伴随着阿修罗来到世界。

生主过着严苛的苦行生活，苦行生出很大的热量。热量让他生出五个孩子，分别是火、太阳、月亮、风和曙光。生主要求他们也去过苦行生活，曙光从此变成一个漂亮的仙女。其他四个孩子见妹妹长得如此美丽，竟然萌生出欲望，精子从他们体内喷涌出来。生主将精子收集到一个金制器皿里，由此诞生出可怕的鲁德拉——长着千眼、千手、千脚的神，他手里拿着一千支箭，每支箭都代表着这世界上最可怕、最残忍、最邪恶的东西。这个神话还有一个版本：生主想和他女儿乱伦，但女儿对此感到格外震惊，于是变成一只母羚羊。她父亲随即变成一只公羚羊，要和她配对。她又先后变成母牛、母羊，并不断变成各种动物，但每一次她父亲都变成相应的雄性动物，最终让她怀了孕。所有的动物就是由此来到世界上的。

根据《往世书》的描述，世界的造物主是梵天。梵天的一生可活一百年，每一梵天年由三百六十个梵天的昼夜构成，每一白天都是一劫。于是世界每天早晨出生，每天晚上消亡。黑夜则用来让毗湿奴休息。毗湿奴是印度教的主神，每天夜里，主神躺在巨蛇阿南塔（又称舍沙）身上，周边是一片汪洋大海，他酝酿着第二天的新世界。黎明时分，一株莲花从他肚脐里冒出来，梵天从花瓣中出生，再次赋予世界新的生命。梵天和毗湿奴可以相互替换，因此毗湿奴也往往被认作是造物主。

南亚和东亚

毗湿奴在黑夜里酝酿新世界时，是分阶段创造的，最先完成的是植物界。植物界是用黑暗造出来的，它既难以理喻、混沌不清，又难以区分、僵化呆滞。他觉得这个造物不成功，于是又去酝酿第二批造物。第二个完成的是动物界，但动物们愚蠢、自私、无知，毗湿奴还是不满意，便又开始酝酿第三批造物。随后，第三批造物——神——来到世界上。诸神个个都非常棒，他们浑身上下洋溢着光明和幸福感，每个神都对自己的命运非常满意，但他们却派不上任何用场。毗湿奴再次酝酿新的造物。这批造物融合了前一批造物的优点，而且融合得恰到好处，他们既有光明的一面，又有阴暗的一面。这批造物就是人，他们个个生龙活虎，富有朝气。

面对这种朝生暮死的生活，整个世界就像在打拉锯战一样。实际上，每一劫（或者说一梵大白昼）相当于一千神岁，也就是一千大纪（由迦）；一大纪等于一万两千神年，相当于人世间的四百三十二万年……人纪本身又被划分成四时，或四个时代。第一个是圆满时，即世界的黄金时代，这是一个正义、和平、富强、幸福的时代。第二个是三分时，人在这个时代里开始劳作，受苦，并会终老死去。第三个是二分时，这是一个邪恶、罪恶、腐败的时代。第四个是争斗时，整个一劫的周期在这一时段里结束，这个周期里有各种各样的灾害：疾病、水灾、四季颠倒、万物枯萎……当万物复苏、振兴时，又开始新的周期，标志着世界由此迈入一个新时代。每一劫分为十四个时段，每一个时段由一个摩奴掌管。摩奴是人类的立法者和保护神。第一个摩奴就是梵天本人变的，后来他又分身，变成两个摩奴。

我们现在处于第七世摩奴统治的时代，他创造了现在的人类。传说，有一个恶魔把大地推到水里，造成大洪水，摩奴险些被淹死，幸好有一条小鱼救了他。其实这条小鱼就是毗湿奴变的。小鱼告诉他将来哪一天会发大水，督促他赶紧造一艘大船，正是靠着这艘大船，他躲过了大洪水。神又变成一头野猪，跳入洪水当中，像拉一艘搁浅的大船那样，把大地从水中拉出来。大地在水里再次漂来漂去，神立即把大地整平，又给大地装点上一座座高山，并将大地分割成七块陆地，用不同的海水将陆地隔开，其中有咸海、糖海、酒海、黄油海、凝乳海、乳海、淡水海……所有这一切都被封闭在金卵里，

毗湿奴

梵天就诞生自其中。有的神话说，宇宙之卵多得数不清；但有的神话却说，宇宙之卵仅有两百二十四颗……

在大地的正中央，即在北极星的下方，耸立着须弥山，众神都居住在那里。在大洪水泛滥时，众神丢失了许多财产，其中包括珍贵的甘露，这是一种长生不老药。一下子，事情变得严重了，就连他们的死敌恶魔阿修罗也答应帮忙寻找这个宝物。一只神龟下潜到乳海里，把曼荼罗山背到自己坚实的背甲上。蛇神婆苏吉用蛇身把曼荼罗山一圈圈地缠起来，众神和众魔携手去拽婆苏吉，有的拽它的头，有的拉它的尾，把整个乳海都搅动起来。这时，数不清的神和生物都从乳海里冒出来，其中有手拿长生不老药的医神梵弹陀利，有漂亮的仙女拉克希米（后来毗湿奴娶她为妻），有月亮、天马、稀世珍宝、神象、海神号角、神弓，还有神牛苏拉比……恶魔也想尝尝神奇的长生不老药，为争夺甘露，与众神展开激烈的搏斗。有一个名叫罗睺的恶魔想去偷喝长生不老药，结果被月神和日神发现了。月神和日神便向毗湿奴揭发了罗睺的恶行。于是，毗湿奴砍下罗睺的脑袋。被砍下的脑袋飞上了天，而他的身体却在地上扭来扭去，引发了地震。从那以后，罗睺便对月神和日神怀恨在心，总是设法定期去吞噬月亮和太阳，也就形成月食和日食。

印度人的世界

根据《往世书》绘制,文献诞生于6世纪至14世纪的印度。

须弥山是欲门飞山峰,通过山顶平台可进入诸神的世界

须弥山四角的山峰上长着一棵棵巨树,南面有一棵巨大的阎浮树,树上结的果实如人象一般大

印度位于须弥山南侧

世界之卵

根据《往世书》记载,我们的世界问世时就像大梵天的卵,又称金卵。对于金卵的分化数量,各种不同版本的传说也不尽相同,有说只分化出一个,也有说分化出两日——十四个,更有说分化出无数个……它在某种虚空(或在原初之水)中漂浮

- 咸海
- 糖海
- 酒海
- 黄油海
- 凝乳海
- 乳海
- 淡水海

须弥山
陆地

大地

大地被分割成七个环形大陆,每个大陆外面环绕着一片大海,大陆围绕着须弥山

大地

宇宙的结构

诸神住在七重天里

人间

七重地下住着妖魔鬼怪、巨人、蛇神那伽……

七重地底深处住着死亡之神阎摩

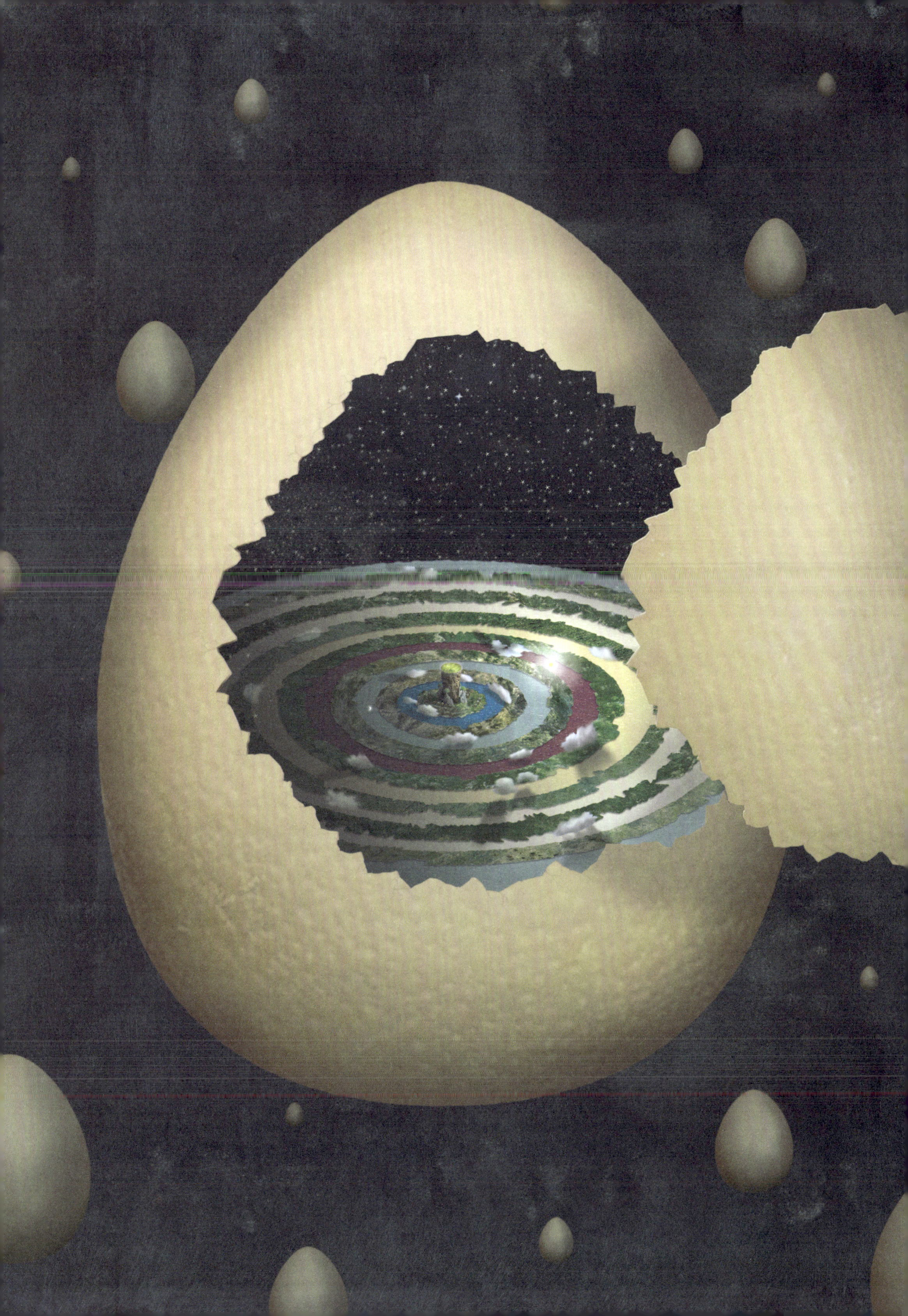

中国

开天辟地

中国关于世界起源的神话很多，既有见诸文献记载的远古神话，也有少数民族口耳相传的地方神话。其中最为著名的，当数盘古开天辟地、女娲造人的传说。这个传说又和宇宙之卵有关！

原初宇宙只是一片混沌，浑然一体，形成一个卵，盘古就是从这卵里诞生出来的。盘古在卵壳里待了一万八千年，逐渐长大，越长越强壮。最后卵壳破碎了，卵中轻盈、透亮的物质慢慢上升，弥散开来，形成天空；而厚重、混沌的东西则凝聚在一起，形成大地。这时巨人盘古站起身来，将天地分开。他双手撑着天空，双脚踏着大地，让自己每天长高一丈，天与地的距离也就越拉越大。他越长越高，脚下的大地也变得越来越厚，越来越结实。又过了一万八千年，天地最终到达各自的位置。盘古凭借自己的神力，完成了开天辟地的使命。这一使命完成之后，盘古也累死了。他的头变成东岳，肚子变成中岳，左臂变成南岳，右臂变为北岳，双脚变成西岳。他的双眼分别变成太阳和月亮，血液变成江河湖海，毛发变成大地上的草木植物。他眼睛里流下的泪水汇集成长江和黄河，他呼出的气息形成风，他的声音转变为雷。虽然盘古已经死去，但他的灵魂依然活着：他心情好的时候，阳光灿烂，天气好极了；要是情绪低落，天空也变得阴沉沉的，甚至还会刮狂风、下暴雨。同样，他只要眨眨眼，世界就变成白昼或黑夜。

而人则是由女娲和伏羲造出来的，女娲是人首蛇身（或龙身）女神，伏羲是她丈夫。在女娲生活的那个时代，万物基本都已齐备，森林、河流和动物也都有了，但是女娲却连一个能聊聊天、说说话的人都没有。有一天，她正借着一洼水面，映照自己，突然萌生一个念头。她依照自己的模样，用黄土捏出一个人。用黄土捏的人一下子就活了，在女娲身边兴高采烈地跳着。第一个人就这样造出来了。女娲高兴极了，又接连造出一群人，直到自己感觉累了，才停下手来。后来，她拿一根线绳，蘸蘸水洼里的泥浆，甩一甩，一个个小人就从甩出的泥点里诞生出来。后来就有人说，富贵的人是女娲用黄土捏的，贫贱的人是泥点变的。

然而，对大地的治理远没有结束。面对连续不断的自然灾害，一代代统领新世界的帝王要经受严峻的考验。早在女娲时代，世间发生的一场灾难险些彻底摧毁人类。天帝颛顼与水神共工发生矛盾，随后便爆发一场残酷的战争。水神共工的相貌极为丑陋，浑身长满了鳞片，头上披散着浓密的红发。共工把所有的水怪都发动起来，向颛顼发动进攻，而颛顼则命太阳增大火力，把江河湖海里的水烤得火烫，把水怪们都给煮熟了。气急败坏的共工见大势已去，便一头朝支撑着天穹西北角的不周山撞去。山被撞折了，天空露出一个大窟窿，整个天空都朝西北方向倾斜。女娲赶紧出手去搭救自己的孩子，用五色石堵住天空的窟窿，接着又砍下一只巨鳌的四脚，来支撑天空的四角。天塌之后，洪水泛滥不止，大火蔓延不熄，女娲又设法止住洪水，扑灭山火，还除掉了共工。不过，天塌地裂造成的失衡状态却一直保留下来，从那时起，天空的轴线就不是垂直的，而是稍微向北倾斜——中国古人一直把天空看作是半球形的华盖，盖在方方正正的平坦大地上方。正是在共工撞山之后，中国的江河都朝东南方向流动。

道家把黄帝尊为始祖，黄帝的伟业之一就是把天地彻底分开。那时候，天地之间依然有一条通道，各路天神，尤其是以蚩尤为首领的诸神，总是顺着这条通道下到凡间来欺负人类。人类的种种抱怨最后传到黄帝的耳朵里。黄帝怜悯人类的命运，便命令自己手下的神切断了这条通道。

在尧帝时代，世界再次陷入混乱。那时候，十个太阳一起出现在天空上，而它们平时都居住在一棵神奇的扶桑树上。太阳妈妈在清洗过宝宝之后，每天只允许一个太阳爬到扶桑树顶上。这个太阳跃入一辆由六条神龙拉的车里，在天空中遨游一番，再回到扶桑树上和待在扶桑树上的兄弟们会合，这时整个大地就被黑夜笼罩起来。第二天清晨，就轮到另一个太阳兄弟去天空遨游。每位太阳兄弟都有机会，但他们从来不会在同一天出现在天空上。直到有一天，所有的太阳兄弟决定同时上天遨游，以致整个大地都被烤焦了，各种各样的妖魔纷纷冒出来趁火打劫，人都快被渴死、饿死了。尧帝见此极为愤怒，马上派天下最棒的射手羿去射落太阳。羿不负众望，把背叛上天旨意的九个太阳都给射落了，只留下一个太阳。由于水道没有疏通，水到处乱流，甚至引发了洪水，尧帝不得不找人治理洪水。洪水泛滥的问题最终被大禹给彻底解决了。大禹是了不起的工程师，他组织人去挖河床，疏通河道，制服了凶猛的洪水。

大约在公元前6世纪时，道教始祖老子诞生。在道教理论中，创世的问题似乎已超出神话的范畴。道教是一种哲理性宗教，道教修炼的终极目标是要达到"道"的境界。"道"也可以解释为自然界的秩序，万物皆出自道，而道又反过来引导万物。因此，道教的信徒免不了要去思索创世的问题，从而形成他们自己的宇宙论。这类宇宙论显得更抽象。《道德经》里有一段话，后人认为这句话是道教的创始人老子说的：

伏羲和女娲

道生一，一生二，二生三，三生万物。万物负阴而抱阳，冲气以为和。

有关创世问题，另一部道家著作《淮南子》则解释得更清晰，这部著作是在公元前2世纪问世的。依照《淮南子》的解释，原初之时，天地尚未成形，世界仅仅是一团混沌，浑然一体，被称作"太昭"。道始于虚廓，虚廓生出宇宙。接着，宇宙又生出气。气分清浊，"清阳者薄靡而为天，重浊者凝滞而为地"。阴和阳就是天地的基本要素，阴阳转化形成四季。四季的精气又生出各种各样的变化，构成万物。阳气聚集在一起，最终生出火，火气积聚变成太阳。阴气聚合造出水，水气积聚变成月亮。太阳和月亮散发出的精气变成满天的繁星。天空接纳了太阳、月亮和繁星，而大地则容纳了山川、河流、土壤和灰尘。再往后，就发生共工撞山的故事，整个世界被搅得天翻地覆……

中国的一些少数民族对宇宙起源也有自己的认识，比如藏族对宇宙形态有独特的想象，西藏地区也流传着多种开天辟地的创世神话。

《西藏度亡经》，又名《中阴闻教得度》，是一部西藏佛学名著，相传作者是8世纪印度高僧莲花生大士，全书依照佛教教义详细介绍了人死后每天的变化情形。从其中的描述来看，西藏地区的宇宙起源观深受印度大乘佛教的影响。宇宙当中有无数个世界，每个世界就像一个圆盘，一个地串在宇宙轴心的高山上，这座山就是须弥山。大地的安排也受印度模式的启发，有七条环形山脉（七金山），山与山之间隔着海（七香海）。大地周围是一望无际的海洋，海洋的四个方位升起四块大陆（四大部洲）。亡者的地下世界就在须弥山下。

在西藏，有关创世的神话还是很丰富的，但形式比较单一。比如，宇宙之卵的题材反复出现过多次。编撰于13世纪的《朗氏家族史》讲述了西藏的一个古老家族——朗氏家族的故事，其中谈到人类的起源——"五大（地、水、火、风、空）之精华形成一颗大卵，卵的外壳生成天界的白色石岸，卵中的蛋清旋转变为白螺海，卵液产生出六道有情（六道，即天道、人道、阿修罗道、地狱道、饿鬼道、畜生道；有情，即众生——编辑注）。卵液又凝结成十八份，即十八枚卵"。其中一个卵格外白净，与其他卵截然不同，从中生出一个有希求之心的圆肉团。接着，一个个感觉器官长出来，胳膊和腿脚也长出来，变成一个帅气的年轻人。这就是耶门杰波——朗氏家族的祖先。

苯教是佛教未传入西藏之前流传于当地的一种原始宗教，《十万白龙》作为西藏苯教（白苯教）的经典，主要用于教化众生，度化危害天、地、水三界的龙等。这部经书也讲述了几个原初之卵的传说故事。在原初之时，世界尚未成形，一道白光喷射而出，一枚完美、闪闪发光的卵从中诞生。这枚卵没有手臂，没有腿，没有翅膀，也没有嘴巴，但它却能说话，能飞，还能走动。五个月过后，一个男人破壳而出，这就是原初造物神，之后就由他安排宇宙。还有一种传说：世界就是从卵本身诞生出来的，卵壳变成高山，蛋清变成空间，卵内所包含的热量变成火……

《十万白龙》还提到一个世界起源的说法，即世界起源于一位宇宙巨人的肢体。在原初之时有一位女神，她本身是从虚无世界里诞生出来的，把有形世界布置得井然有序。天空从她的头颅里升起，她的右眼生出月亮，左眼生出太阳，一颗颗牙齿生出满天繁星。她合上眼睛时，世界就变成黑天；她睁开眼睛时，世界又转变为白天。她的声音变成雷鸣，她的舌头变成闪电，她呼出的气息变为一朵朵浮云，她的眼泪化为雨水。她舌头上的黏稠物变为冰雹，风从她的鼻孔里冒出来，而她的鲜血则变为海洋，她的肌肉变为大地，她的骨骼变成一座座高山。

另一个传说则认为，宇宙是由两个敌对的原初之神安排的。宇宙最初只是一片混沌，所有的造物都包含在其中。四季也包含在里面，但四季混在一起，无法分清。河水不流动，繁星也不移动，恶魔与众神毫无生气。白昼与黑夜也没有明显的界线。所有这些造物显得毫无用处，都无精打采，没有任何灵气，因为没有哪个神能给它们带来灵气。两道光线从混沌中闪现出来，一道是黑光，另一道是白光。黑光生出一个黑人（叫门瓦那保），白光生出一个白人（叫沃色丹）。黑人代表虚无，是冥界的主神，他统管一切有害的物质，到处去搞破坏。他杀死月神和日神，让恶魔去顶替他们。他抛出闪电，打起惊雷，下起冰雹，让火、水、风轮番逞凶。他让疾病横行，灾难肆虐。他造出许多凶猛的动物，并给每种猛兽设定一个猎物。他给每一种造物都制造出相克的物质：给大树造出斧头，给草本植物造出镰刀和狂风，给人类造出恶魔，给稻谷造出害虫。

接着，白人也开始履行自己的使命，他是喜欢生命世界的主神。他和黑人做的事情完全一样，但却反其道而行之，他是为了万物的好处，才把它们成双成对地搭配起来。是他让太阳变得暖和、温柔，让月亮闪着明净的光。他将白昼与黑夜分开，让各星宿按照一定的轨迹移动，在大地最需要的时候才让雨水流淌下来。他造出茂密的森林，给人带来幸福、健康、和平的生活，让世界能够黑白分明是有道理的……

讲述藏族起源的神话，是西藏创世说中最有特色的。传说，藏族的祖先是猕猴与岩石罗刹女（罗刹，即食人肉之恶鬼）结合而生下的后代。这个神话深受佛教影响，而且还和备受尊敬的观世音菩萨有关。

有一天，观世音菩萨要去布达拉（梵语"普陀"的音译）山顶，从那里可以俯瞰整个西藏。他要看一看西藏将来会变成什么样子，因为他身上肩负着改变西藏的重任。他的左手掌心发出一道光芒，这道光芒随即变成猕猴。猕猴刚一出生，便在一座茂密的森林里安顿下来，开始沉思。那时候还没有人类，只有凶猛的野兽、大象、鱼、飞鸟，以及各类超自然的造物。此时，恰好有一个岩石罗刹女从那儿路过，见猕猴恭顺、聪明，立刻就爱上了他。岩石罗刹女变成一只雌猴，想去引诱他，但却白费一番力气，无论她怎么搔首弄姿、暗送秋波，猕猴都不为所动。猕猴对岩石罗刹女没有任何欲望，依然平静地沉思。七天过后，岩石罗刹女决定迎难而上，直接把话挑明了，说打算和他一起生活。猕猴和蔼地回答说，他不想和她一起生活，而且感觉没这个必要。岩石罗刹女顿时就生气了，威胁说要是他不同意，她就和恶魔结合，生出许多小恶魔，把这一带所有无辜的生物都吃掉，最后把这一地区控制在自己手里。猕猴不知所措，只好去寻求观世音菩萨的帮助。观世音菩萨告诉他，

观世音菩萨

可以和岩石罗刹女在一起生活，还要他多生孩子。猕猴听从了观世音菩萨的建议，和岩石罗刹女生下六个儿子。由于父亲是猕猴，孩子们脸部通红，浑身上下长满了毛。另一方面，他们长得也像母亲，从此不再有尾巴，而且会说话，喜欢过茹毛饮血的生活。后来猕猴把孩子们带到一座森林里，将他们放在那里。他们便同当地的猕猴混在一起生活。待到猕猴父亲前来看望他们时，他们不再是猕猴，但也不是人。孩子们已明显分成两个截然不同的群体：有的孩子恭顺、勇敢、聪明，很像他们的父亲；而有的孩子却变成恶魔，身体强壮、勇猛无比、嗜血如命，他们后来变成食人族，处处作恶。

观世音菩萨后来给了猕猴父亲许多种子。猕猴把种子撒在地里，种出许多谷物，丰收之后，孩子们第一次聚集在一起吃了顿饱饭。再往后，观世音菩萨又发出一道光芒，这道光芒变成一个漂亮的小男孩。所有非人非猴的造物都被这个小男孩给迷住了，男孩长大后教他们学习佛法。他们处处按照佛法的要求做事，从此逐渐变成人。藏族人就是这样来的。

中国古人的世界

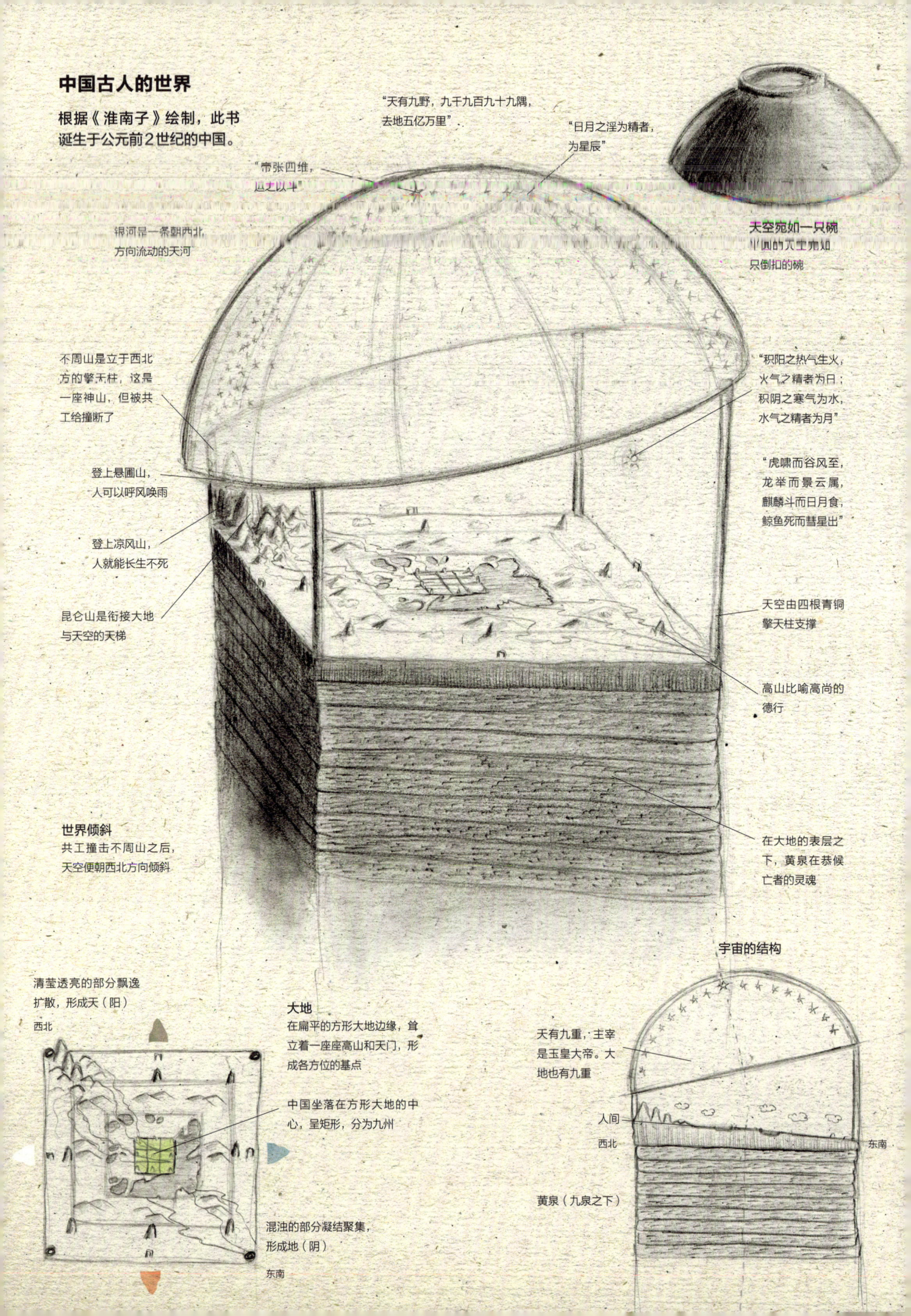

根据《淮南子》绘制，此书诞生于公元前2世纪的中国。

"天有九野，九千九百九十九隅，去地五亿万里"

"日月之淫为精者，为星辰"

"帝张四维，运之以斗"

天空宛如一只碗
小圆的天空如一只倒扣的碗

银河是一条朝西北方向流动的天河

不周山是立于西北方的擎天柱，这是一座神山，但被共工给撞断了

登上悬圃山，人可以呼风唤雨

登上凉风山，人就能长生不死

昆仑山是衔接大地与天空的天梯

"积阳之热气生火，火气之精者为日；积阴之寒气为水，水气之精者为月"

"虎啸而谷风至，龙举而景云属，麒麟斗而日月食，鲸鱼死而彗星出"

天空由四根青铜擎天柱支撑

高山比喻高尚的德行

在大地的表层之下，黄泉在恭候亡者的灵魂

世界倾斜
共工撞击不周山之后，天空便朝西北方向倾斜。

清莹透亮的部分飘逸扩散，形成天（阳）

西北

大地
在扁平的方形大地边缘，耸立着一座座高山和天门，形成各方位的基点

中国坐落在方形大地的中心，呈矩形，分为九州

混浊的部分凝结聚集，形成地（阴）

东南

宇宙的结构

天有九重，主宰是玉皇大帝。大地也有九重

人间

西北

东南

黄泉（九泉之下）

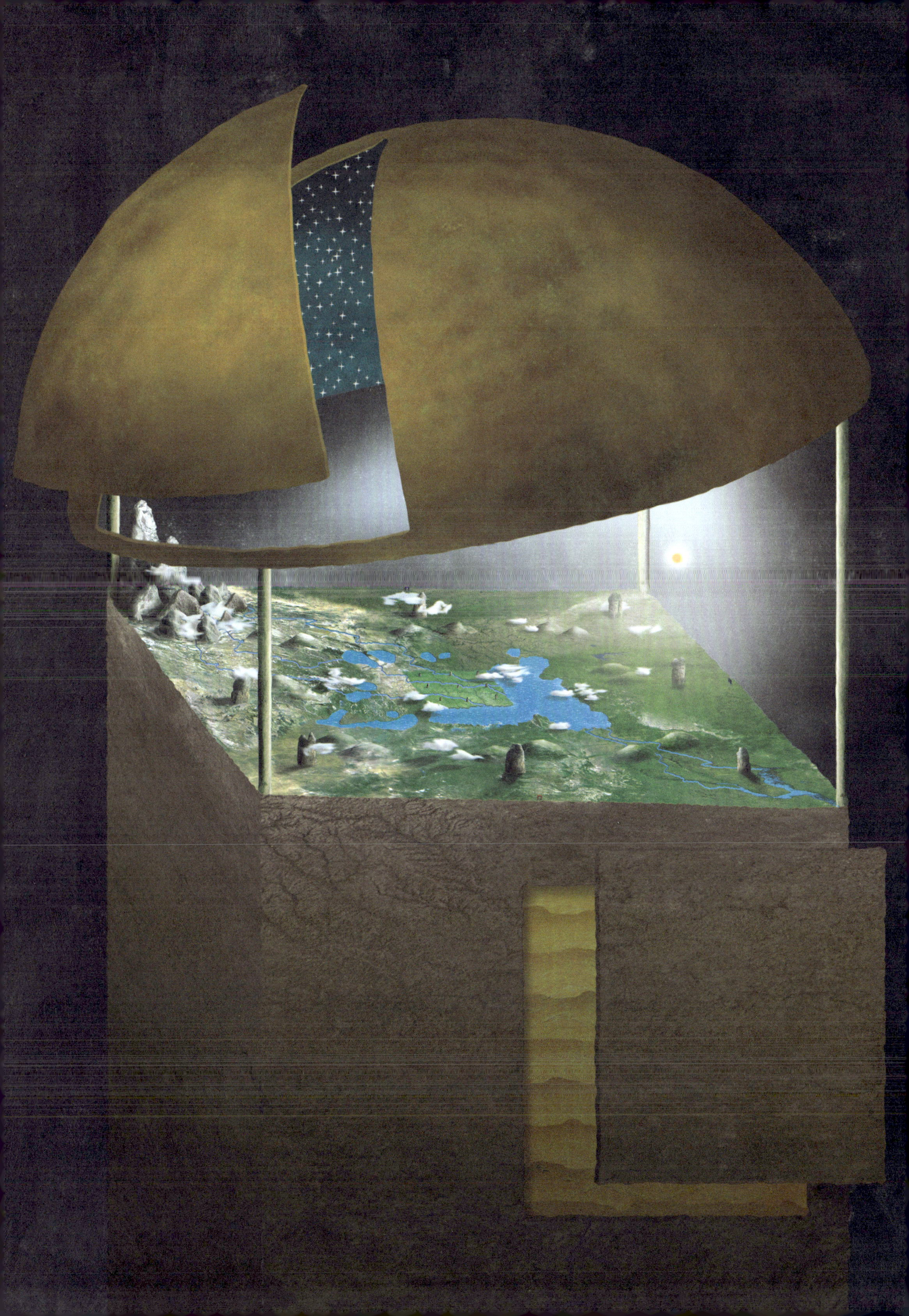

大乘佛教世界（中国西藏）

根据《西藏度亡经》绘制，此书诞生于8世纪，后来传入中国西藏。

我们的世界（即欲界），其中也有佛菩萨来此度生

高山四周的世界

在喜马拉雅山脉的景色里，山随处可见。一座座高山威武雄壮、巍然屹立，有些山甚至难以攀登，令人敬仰。藏族（以及大乘佛教）传统中的世界轴心就是宇宙高峰——须弥山

我们的世界并不是独一无二的，它只不过是大千世界之一……

须弥山顶上有三十三天城，为帝释天的居所

须弥山是进入天堂及上层世界的通道。山由四宝组成：北面为黄金，东面为白银，南面为琉璃，西面为颇胝迦宝（状如水晶的宝石）

须弥山四周围绕着"七金山"，山脉的高度由内向外依次递减

铁围山

金轮

地下有"八大地狱"，每一地狱又附有十六个小地狱，因此整个地下有一百二十八个小地狱，一层层重叠在一起。被判入地狱的人要经受种种可怕的惩罚：森林里的树叶都是利剑，粪土里有许多被虫子钻皮破骨啃食骨髓，恶鸟的铁喙啄食人的眼睛心肝，剑树刺瞎人的眼睛……

水轮。人类的活动引发雨水，雨水越积越多，形成水轮

风轮，同样是人类活动引起的

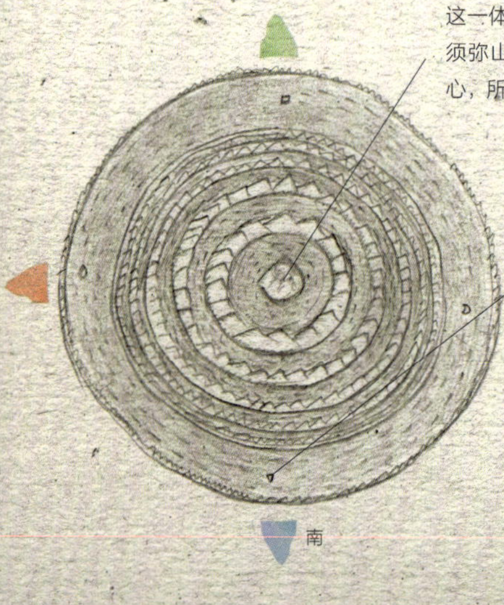

大地呈扁平的环状

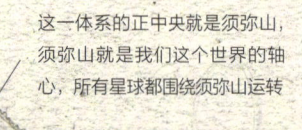

这一体系的正中央就是须弥山，须弥山就是我们这个世界的轴心，所有星球都围绕须弥山运转

天堂

人间

地狱

大地

天下有四大部洲：南赡部洲，有些偏移轴心；西牛贺洲，呈圆形；北俱芦洲，呈方形；东胜神洲，呈半月形

宇宙的结构

大地、地狱及天堂最下面一部分构成整个欲界。再往上，是色界、无色界

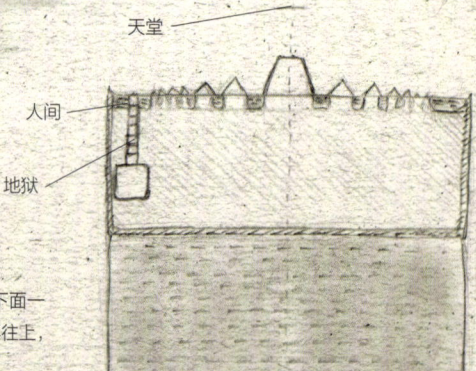

南

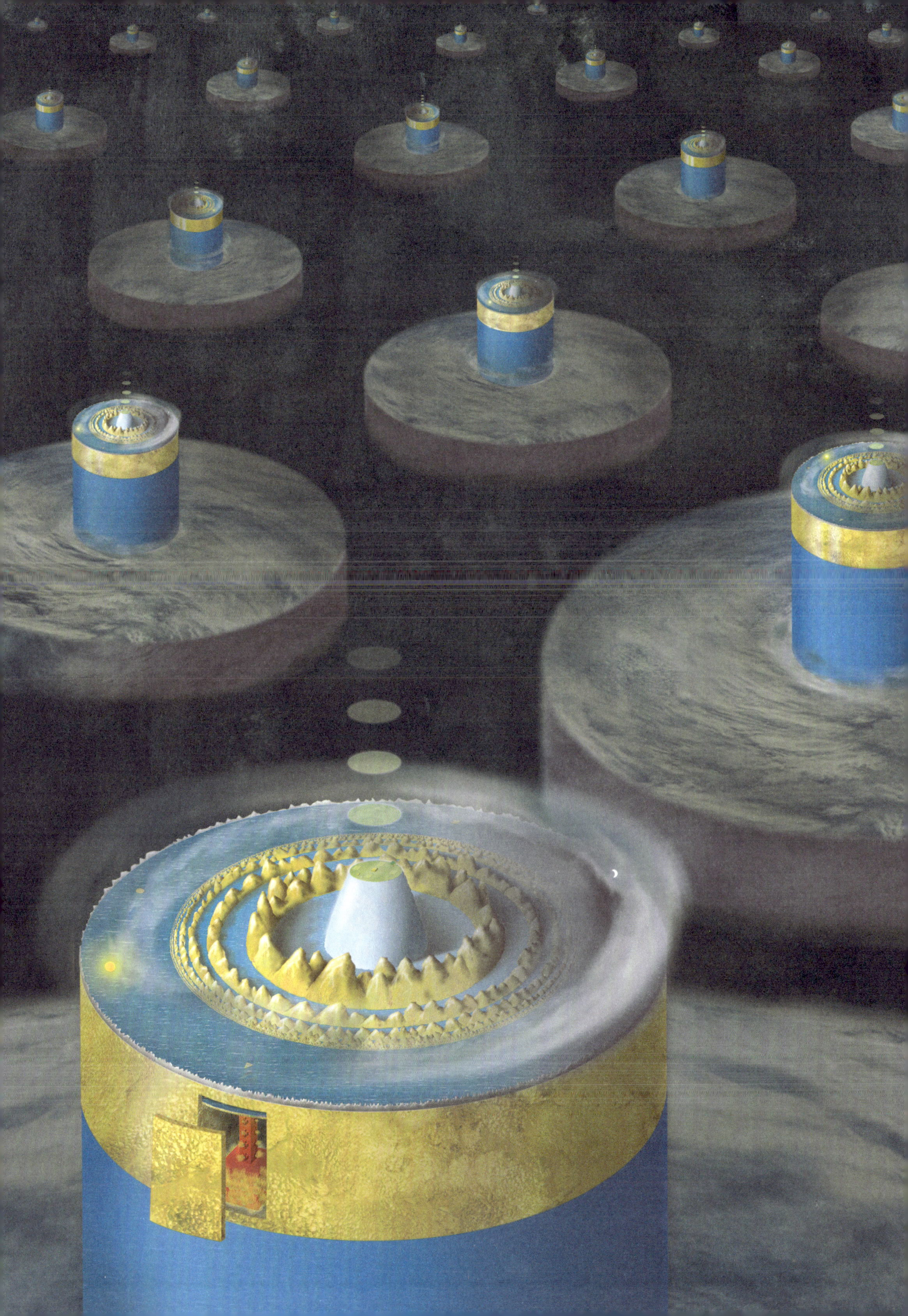

日本

为爱奔赴，人鬼殊途

在日本，佛教与本土的神道教相处共存。神道教如今在日本依然十分盛行，属于泛灵论的多神信仰：自然界的各种事物，如高山、河流、树木等，都可以敬为神；各种自然现象，如风、雨、雷暴、闪电等，也可当神敬仰；甚至是各种生物，如动物、人等，都可以看作是神祇……佛教信仰与本土信仰奇妙地融合在一起，使得许多本地神明，比如战神八幡神，被擢升到与菩萨相等的地位；还有一些富有同情心的善神甚至放弃极乐世界，就是为了帮助劳苦大众脱离苦海。

《古事记》是日本较早的文学著作，完成于712年；《日本书纪》是日本流传至今最早的正史，成书于720年。这两部著作都讲述了世界起源的故事，所叙述的内容相差不多：世界是从一个金卵开始的，金卵当中包含着整个世界的萌芽。金卵破壳之后，清亮的物质蒸发出来，形成天空；污浊的物质则聚拢在一起，凝结成原初之地。大地如水母一般，漂浮在海中。接着，又出现了许多神祇，其中包括原初夫妻伊邪那岐和伊邪那美。

早期的天神要求他俩去修理固定原初的大地，让大地变得更结实。于是他们登上天之浮桥（也许是一道彩虹），将天沼矛探入海中，来回搅拌。然后，他们用力把长矛拉上来，长矛尖上滴落的海水凝固成盐，盐积聚成结实的土地，构成淤能碁吕岛。两神在那里竖立起一根宇宙支柱"天之御柱"，并修建了一座宏伟的宫殿。

这时就该考虑生育后代了。两神互问对方身体发育得可好，在各自的身体当中有没有长出特别的东西。伊邪那美承认自己身上有一处没长合，而伊邪那岐则发现自己身上多长出一处东西，这两处正是两性的典型特征，也许是天意让两神结合在一起。男女二神开始跳起婚姻舞蹈，他们围着宇宙支柱转圈，好面对面地碰到一起。伊邪那美见到伊邪那岐时，先张口说话，夸赞他是可爱的男子；伊邪那岐也称赞她是可爱的女子，但认为女子先开口讲话不吉利。

不久以后，他们生下第一个孩子水蛭子，即畸形儿，两神感到格外失望。他们把孩子放进用芦苇编的船中，让孩子随水流漂走了。为了知道究竟是什么原因造成的，他们赶紧去找天神询问。天神告诉他们，这是伊邪那美的过错，因为在跳婚姻舞蹈时，女神是不能先向男神说话的。于是，两神又重新跳婚姻舞蹈，这一次严格按照男神居先的要求做。伊邪那美后来生出一座座岛屿，也就是日本列岛；她还生出许多神祇，如风神、山神、树神，等等。不幸的是，在生火神的时候，她被火烧死了。伊邪那岐感觉孤苦伶仃、悲痛欲绝，决意要去黄泉国找亡妻。在动身之前，他杀掉了火神。

伊邪那岐

见丈夫来到黄泉国，伊邪那美便到入口处去迎他。丈夫伤心地要她回到自己身边。但伊邪那岐来得太晚了，伊邪那美已经吃过黄泉国的饭食，无法再回到神的世界里。不过，伊邪那美表示，可以和统治黄泉国的神商量商量，但叮嘱丈夫千万不要看她的模样。可是伊邪那岐非常想再见爱妻一面。他将插在头发上的一把木梳取下，折断其中一根粗齿，点上火，走进黄泉国里。这时，他看见伊邪那美的模样——她的身上爬满了蛆虫，身体正在一点点腐烂。见此场景，他被吓坏了，转身向外跑去。伊邪那美感觉遭到对方的背叛，极为愤怒，于是派出一大群黄泉鬼女去追他，又派八雷神率黄泉军追赶。伊邪那岐最终甩掉了他们。就在他跑到黄泉国的边界比良坂时，妻子也追了上来。他刚跑出黄泉国，随后用一大块石头堵住比良坂，让妻子无法出来。面对这个难以逾越的障碍，两神各守一方，发出决绝的誓言。他们海誓山盟的婚约彻底了结。

经历过场可怕的遭遇之后，伊邪那岐打算仔细被濯一番，以除掉自己身上的污秽。他把身体泡在河水里，一遍接一遍地洗着。在清洗过程中，又诞生出三个神——就在他清洗左眼时，生出太阳女神，即天照大神；清洗右眼时，又生出月亮男神，即月读尊神；清洗鼻孔时，生出海神须佐之男。看着自己的孩子们健康成长，伊邪那岐感觉自己应该隐退，把世界交给他们去管理才是明智之举。从此，天照大神就负责保护天空，月读尊神去接待黑夜王国，而须佐之男则把大洋拢在自己麾下。

华严世界（日本）

根据《华严经》绘制，此经书诞生于3世纪至4世纪的印度，后经中国流传至日本、越南等地。

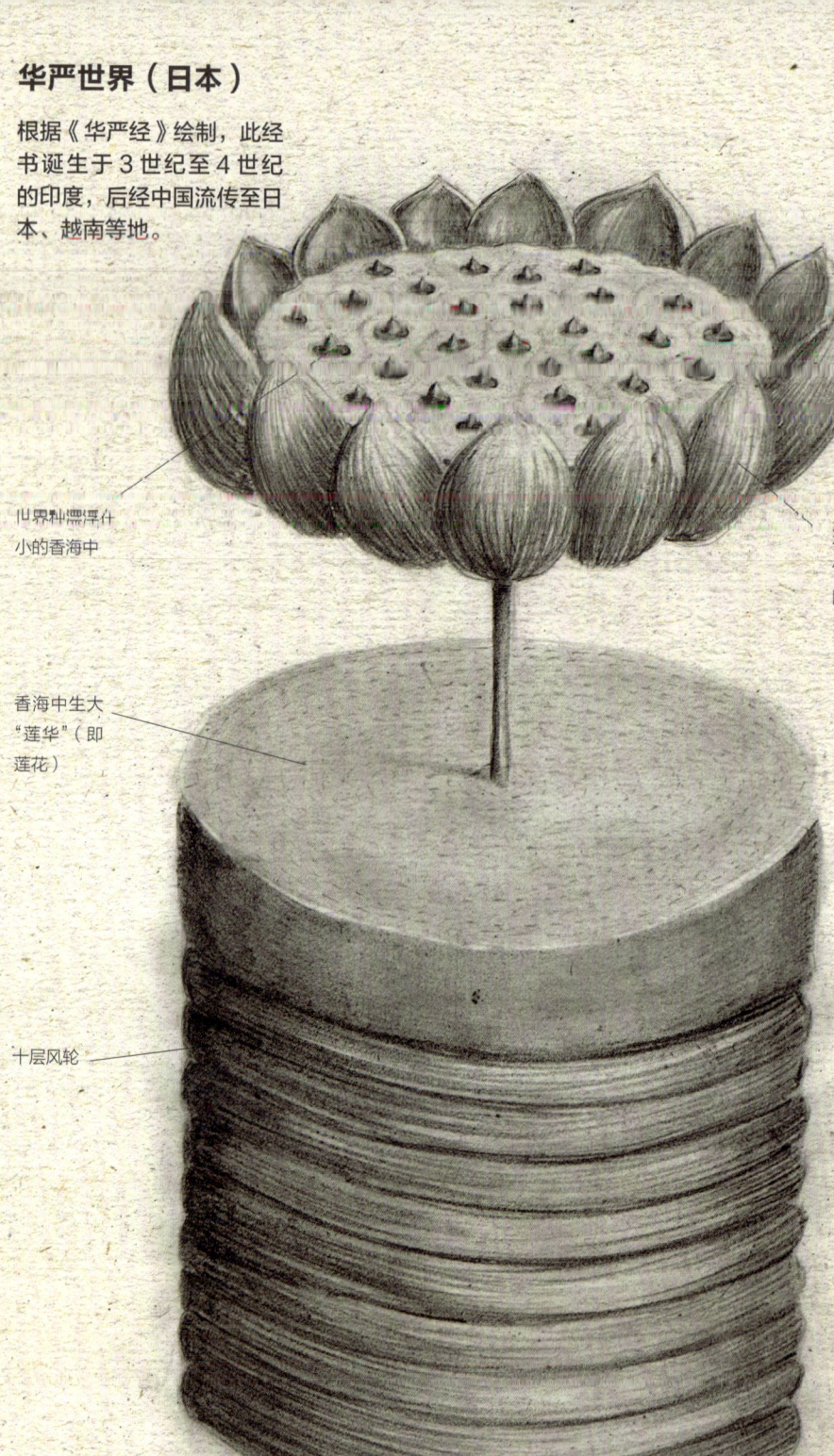

莲花形的世界
莲花从混沌之水里浮现出来。花瓣展开后，呈现出一朵华丽的莲花；莲花凋谢之后，可以再生……这样一幅图案引起智者的极大兴趣：世界也和莲花一样，死而复生，循环往复，永无止境

世界种漂浮在小的香海中

莲花的花瓣也被看作是一座座高山，即金刚山

香海中生大"莲华"（即莲花）

在大乘佛教里，毗卢遮那佛的躯体就是世界，这个世界以莲花作为象征

十层风轮

宇宙的结构

世界的囊托
囊托里孵育着一个个未成形的世界

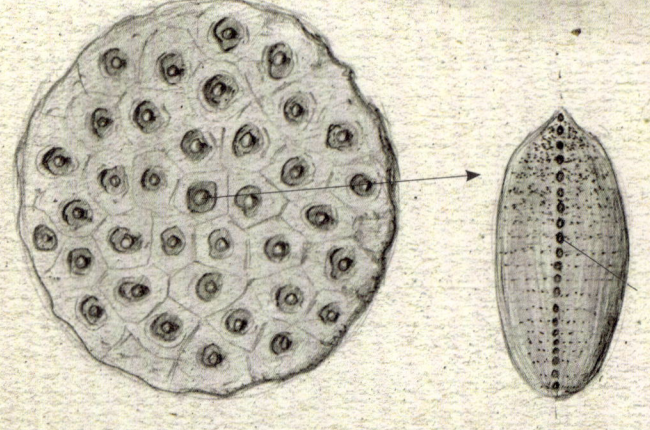

世界的囊托

水

世界种
每一粒世界种中有二十重华藏世界及无数个小世界。每一粒种子会培育出一朵莲花

空气

大地
我们的世界（婆娑世界）就位于世界种的第十三层上，这粒种子安放在世界囊托的正中央

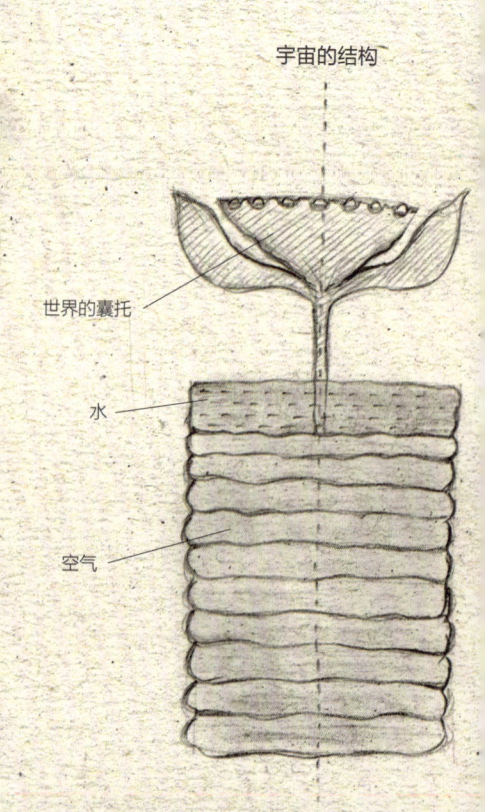

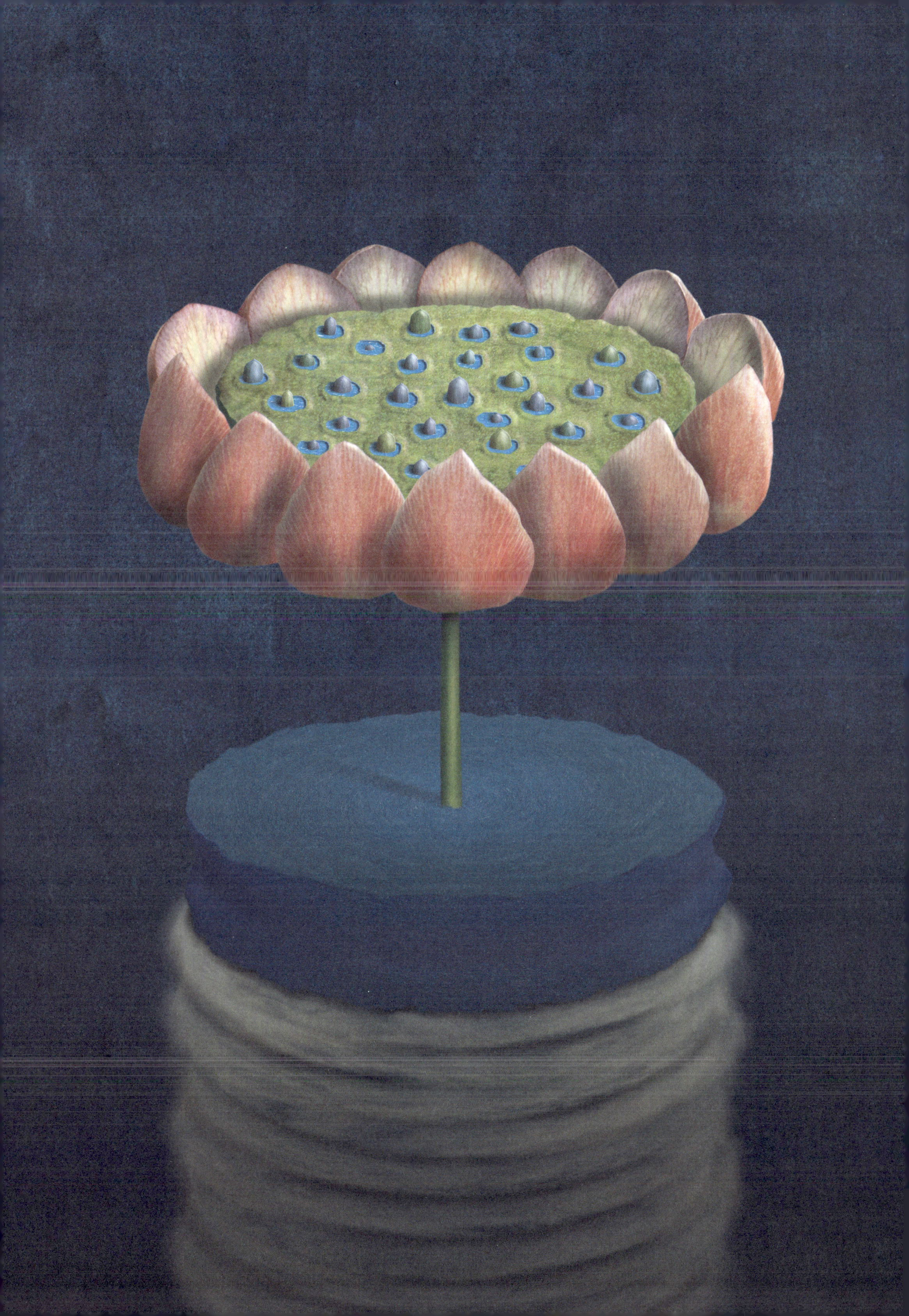

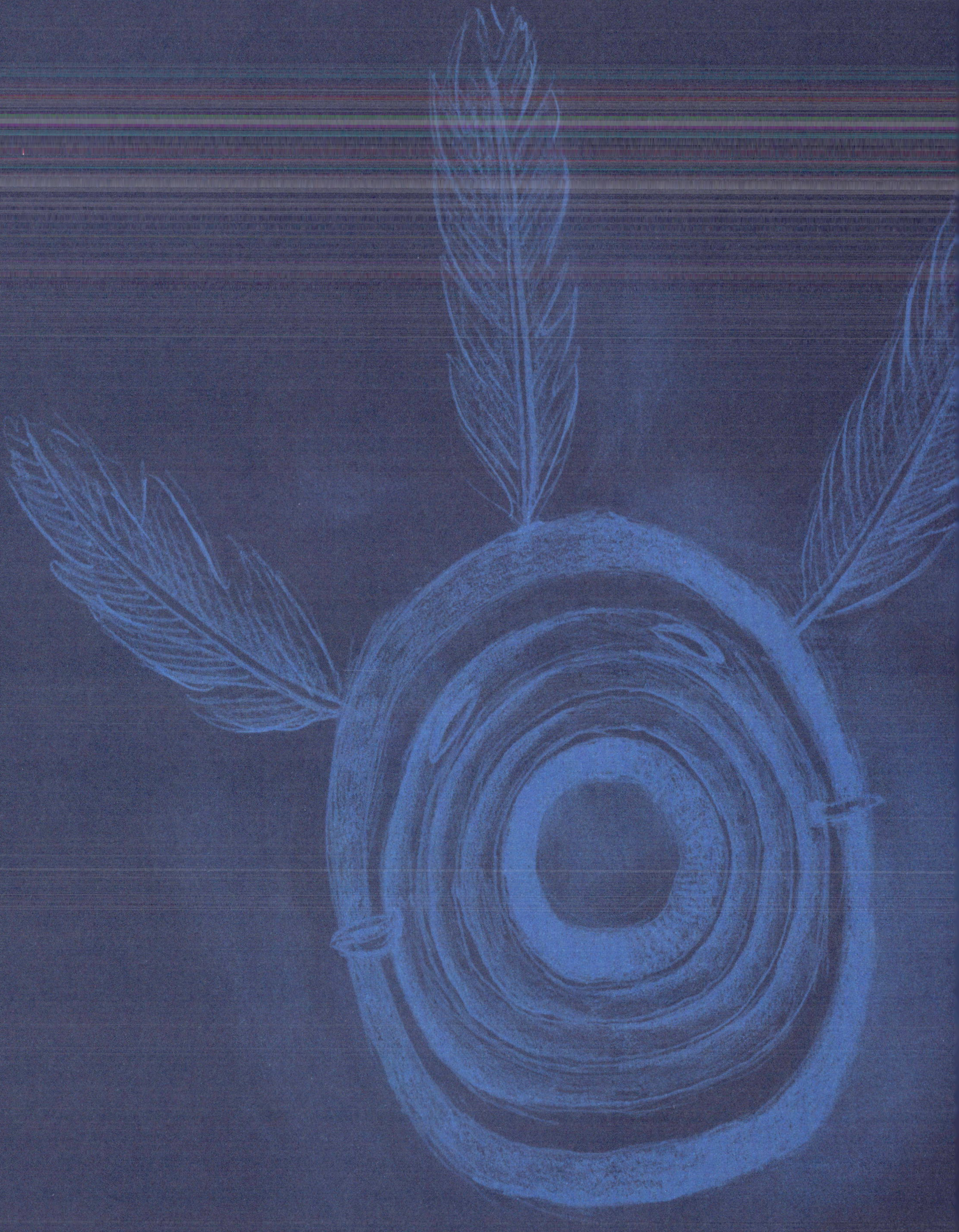

环北极圈地区

环北极圈地区

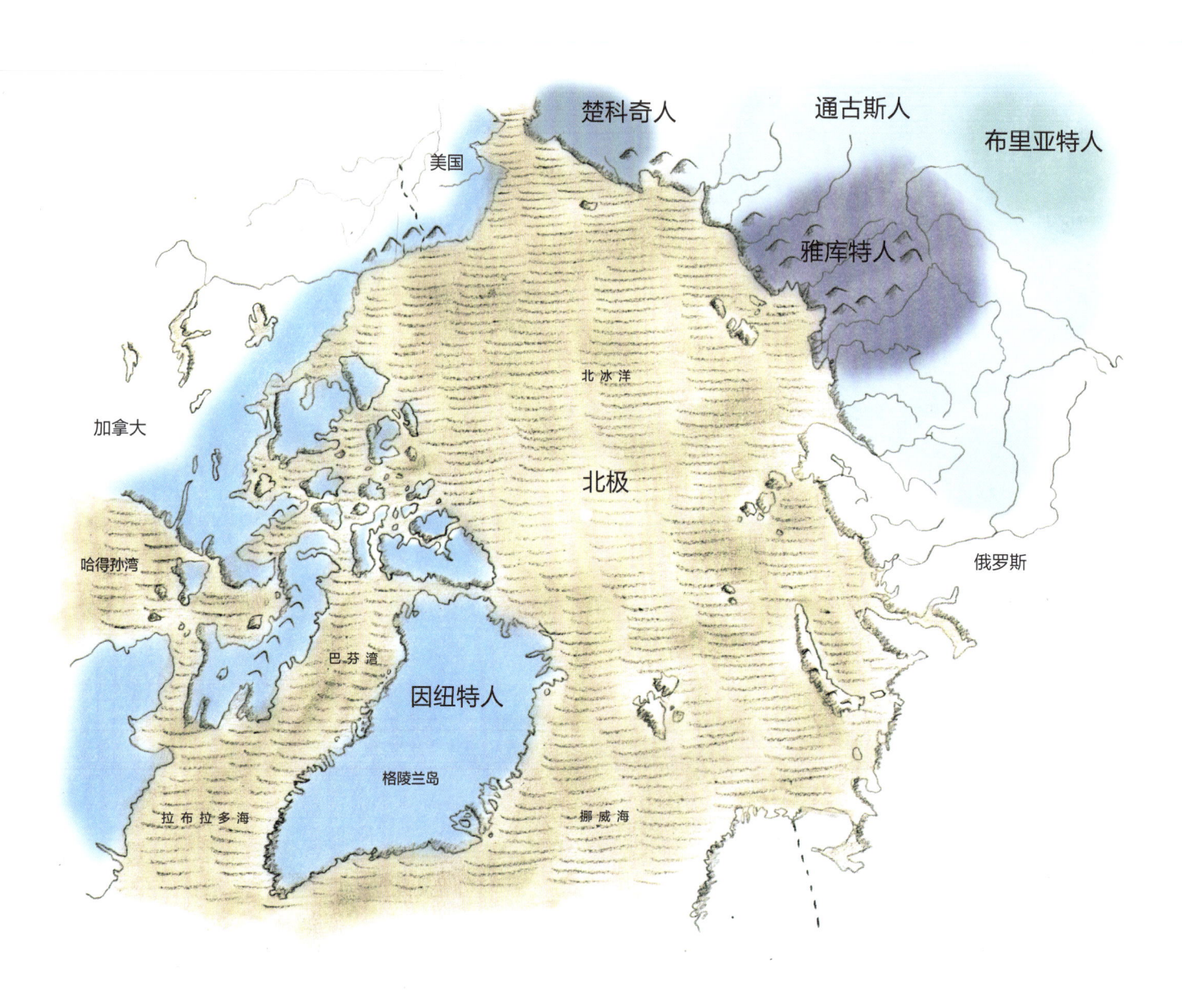

西伯利亚是一片广袤的地域，西起乌拉尔山脉，向东一直延伸到太平洋西岸，这里居住着十几个不同民族。起初他们都是游牧民族，以打猎和捕鱼为生，但在苏联时期被迫定居下来。布里亚特人和雅库特人［又称萨哈人，他们建立了萨哈（雅库特）共和国］是西伯利亚地区人数最多的民族。他们的祖先来自中亚，迁徙到西伯利亚时，带来许多中亚的神话故事，这些故事便在西伯利亚扎下根来。流传最广的神话（向东南流传至蒙古，向西流传至中欧）讲述了潜水鸟（或者海神）潜入原初海底深处，寻找搭建人地的材料的故事。其实，大部分西伯利亚人仅把世界看作是一种高塔，高塔的每一层里都挤满了各种各样的神灵。高塔中央有一棵巨树，神灵们就是靠这棵树来相互沟通的。而萨满则利用这棵树，从塔这一层爬到另一层，看看哪里藏着传播疾病的神灵，哪里躲着破坏捕猎的神灵。

这类迷信的说法在因纽特人那里也极为流行。因纽特人住在美国阿拉斯加北部、加拿大北极圈地区及丹麦格陵兰岛沿海一带，在俄罗斯北部也有分布。加拿大的爱斯基摩人将自己称为因纽特人，意为"人"，这个名字要比"爱斯基摩人"听起来更顺耳。"爱斯基摩人"这个名字是阿拉斯加的印第安人给他们起的，意思是"茹毛饮血者"，带有歧视意味。虽然因纽特人没有过多的神话去讲述自己粗犷世界的起源，但是他们格外关注自己的生活环境——无论是自然现象还是天然造物，无论是白昼黑夜还是黑暗光明，或是日月同辉，每一种变化都有自己的故事，有些故事听起来很残酷。因纽特人的世界里充满了各种神灵，只有通灵者才能和神去沟通，以此来治疗病人，或狩猎时获得更多的猎物。其中最重要的神灵名叫赛德娜，是大海女神，她统管着海中所有的动物，而因纽特人正是以捕食海中动物为生的。但因纽特人还是赋予海中动物以灵魂，他们相信，海中动物是自愿献身给人类的，因此在捕到动物之后，他们会向动物祈祷，以表达谢意。

西伯利亚

潜水鸟衔来的大地

很久很久以前，整个世界只是一片汪洋大海，雅库特创世神决定要造出一片大地。由于手中没有任何材料，他只能造出两只鸟，一只是红颈潜水鸟，另一只是野鸭。他要两只鸟潜到原初大海的海底，叼出一些淤泥。野鸭潜到海底之后，最先浮出水面，嘴里叼着一点泥土。接着，潜水鸟也浮出水面，但喙里却没有任何东西。创世神皱了皱眉头。潜水鸟的喙要比鸭嘴长，而且更有力量，怎么会一无所获呢？答案很简单：潜水鸟根本就没潜下去。于是，创世神惩罚它——从那以后，它要一刻不停地潜到海底去找吃的，才能养活自己。创世神用野鸭叼上来的淤泥制成一片大地，放在大海上。这片大地不会沉没，也不会被海浪冲垮，一动不动地泊在那里，仿佛一只抛锚的木筏。

如同许多生活在西伯利亚的民族一样，雅库特人相信，人类生活在一个垂直的世界里，这个天堂般的世界分成好多层，每一层都有无数个神灵，他们正忙着创造世界。他们将一棵巨大的铁树放在大地中央。凭借这棵铁树，各层的神灵可以攀上爬下，相互沟通。有时候，萨满也拿铁树当梯子，到各层巡视。这棵巨树一直穿越天空。据说树根下有一股永不枯竭的泉水，泉水呈黄色，谁要是喝了这泉水，就不会疲劳，也不会感觉饥饿。后来这棵宇宙之树上出现了一个女子，是她养育了世界上第一个男人。

在布里亚特人看来，大地是创世神松布尔-布尔坎的杰作。那时候，世界上到处都是海水，海底下有一片黑土地，地里混杂着红泥土。创世神要红颈潜水鸟潜到海底，两种颜色的土各取一块上来。在下潜过程中，潜水鸟被一只鳌虾给拦住了，鳌虾不允许它碰海底的土壤。潜水鸟不停地解释，但暴躁的鳌虾却听不进半点解释，口气强硬地说，假如它从未接触过原初海底，说明它根本就不是那里的生物。在鳌虾守护的地界上，即使是神派来的也没有用，要是不想被粗大的钳子夹住，那就从哪儿来的，还回哪儿去。潜水鸟只好返回，向创世神诉苦。于是，创世神送给它一个魔咒，可以骗过鳌虾，它就带着魔咒，又返回大海深处，成功从海底取回黑土和红土。创世神将这些土撒在水面上，土壤在水面上形成薄薄的一层，逐渐变得坚硬。后来，这层土就变成大地，漂浮在海洋上，上面渐渐长出各种茂密的植物。

奥斯加克人的传说略有不同，他们认为，大地的形成还和一位萨满有关。这位萨满名叫多赫，他无所不能。在天鹅、知更鸟、潜水鸟等无数飞鸟的陪同下，他在天上飞翔。飞着飞着，他感觉累了，但却找不到一个落脚的地方。于是他让潜水鸟到海底深处找一些淤泥来，用淤泥造出了一座岛屿。

在通古斯人的传说里，是天神埃克斯里让一只神鸟去寻找材料，并用这些材料造出大地。接着，他又造出人；为了让人变得更完美，又赋予人灵魂。造人的时候，埃克斯里将土壤与石头掺在一起，混成一种湿润的材料，造好人之后，将其铺在一块板上晾干。他让一只狗看管刚造出的人，狗很乐意做这件事情。那时候，狗身上还没有毛。埃克斯里有一个哥哥，这家伙喜欢恶作剧，专门给埃克斯里的造物搞破坏，他想把狗收买过来，为他做事。他对狗许诺，要是能让他吞一口人的灵魂，就给它弄一身暖和的皮毛。然而，他刚看到人的灵魂，就朝灵魂吐了一口痰，让人染上了疾病，而且没有任何药物能治好这种病。这种病就是死亡……面对这个厄运，埃克斯里束手无策，他只好惩罚狗，让狗从此以后只能捡垃圾吃。

蒙古人也有一个类似的传说，但与通古斯人略有不同。在造人的时候，创世神让一只狗和一只猫看管刚造好的人，而他则要去找永葆青春的圣水。这时候，魔鬼来到这里，给狗和猫带来许多肉食及乳汁，好把他们引开。引开猫狗之后，魔鬼朝刚造好的人身上撒了一泡尿，就转身逃走了。取到圣水的创世神回来后，发现人的身体被弄脏了，便大发雷霆，要猫把污秽清洗干净。那时候，人身体上覆盖着细细的绒毛，结果猫用舌头把绒毛都给舔掉了。从那以后，猫的舌头表面就变得很粗糙，而人身上只是在个别部位还残留着一些毛发。由于魔鬼没有尿到人的头部，人的头发也被保留了下来。创世神把人身上被弄脏的绒毛都粘在狗身上。接着，他把刚取回的圣水洒在人身上。圣水本来能让人长生不老，但遗憾的是，由于魔鬼从中作祟，圣水竟然不起作用了。

通古斯人的面具

潜水鸟的神话也流传到中亚，乃至芬兰和罗马尼亚。在芬兰，这一神话被蒙上一层基督教色彩。据说，魔鬼当时受上帝的指派，要潜到水底寻找创造大地的材料，找到之后，再用嘴叼上来。魔鬼一直是作弊的能手，做事总是偷偷摸摸的。找到材料之后，他想留给自己用。但材料叼在嘴里，多得都搁不下了，无论怎么咬紧牙关，也拦不住材料往外涌，他吐出的材料就变成了石子、石头、岩石、高山。也有传说称，是上帝亲自找来淤泥，并以此造出大地。后来，上帝抓到一只海龟，把海龟翻过来，将大地放到海龟肚皮上，然后把它沉入海底。上帝在自己新造的土地上舒舒服服地安顿下来，迷迷糊糊睡着了。魔鬼这时从此地经过，见上帝睡着了，便萌生一个坏主意——把上帝弄到水里淹死。他想把新造的土地掀起来，但根本就掀不动。于是，他抓住上帝，往土地边缘拉，想把他扔到海里去。谁知魔鬼越往土地边缘跑，土地就越扩大一点。眼见控制不住形势，他最终把上帝丢在一边，逃走了。上帝要是醒过来，非把他狂揍一顿不可……

西伯利亚

雅库特人的世界

根据俄罗斯东西伯利亚地区流传的创世传说绘制。

世界像一座蒙古包
在雅库特人看来,蒙古包就是世界的缩影。蒙古包呈圆形,覆盖着大地,中柱让人联想起衔接各个不同世界的宇宙之树。

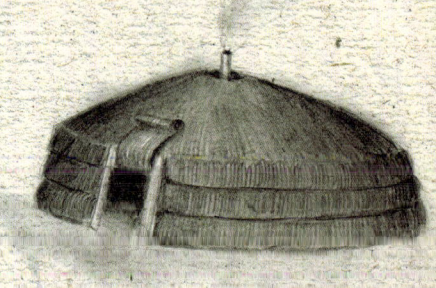

宇宙的结构

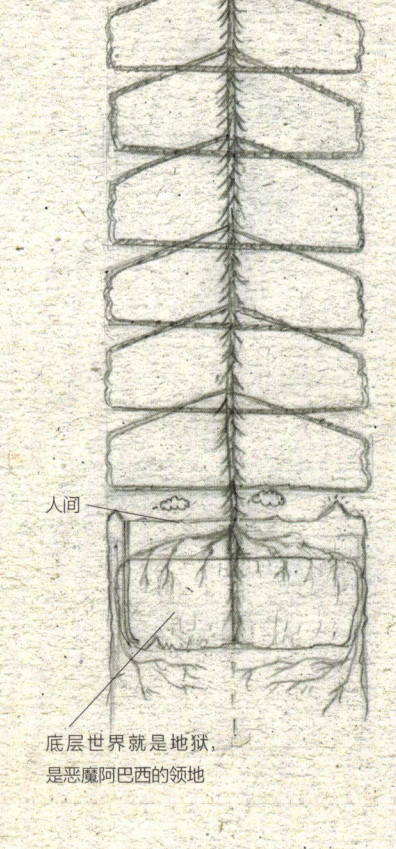

造物主阿吉·多伦的领地,一座高山从乳湖里冒出来,山顶上安放着造物主的御座

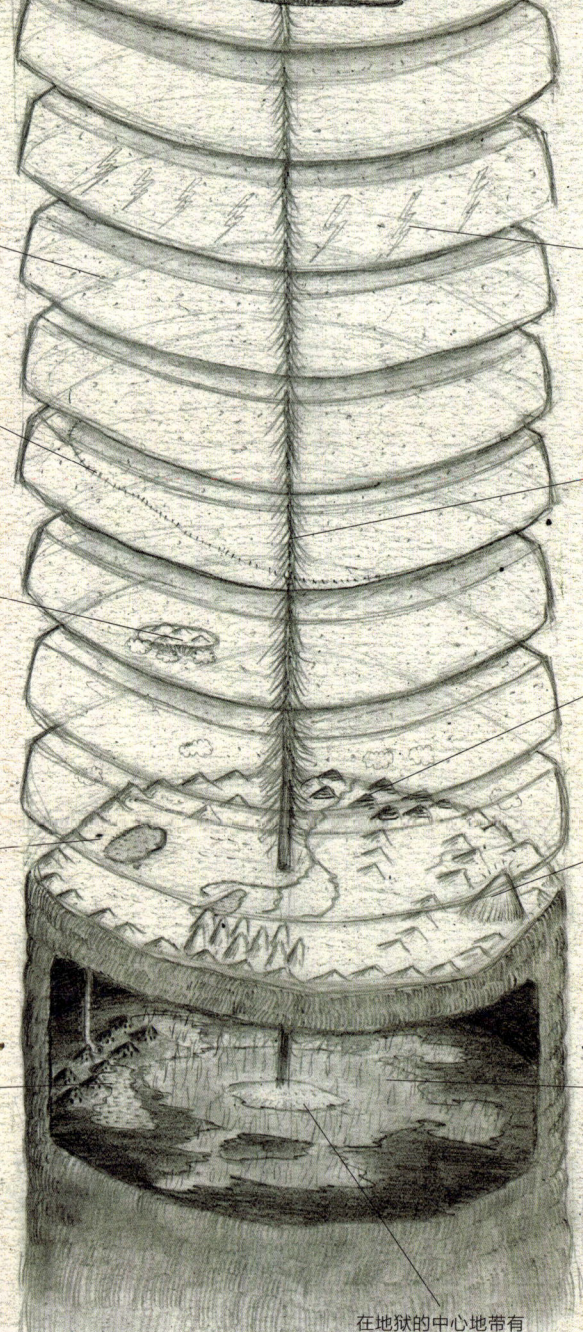

上层世界就是九重天,是天神阿吉家族的领地

在一个套一个的九重天里,居住着天神阿吉家族。天穹是柔软的,就像蒙古包或牲畜皮那样柔软

星辰不过是一个个透出光亮的洞穴

雷神住在第七重天,他在那里驱赶恶魔

银河宛如天空的一道伤疤……

在天空的西南方,住着萨满族的主宰乌卢·托伊翁及其三十九个部落

一棵巨大的铁树将各个世界连接在一起

人间

北方有八块巨大的岩石,南方有八个辽阔的海岬,岩石和海岬就是大地无法跨越的边界

底层世界就是地狱,是恶魔阿巴西的领地

在大地西端有一座深洞,深洞通往一条金属通道,通道与地下世界相连

此处是银山,太阳就从这里诞生

大地
大地呈八边形,边缘处都是隆起的高山

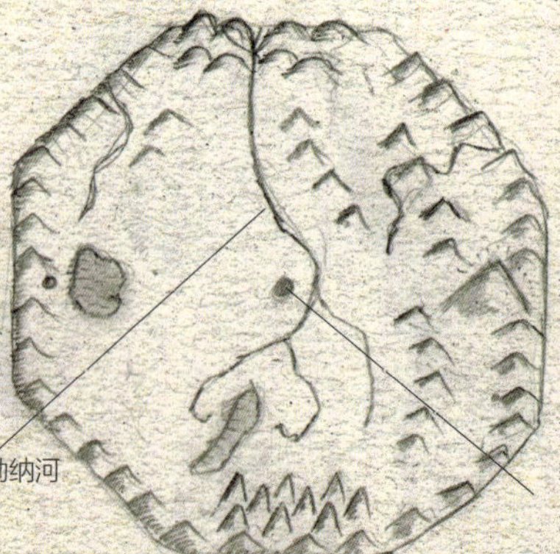

最初的考验:要穿越九座污秽的高山和灌满"死神之水"的湖泊……

底部世界就是一片沼泽地,宛如一锅未煮熟的鱼汤……仿佛是颠倒过来的天空

西　东

勒纳河

天空围绕着宇宙之树运转。还有一种说法认为这里是银色的肚脐

在地狱的中心地带有一片火海和一座冰岛

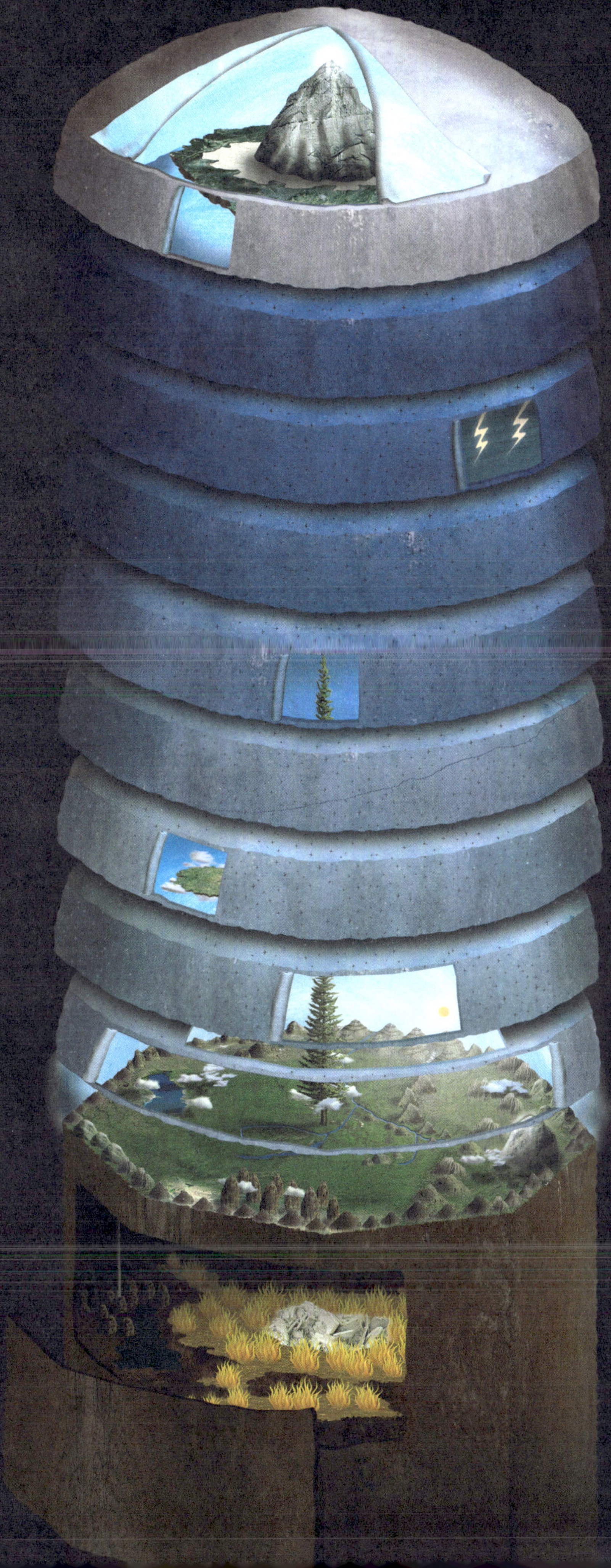

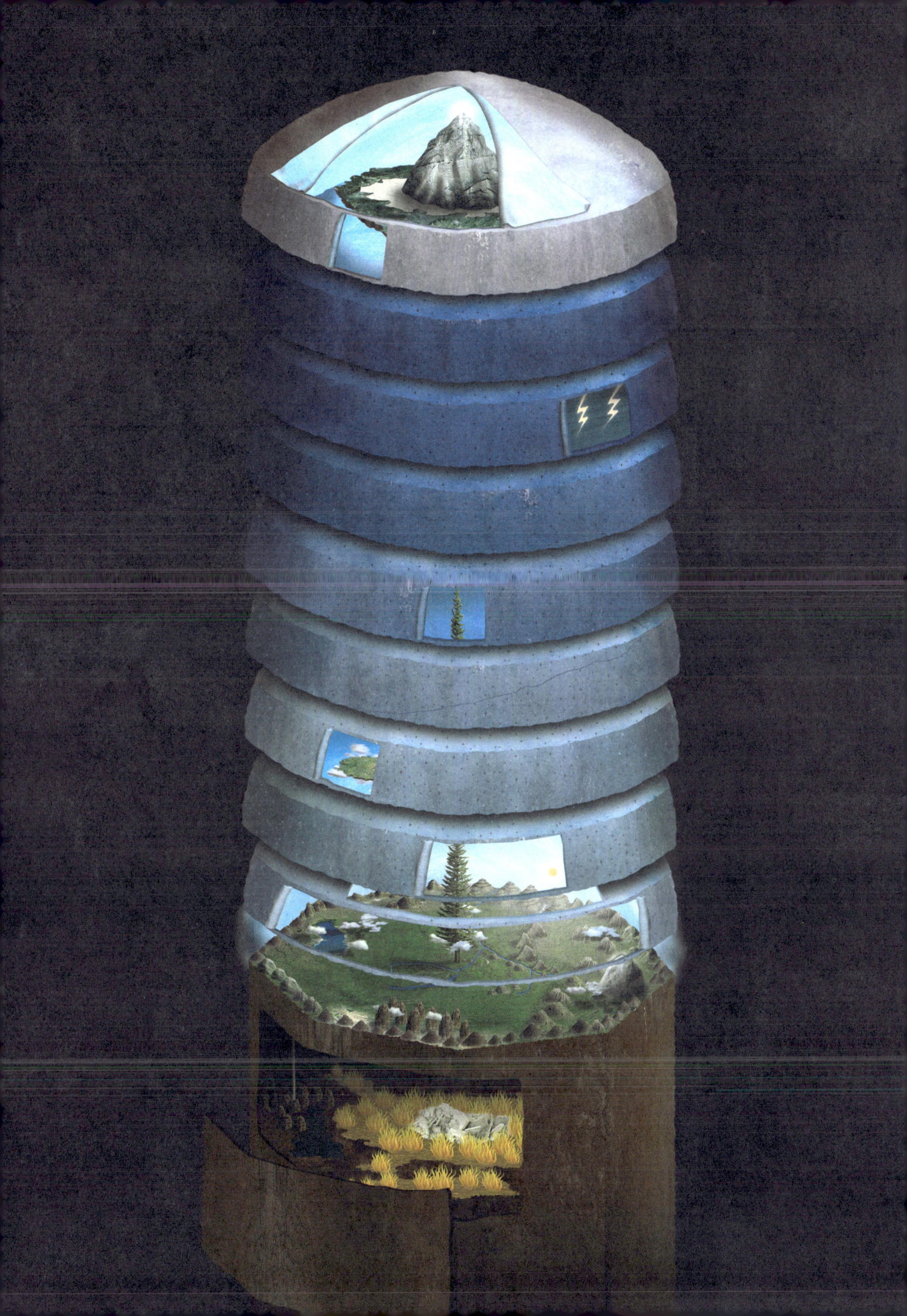

因纽特人

世界始于漫长的黑夜

一天，更确切地说，是在一个黑夜里——那时候还没有白昼呢——天神将混杂在一起的土壤、灰尘及岩石抛入虚空，这些物质凝结在一起，形成了我们这个世界。人从地底下钻出来，从柳树丛里冒出来，就像婴儿一样，双目紧闭，浑身上下覆盖着树叶。他们还不会爬，只好吃土，来维持生命。这时，一个女人把他们都抱走了。这个女人是哪儿来的？她是谁？传说中并没有讲。她为孩子们穿上自己亲手做的衣服，把他们带到自己家里，教给他们各种生活技能，让他们无愧于人的称号。而依照另一个神话的说法，在原初大地上只有两个人，他们俩都是伟大的魔法师。为了繁衍出后代，其中一个人就变成了女人。另一版本的说法听起来就有些粗俗了：两个男人发生了性关系，其中一个男人竟然怀孕了。其实是他的伙伴施了魔法，把他变成女人，成就了两人的鱼水之欢。

人从大地冒出来之后，土里紧跟着又露出狗的嘴巴。狗迫不及待地从土地里钻出来，很快被阵阵喊声吸引过去，原来是一个巫师手里挥舞着猎杆，赶着雪橇，嘴里不停地喊着"驾！驾！"。原初世界里的居民不知道什么是死亡，只有在眼睛看不见、身体动弹不了时，才感觉自己老了，逐渐失去意识。这样的老人越来越多，在老人的重压下，大地开始沉没，并朝海下陷去。接着便引发可怕的洪水，很多人被淹死了。摆脱掉多余的人口之后，大地又重新浮出水面，也恢复了平衡。

此后不久，两个老妇人坐下来闲聊，说起这种处境。在这个长生不老的世界里，有些事情是行不通的。这个世界总是处在黑暗当中，唯有房屋里用水点燃的灯火能带来星星点点的亮光，让世界多少还有一丝生气。在极远古的时代，水是可以点燃的……其中一个老妇人被冻得厉害，哆哆嗦嗦地说："咱们还是在黑暗里活着吧，只要不死就行！"另一个老妇人却显得很勇敢，立即回答道："不！死亡和光明，这两个我们都需要！"真是神奇，这话刚说完，就出现了光明，而老妇人随即倒地身亡。

太阳女神和弟弟月亮男神突然来到这个世界上。起初，他们陪伴着人类一起生活，也沾染了人类的恶习，至少月亮男神身上就有这样的恶习。一天夜里，所有的亮光都熄灭了，月亮男神朝姐姐身上扑过去，想要强奸她。太阳女神起身抵抗，打碎了一盏油灯，灯油溅到弟弟的脸上，形成点点黑斑。太阳女神随手抓起一支火把，朝天上逃去，可恶的弟弟也跟着追了过去。在追逐途中，月亮男神跌了一跤，把自己的火把给弄丢了（这就是月亮自己不发光的原因），但他依然不放弃，一直在太阳身后追。月亮男神有时真的追上了姐姐，就会像个恶棍一样朝她扑过去，再次强奸她，太阳瞬间就消失了，这就是日食。不过，月亮很满足于在太阳女神身后跑，一天接一天地跑下去，甚至连吃饭的时间也不敢耽搁，于是变得越来越瘦。跑得精疲力竭时，他就停下来，跑出去打猎，弄点吃的东西。这就是为什么一个月总有那么几天，月亮会消失得无影无踪。月亮男神是男人的保护神，因此也有人说，他之所以消失几天，是为了到凡界去找死去男人的灵魂，好把这灵魂带到天上去……

第一例自然死亡出现时，人们将其看作是一个重大事件，小心翼翼地为死者的遗体盖上石子。这个可怜的人还没弄明白究竟发生了什么事，刚被埋在坟墓里，就想再回到人世间。他从坟墓里探出头，挣扎着要钻出来。这时一个老妇人看见他，毫不客气地把他推回坟墓里，并命令他待在那里不要动。从那以后，所有的死者都一动不动地待在坟墓里。自从有了光明，当地人的生活发生了翻天覆地的变化，他们可以猎捕海豹或其他猎物做食物，再也不用吃土了……他们的食物完全掌握在海神赛德娜手里，因为大海中所有的生物都是赛德娜的臣民，捕猎收获的多寡都由海神来决定。传说，最初海神只是一个倔强的姑娘，待到谈婚论嫁的年龄时，家里介绍的男性她一个也看不上眼。父亲最终厌烦了，赌气让她去嫁给一条狗。无论这场婚姻看上去多么不合适，姑娘却感觉很开心，婚后他们还生了好几个孩子。本来他们俩还可以一直幸福地生活下去，但父亲始终感觉很丢脸，竟然动手把怪异的女婿给杀死了。女儿又回到父亲家里，直到有一天，一位英俊的年轻人出现在她面前，向她求婚。这一次，她不再挑剔了，哪怕是跟一头大熊订婚，她也会随他而去。不幸的是，这个年轻人并不是一头熊，而是一只飞鸟，一只化身为男人的海燕。父亲发现遭到欺骗之后，便去看望女儿，说服她和自己一起划小船逃走。海燕很快就发现了他们，即刻掀起一场可怕的暴风雨，险些把小船打翻。父亲非常恼火，想把女儿甩掉，把她扔给海燕，但女儿却拼命抓住船沿。父亲残忍地砍掉她的手指，女儿最终落入海中。她沉入海底，变成赛德娜，也就是大海女神。女儿被砍下的手指变成海豹和海象，而那位不称职的父亲也回到赛德娜身边，和她住在一起。他摇身一变，成为人类品行的监督者，这真是天大的讽刺！那位被杀死的前夫也复活了，他一直守在赛德娜身边，看护着她。

因纽特人的面具

楚科奇人是生活在西伯利亚地区的因纽特人，他们也有自己的创世神话。在原初之时，乌鸦神和妻子生活在极狭窄的空间里，那点空间顶多够他们扇动几下翅膀。一天，妻子对这种日子真是过烦了，要乌鸦神想办法造出一片土地来，这样他们可以过得舒心一点。可丈夫却说，他没有这种本事。她真是太失望了，便开始嘲笑他：好歹也是一个神啊，竟造不出大地来，也许你还真不如我呢……在乌鸦神关切的目光下，她渐渐睡着了，并逐渐变了模样。她身上的羽毛都掉了，身躯变得越来越大，接着又生下一对双胞胎，婴儿浑身光溜溜的。婴儿睁开眼睛，隐约看见乌鸦神，顿时非常害怕，先是睁着疑惑的眼睛盯着乌鸦神看，接着发出爽朗的笑声。母亲这时醒过来，厉声呵斥他们：爸爸身上虽然有羽毛，但要尊重父亲，不能把他看作是可怕的怪物。既然人已经来到世界上，父亲这时开始琢磨应该去造一片土地，于是去问诸神该怎么办。诸神也没有答案。直到后来他自己遇到一些奇怪的生物，他们声称自己是一个新民族的种子，需要一片土地。乌鸦神就带上这些种子，在天上翱翔。飞翔时他突然感觉内急，于是就一边飞，一边排泄，他排下的粪便变成土地，尿液变成河流、大海……乌鸦神把会说话的种子种在地里，就诞生出楚科奇人。那时候，还只有男人。见此情景，蜘蛛女神就造出第一个女人。面对这个女人，男人个个都呆若木鸡，不知道该怎样对待这个新物种。乌鸦神巴不得向这些男人演示怎样与新物种一起疯狂地造人……

因纽特人的世界

根据加拿大伊格卢利克地区流传的创世传说绘制。

世界宛如一座冰屋
冰屋既象征着人体，又象征着宇宙，密封的拱形屋顶仿佛是人的上颚，也像是天空的形态；屋顶的通风口倒像是人的一缕头发，也像天空旋转的轴心……

"白昼之国"恭候猎人、溺亡者及因难产而去世孕妇的灵魂。这些灵魂投胎成人或牲畜，再返回大地

塔格吉克是月亮神，他能提升人的生育力，是男人的保护神，有时候在天空上看不见月亮，其实是他正忙着引导灵魂返回地面呢

天空是西拉的领地，这里并不是虚空的

苍穹上有孔洞，光线透过孔洞，露出光亮，成为星辰

苍穹是冰冷的实体。如果苍穹太冷了，天就会下雪

两个老妇人控制着两个水环，水没过水环时，天就会下雨

北极光是无所不能的神灵，能在暗中帮助萨满

海洋是深海动物的母亲赛德娜的领地

大地
大地是扁平的，有时呈环状。因纽特人生活的地区其实并不适宜居住，那里是高纬度地区，冬天有极夜，夏天有极昼

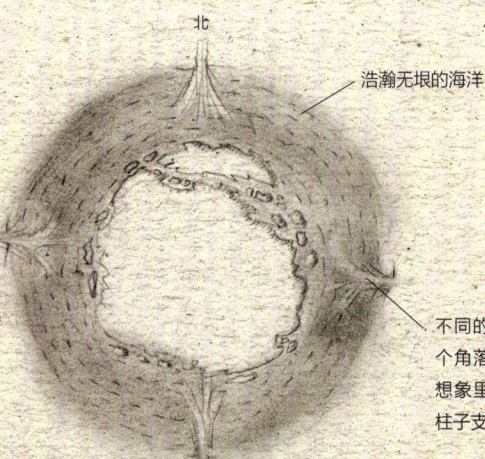

北

浩瀚无垠的海洋

南

赛德娜的居所就位于海底深处，她正准备迎候自然死亡的人和动物的灵魂

不同的风吹向大地的四个角落。在因纽特人的想象里，有四根粗大的柱子支撑着天空

宇宙的结构

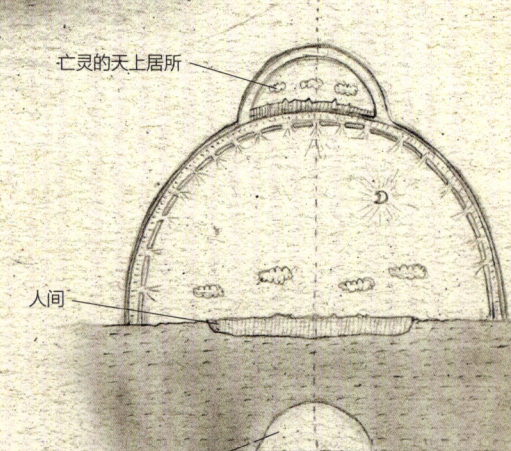

亡灵的天上居所

人间

亡灵的水下居所

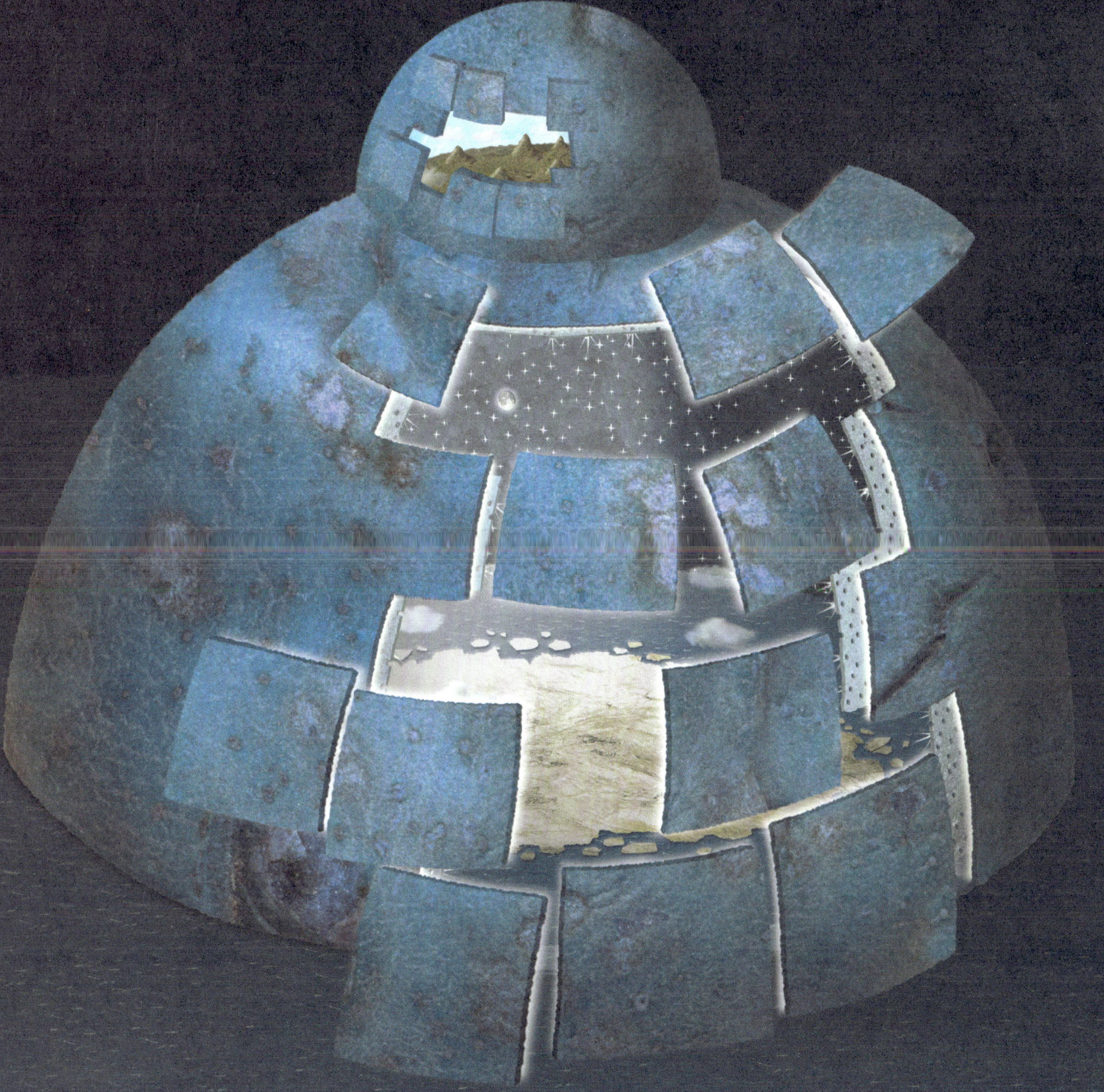

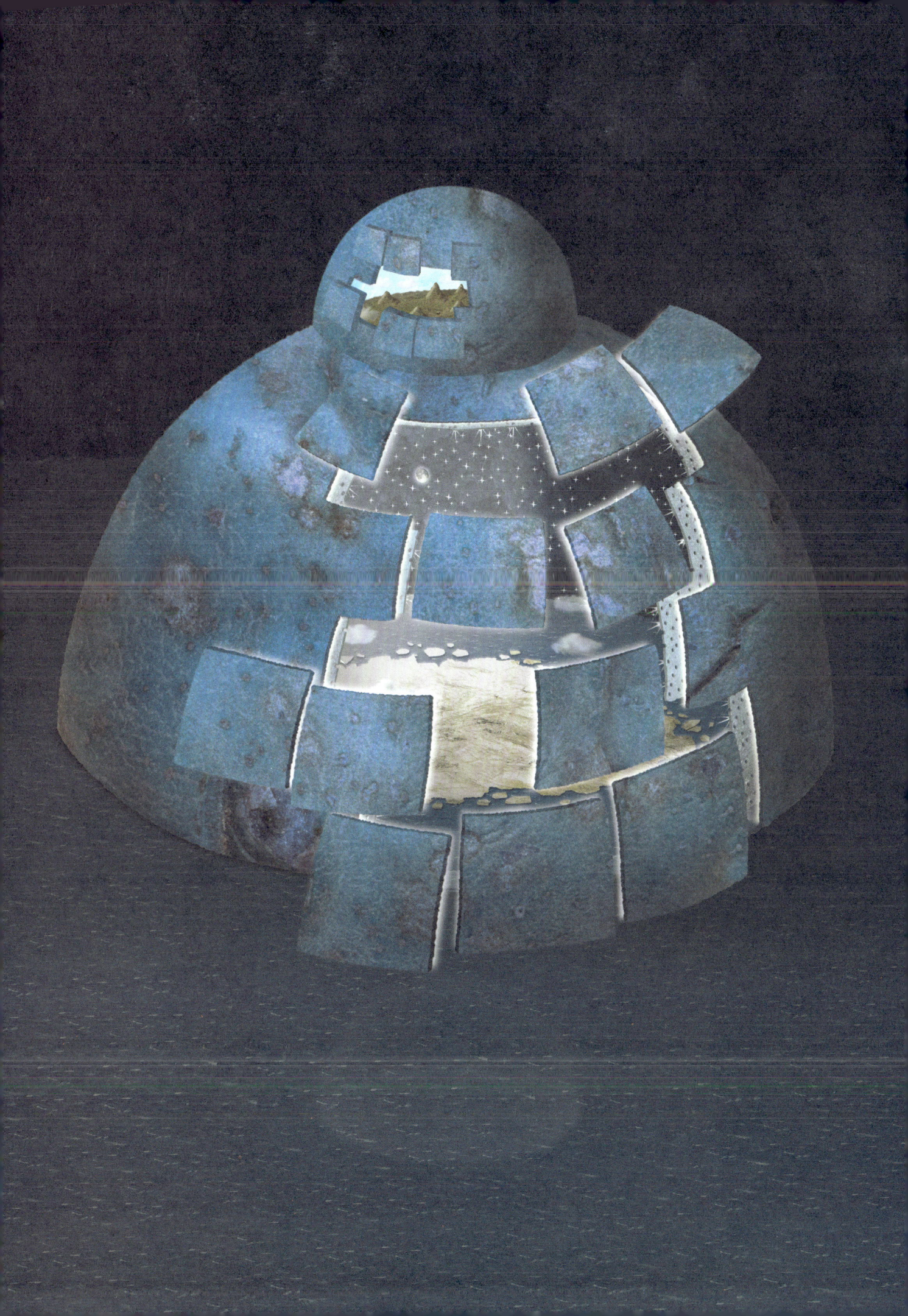

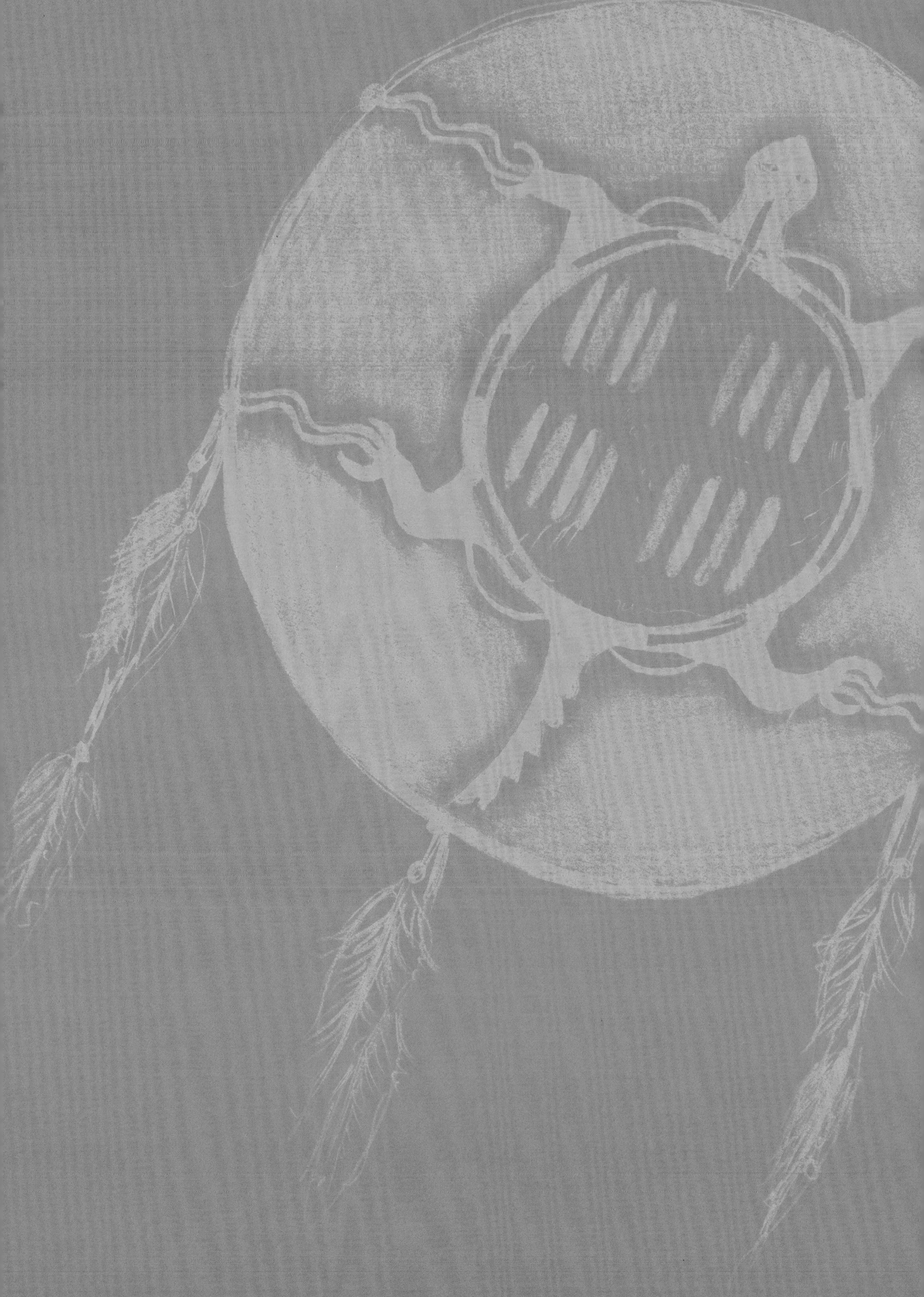

北美洲

北美洲

加拿大

休伦人

美国

纳瓦霍人

大西洋

墨西哥

墨西哥湾

休伦人原本是加拿大安大略省中部的印第安人，是一个定居民族，原名温达特人，"休伦"这个名字是法国殖民者为他们起的绰号。在16世纪欧洲人进入美洲大陆之前，休伦人有好几个部落，部落等级分明、组织严密，而且文化发达，玉米和烟草生意兴隆，各个部落还是很繁荣的。那时候，休伦人估计有三万人，但很多人后来染上瘟疫病死了。瘟疫是耶稣会传教士进入美洲大陆后带来的，传教士试图说服他们信奉天主教。到了17世纪中叶，躲过瘟疫一劫的休伦人又遭到易洛魁人的屠杀。易洛魁人也是印第安人，但却是休伦人的仇敌。惨遭不幸的休伦人最后仅有几百人活了下来，他们不得不离开自己的故土。有些人来到美国，他们的后代在俄克拉何马州和堪萨斯州落下脚来，被当地人称作怀安多特人。其他人则依然留在加拿大，并在魁北克附近建立起温达特部落。他们的宇宙起源说很美妙，所有的生物，哪怕是最卑微的，都会得到平等的待遇，由此可见他们对大自然抱有深切的敬意。在他们的神话里，所有的造物主既不是具有超自然能力的神，也不是神通广大的人，而是各种各样的动物：大海龟背上驮着大地，小海龟造出太阳和月亮，白尾鹿召唤来彩虹……这样的神话在全世界也是很罕见的。

纳瓦霍人自称迪内赫人，是美国境内最大的印第安人部落。他们大部分生活在部落保留地里，位于亚利桑那州、犹他州和新墨西哥州交界的地方。大约在12世纪，他们和阿帕切人一起从加拿大迁徙到这里。起初，他们靠打猎和采集瓜果为生，在接触过普韦布洛人之后，便定居下来，因为普韦布洛人都住在村庄里（"普韦布洛"是西班牙语，意为"村庄"）。亚利桑那州西部的霍皮人，以及新墨西哥州境内的苏尼人，都属于普韦布洛人。他们从普韦布洛人那里学到了许多有益的东西，并将其融入自己的文化和精神世界中，形成自己独特的文化特征，尤其是关于宇宙阶层的奇妙设想，纳瓦霍人就是从这一层层的世界中诞生的。每层彩色的世界代表着纳瓦霍人道德和社会发展的一个阶段，他们最终达到第五层，也是最后一个阶段，即我们当下的世界。

休伦人

大海龟背上的世界

在很长时间里，休伦人的世界被分割成两个截然不同的区域：一个在天空之上，很像现在的大地，地面上住满了人，这些人大概是休伦人；另一个在天空之下，只有一片汪洋大海。在天上那个世界的正中央，耸立着一棵巨树，所有的人都敬仰这棵神树。大树脚下长满了美丽的黄花，朵朵黄花发出耀眼的光芒。谁也不能碰触这些花，但有一天，一位名叫阿塔恩西克的年轻女子趁丈夫出去打猎，摘了几朵花，还把花吃到肚子里。她一下子就病倒了，那棵神树也开始枯萎。大家赶紧去找巫师想办法，巫师说拯救女子和神树的药方就在大树根下埋着呢。他们把女子平放在神树茂密的枝干下，便开始挖土。挖着挖着，突然地上露出一个大洞，把神树和女子都吞了下去。倒霉的女子穿过天空，急速朝海洋坠去。要不是两只野鹅（也有说是白天鹅）飞过去拯救她，她肯定会落到海里淹死——两只野鹅在她落入海水之前接住了她，把她驮在自己背上。

野鹅驮着她飞了一段时间之后，感觉累了。它们不可能驮着她永久地飞下去，便问大海龟该怎么办。大海龟此时正懒洋洋地在海水里游着，了解情况后，龟立刻把海洋里的所有动物召集起来。听到召唤之后，所有动物都赶了过来。和阿塔恩西克一起掉入大海的神树，根上还带着许多土壤，大海龟要动物们潜入海底，把土壤捞上来。但神树深深地扎入海底，根本靠近不得。水獭、麝鼠和海狸捞到了一些土壤，但在上浮过程中，土壤都散落了，待浮出水面时所剩无几，况且它们在水下已憋得喘不过气来。蟾蜍自告奋勇潜下去，伙伴们都焦虑地等着它。它在海底待了很久，迟迟不浮上来，大家都以为它迷路了。待浮出水面时，它已经死了，但嘴里还含着一点宝贵的土粒……大海龟让小海龟把土粒小心翼翼地撒在自己的背上，接着便下潜到海里，只让覆盖着土壤的龟背露出海面。这块带土壤的龟背后来变成世界上第一座岛屿，野鹅也得以将阿塔恩西克放在岛上。

然而，这里还缺少最重要的东西，即光明。海中的所有动物再次聚集在一起，它们决定把创造光明的任务交给最聪明的小海龟去完成。小海龟将天上的闪电收集起来，用闪电点燃了一场大火，这场大火就是太阳。阿塔恩西克再次见到光明，感到非常高兴，但很快她就失望了：太阳始终挂在当空一动不动，总把她的小岛照得通亮，烤得极热，这样下去会把整个小岛都烤焦的。况且，岛上只有一部分能见到光明，其他地方依然处于黑暗当中。小海龟又找到了解决办法，它在大地东西两侧各挖一个洞，让太阳每天运动起来。从那以后，太阳每天晚上到西洞里休息，第二天清晨再从东洞里露出身影。白昼黑夜循环交替的方法得到大家的好评，但动物们觉得太阳休息的时候，整个世界太黑暗了。于是，小海龟又造出第二颗星球：月亮。月亮成为太阳的伴侣，它们生出许多孩子，这些孩子就是满天的繁星。小海龟被任命为护天卫士，以表彰它为大家所做的贡献。

白尾鹿见小海龟被擢升为天神，内心十分羡慕，因为它一直梦想着能住到天上去。于是，它就跑去问神鸟希农。希农在天上主司雷电，只要眨一眨眼睛就能放出闪电，扇一扇巨大的翅膀就能发出雷声。神鸟告诉它，要等到春天，下第一场春雨时，天空中会出现彩虹，色彩缤纷的彩虹就是连接大地与天空的桥梁，到那个时候，它只要踏上彩虹，就能到天上和小海龟会合了。在神话故事的另一个版本里，是白尾鹿亲自去找的彩虹，彩虹约它初春时分再见面。到了双方约定的那一天，彩虹搭起一座五颜六色的桥梁，白尾鹿只需登上彩桥，就能到达天上了。后来动物们又聚集在一起开会，才发现白尾鹿不见了。大家到处去找它，最后还是隼发现了它，它正在一望无际的高空平原上撒欢呢。动物们后来也都顺着彩虹登上天空，来找白尾鹿。动物们把白尾鹿狠狠地责备了一番，但白尾鹿不想再和它们一起回到陆地上了。随后大家就争吵起来，大熊朝白尾鹿扑过去，打了它一巴掌。白尾鹿机警灵敏又有胆魄，用鹿角把大熊刮得伤痕累累。大熊流了很多血，鲜血滴到陆地上，把树叶染成了红色、棕色、黄色……从那以后，每年秋天，大自然都会回想起白尾鹿与大熊的这场争斗，给自己染上血的颜色。

阿塔恩西克从天空坠落的时候，已经怀有身孕。她后来生下一对双胞胎，兄弟俩脾气秉性截然不同：哥哥泽斯塔像一团温火，是一个精英，他善良、温柔、和蔼；弟弟特维斯卡像一块石头、一块冰，是一个恶棍，他残忍、粗暴、无恶不作。兄弟俩无法和睦相处，便将大地一分为二，各自管理属于自己的那块土地。善良的哥哥把自己的那片土地营造得像动植物的天堂，地上种植的芸豆长得似拳头那么大，随手就可以摘取；地上的河流朝两个方向流动，住在这里的居民乘船就不用划桨了……相反，卑劣的弟弟却造出一个地狱，那里干旱得寸草不生，到处是蚊子、巨蛇，一年四季总是刮着冰冷的寒风；那里高山密布，陡峭的山峰像一把把锋利的大刀，耸立在地面上。看到弟弟的世界，善良的哥哥总是设法抹平陡峭的山峰，减弱风力，除掉害虫猛兽，再送去一些温暖的气息，让他那片土地变得和谐一些。但弟弟却不领情，反而趁机去破坏哥哥的世界，给那片土地带来恐惧、仇恨和暴力，把各种动物变成强壮的野兽，让芸豆萎缩变小，让各种树木不再生长，让河流只朝一个方向流动，

大海龟

给住在下游的居民带来不便。长此以往，兄弟俩当中的一人肯定是多余的，他们由此展开激烈的搏斗。善良的哥哥最终战胜邪恶的弟弟，把他杀了。然而遗憾的是，邪恶已经种下，想彻底清除则难上加难。虽然获胜者付出了很多努力，但终究无法恢复往日的辉煌，也不能把弟弟造出的有害物质清除干净。因此，他要让自己的民族——休伦人——勇猛而强大，然后将世界赐给他们。

休伦人的世界

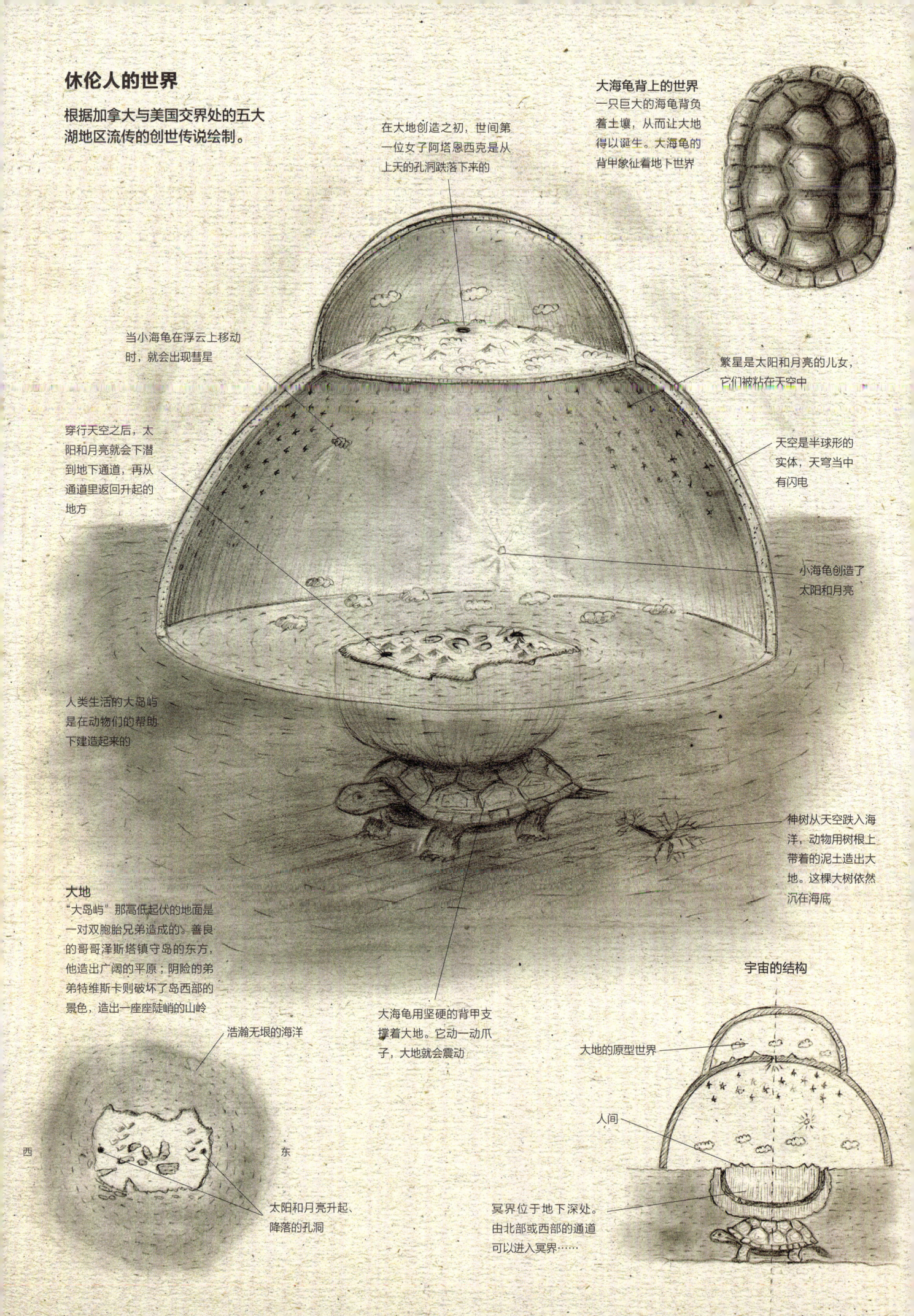

根据加拿大与美国交界处的五大湖地区流传的创世传说绘制。

大海龟背上的世界
一只巨大的海龟背负着土壤，从而让大地得以诞生。大海龟的背甲象征着地下世界。

在大地创造之初，世间第一位女子阿塔恩西克是从上天的孔洞跌落下来的

当小海龟在浮云上移动时，就会出现彗星

繁星是太阳和月亮的儿女，它们被粘在天空中

穿行天空之后，太阳和月亮就会下潜到地下通道，再从通道里返回升起的地方

天空是半球形的实体，天穹当中有闪电

小海龟创造了太阳和月亮

人类生活的大岛屿是在动物们的帮助下建造起来的

神树从天空跌入海洋，动物用树根上带着的泥土造出大地。这棵大树依然沉在海底

大地
"大岛屿"那高低起伏的地面是一对双胞胎兄弟造成的，善良的哥哥泽斯塔镇守岛的东方，他造出广阔的平原，阴险的弟弟特维斯卡则破坏了岛西部的景色，造出一座座陡峭的山岭

大海龟用坚硬的背甲支撑着大地。它动一动爪子，大地就会震动

宇宙的结构

大地的原型世界

人间

浩瀚无垠的海洋

西　　　东

太阳和月亮升起、降落的孔洞

冥界位于地下深处。由北部或西部的通道可以进入冥界……

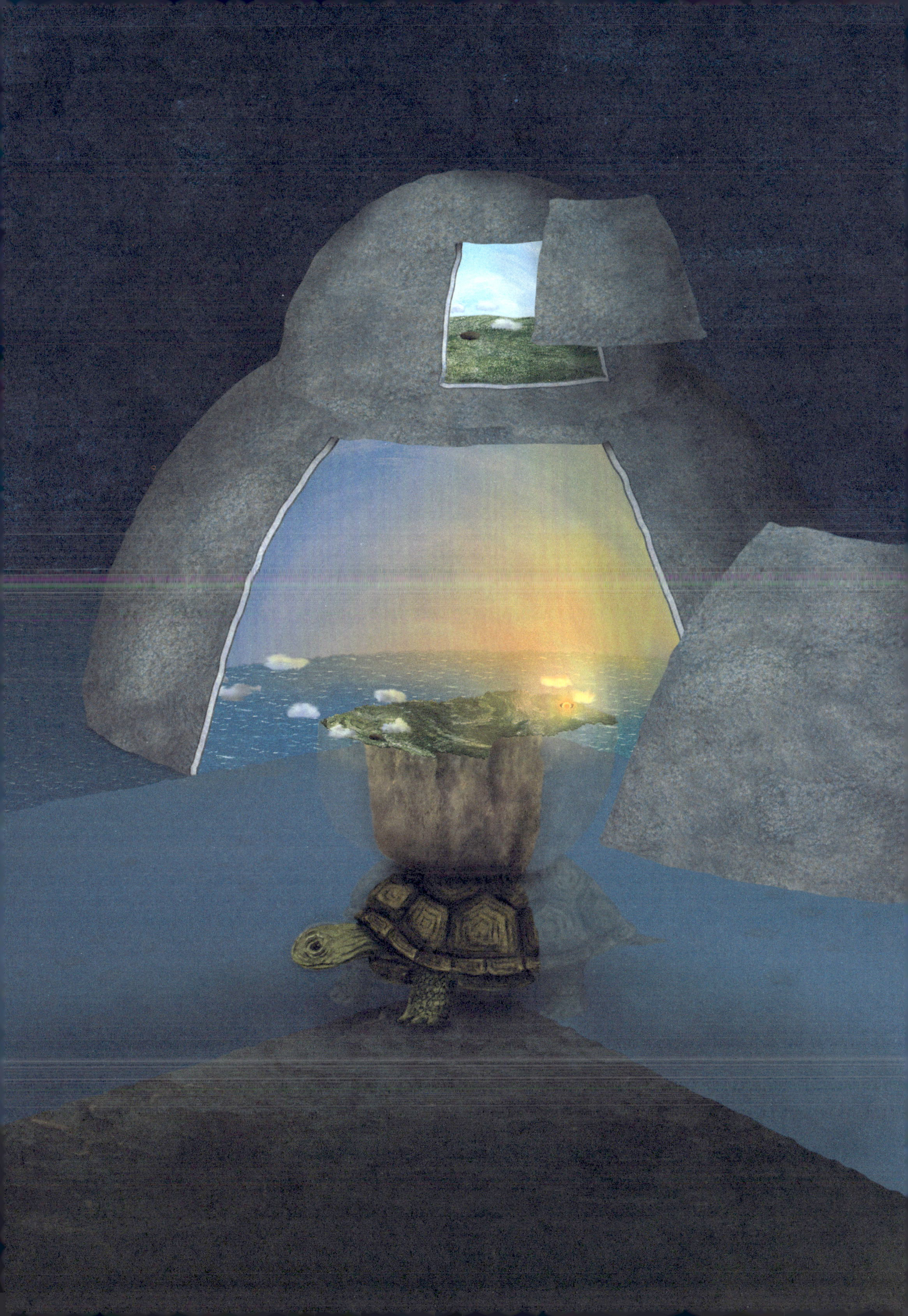

纳瓦霍人

在不同的世界迁徙

纳瓦霍人认为，他们在到达现在这个世界之前，经历了四个世界。纳瓦霍人的第一个世界是红色的，上面覆盖着天空，形状像是茅草屋的屋顶。这个世界上居住着一个很怪异的民族，他们个个长得都像昆虫，随心所欲地生活，没有任何忌讳，对神也不敬重。这种百无禁忌的举动让他们付出了代价，他们成为不受欢迎的人，不得不离开这里，于是朝天上飞去。在天空中，他们发现一个大洞，这个大洞把他们引入第二个世界里。这是一个蓝色的世界，里面住的都是燕子族人。这一族人的房屋很奇特，墙面很粗糙，屋顶上露着一个大洞。在这个世界里，他们总想找到和自己长得相似的生物，但却一个也没找到。他们只好和燕子族混居在一起，双方相处了一段时间，倒也平安无事。但他们最终恶习难改，整天无所事事，竟然去调戏燕子族妇女。在一片喊打声中，他们赶紧灰溜溜地逃走了。通过天空中的一个豁口，他们逃了出去，来到第三个世界。这是一个黄色的世界，里面住着蚱蜢族人，他们愿意给来自远方的昆虫族人留出一片地方。但昆虫族人依然恶习不改，再次落荒而逃。他们进入第四个世界。这是一个白色的世界，气候干燥，地域也比前几个世界更广阔，四座高山像哨兵一样守护着世界的四个角落。他们得到了普韦布洛人的热情迎接，发誓这次一定要规规矩矩地待在这里，不再惹是生非，以免再迁徙到别的地方去。因此，他们的日子过得还不错。有一天，四个怪异的人物前来造访，他们肤色各不相同，分别是白神、黄神、蓝神和黑神。这几个超自然的神轮番尝试着和他们沟通，最终还是黑神解释得最清楚——几位神到此造访的目的是想告诉他们，诸神打算再造一个民族，但不是按照昆虫族的模样，而是按照神的样子去造。昆虫族的模样太丑了，虽然有着和神一样的身体，但也有昆虫及野兽的牙齿、脚和爪子，而且浑身散发着臭味。黑神告诉他们，十二天过后，诸神还会再来看他们，但要他们都先洗个澡。到了约定的那一天，昆虫族人个个都洗了澡，女人用黄色的玉米粉把自己擦干，男人则用白色的玉米粉。白神带来两支玉米穗，一支是黄色的，另一支是白色的。诸神举行了一套复杂的仪式，结束后，黄色玉米穗变成一个女人，白色玉米穗变为一个男人，他们是这世界上第一对男女。他们生下五对双胞胎。第一对双胞胎是雌雄同体的畸形人，他们后来成为杰出的艺术家。而后来生的四对双胞胎都是龙凤胎，他们长大后像夫妻一样结合在一起。四个造物神把巫术和世界的秘诀传授给他们，并发誓不会把他们乱伦的身世告诉后人。

后来这个世界里出现了争吵。第一对男女粗暴地指责对方只想着生孩子，于是两人开始分居。男人到河对岸去生活，部落里所有的男人都跟他走了，女人则留在家里。第一年因为家里有存粮，她们还能坚持住，但到了第二年，她们坚持不住了，险些被饿死。与此同时，男人则在河对岸奋力开辟新的住所。不过，男人还是很大度，允许女人搬过来和他们一起生活。生活又变得井然有序，直到有一天，他们听到远处传来可怕的轰鸣声：河水猛涨，第四个世界就要被洪水吞没了。这场自然灾害的起因非常奇怪，好像是由郊狼引起的，因为郊狼偷走了河神的一个孩子，而河神就住在隔开部落的那条河底。离开这里已变得刻不容缓，诸神让大地长出一根粗大的芦苇，芦苇扶摇直上，一直通到天空。蝗虫（有传说称是獾）给天空凿出一个洞，通过这个洞口，大家逃入第五个世界。在诸神的帮助下，他们整治这个新世界，创造出月亮、太阳和繁星，又把守护第四个世界各个角落的山峰重新搭建起来：南边是泰勒山，西边是圣弗朗西斯科山，北边是赫斯珀洛斯山，东边是布兰卡峰。这片土地就成为人的土地，即迪内塔（字面意思为"在纳瓦霍人当中"，是纳瓦霍人的传统土地），这是纳瓦霍人自己起的名字。

那时候，纳瓦霍人还很粗俗，常常肆无忌惮地做出伤风败俗的行为，比如自慰、赌博等。因此，许多恶魔便乘虚而入，侵入他们的领地，恐吓当地居民，甚至杀害他们。在那群恶魔当中，有用眼睛杀人的魔鬼，有碾压人的岩石，有长着犄角的凶神，有划伤人面孔的芦苇，等等。在本族人的支持下，第一位女人用绿松石创造出"多变的女人"，用纯洁的贝壳创造出"白壳女人"。一天，太阳看见这两个女人，朝她们俩射去一束光。这束光照进她们体内，让她们俩怀了孕。两个女人各生出一个漂亮的男孩子，她们携手把孩子抚养成人。待长到懂事的年纪时，孩子们一再询问谁是自己的父亲，两个女人最终承认，他们的父亲就是太阳。

兄弟二人踏上寻找父亲的征程，请父亲协助他们把杀害本民族的恶魔赶尽杀绝。尽管路途十分遥远，路上荆棘丛生，但他们兄弟二人不畏艰险，勇敢地往前走。一路上，他们还碰到好心的蜘蛛女神，女神出手相助，教他们搏击，让他们利用自己的优势给魔鬼设下陷阱……女神给他们指路，把他们一直带到父亲的居所前。两个孩子告诉太阳，说他们是太阳的儿子。但太阳根本就不相信，使出各种神奇的考验方法来验证，结果都表明他们就是自己的儿子。于是太阳决定出手帮助他们。太阳教给他们许多作战技能，赋予他们超自然的能力，然后派他们去捕杀恶魔。"多变的女人"的儿子改名叫"驱魔者"，而"白壳女人"的儿子则变成水神"内"。他们

纳瓦霍人的世界

把出没于第五个世界的大部分恶魔都给消灭掉了，还把他们的尸体放在太阳底下曝晒。在纳瓦霍人的领地迪内塔四周，依然能看见这些恶魔的尸骨。为了保持自然界的平衡，他们让部分恶魔活了下来，其中有吞噬死尸的妖怪（兀鹫），有让人衰老的精灵，有冰冷的女妖（象征冬季及四季中的冷天），还有穷光蛋和饿死鬼……

纳瓦霍人的世界

根据美国亚利桑那州流传的创世传说绘制。

世界宛如一间红土房子
红土房子是纳瓦霍人举办典礼活动的场所，房子的结构颇像纳瓦霍人想象的宇宙：拱形天空和环形大地

最高一层天空是诸神（包括雷公、风神、雨神等）的居所

所有的世界都呈半球形

在四个方位基点上，有四根巨大的擎天柱，柱子上镶嵌着各种宝石（南柱上镶着绿松石，西柱上镶着鲍贝，北柱上镶着黑曜石，东柱上镶着白宝石），四根擎天柱将各个世界连接在一起

各个世界之间的空间里布满了繁星

人类居住的大地（第五个世界）

第四个世界是白色的世界，那里生活着各种动物和普韦布洛人

宇宙的结构
世界有七层，每一层都处于运动中，下层世界运动的速度较快，最早的先人在下层世界里感觉头晕目眩……

第三个世界是黄色的世界，那里住着蚱蜢族人

大地——"我们的母亲"
大地上的河流宛如一条条血管，有些山峰则被视为是有生命的

赫斯珀洛斯山

第二个世界是蓝色的世界，那里住着燕子族人和松鸦族人

布兰卡峰

东

第一个世界是红色的世界，里面住满了昆虫族人

圣弗朗西斯科山

泰勒山

最早一批先人的出入口就坐落在大地的中心，先人是从下面的一个世界升上来的

随着一个个世界接连问世，纳瓦霍人的世界变得越来越大，也越来越好

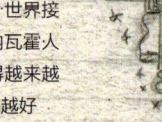

上层天空

下层天空

人间

原初世界

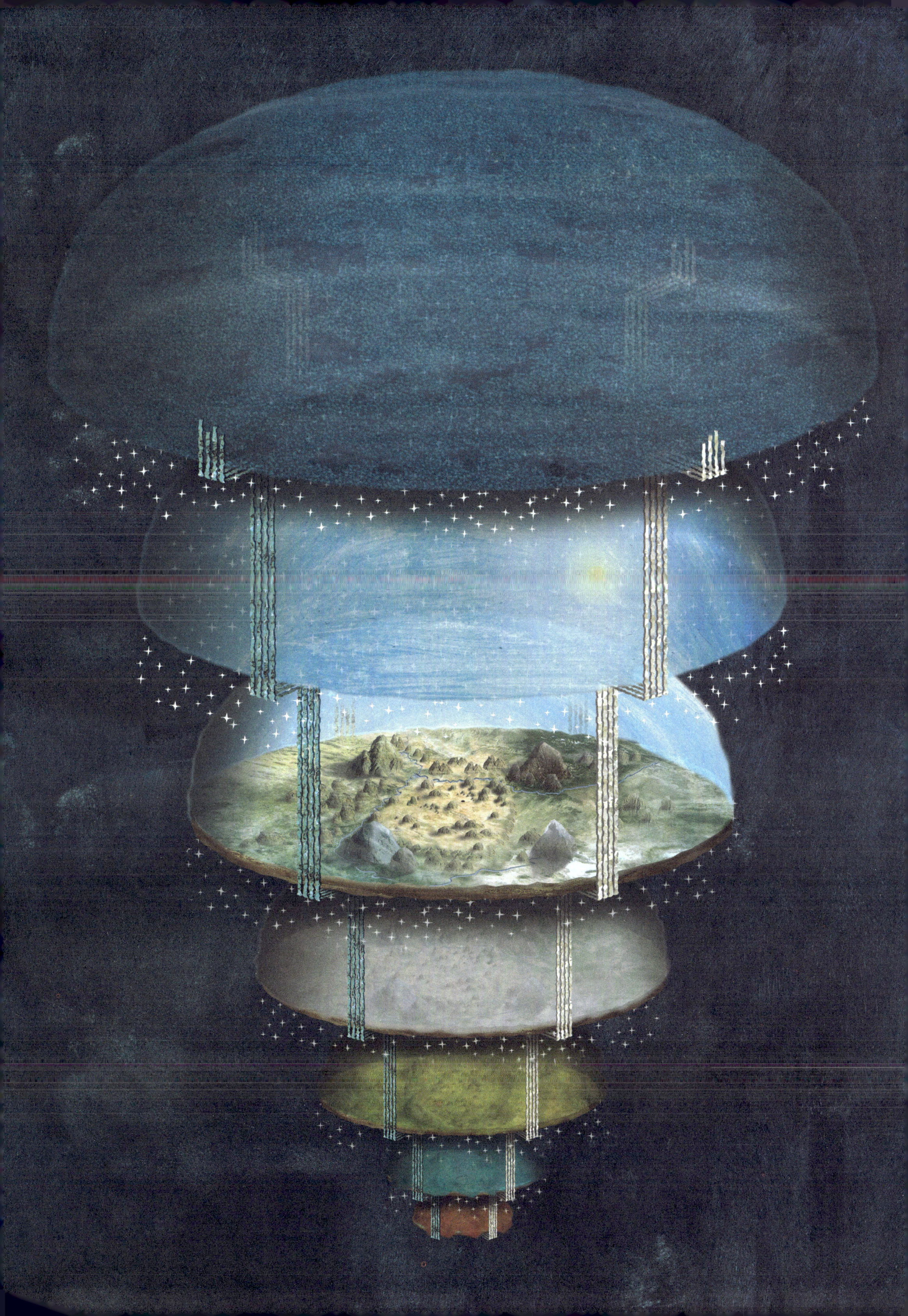

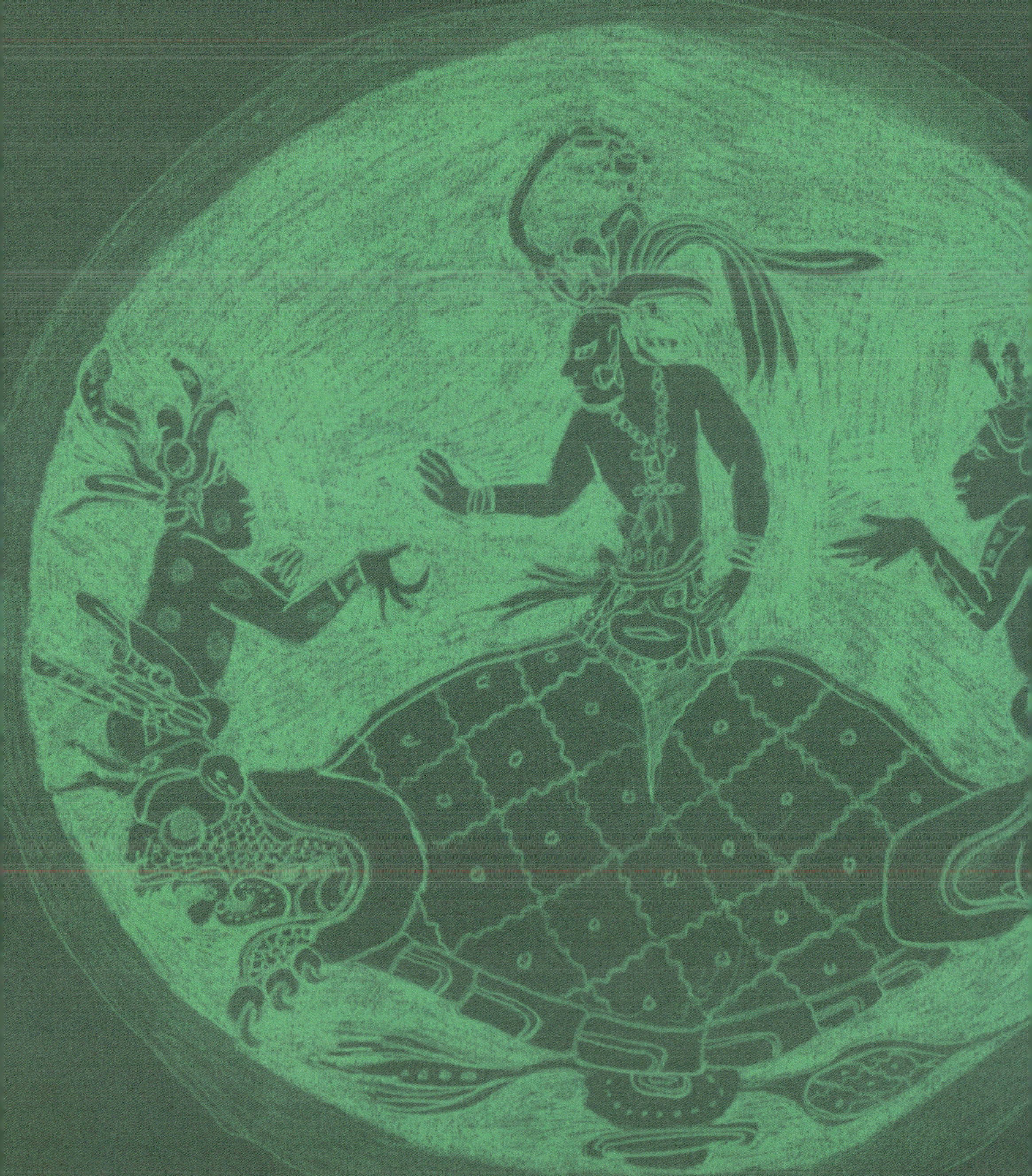

中美洲和南美洲

中美洲和南美洲

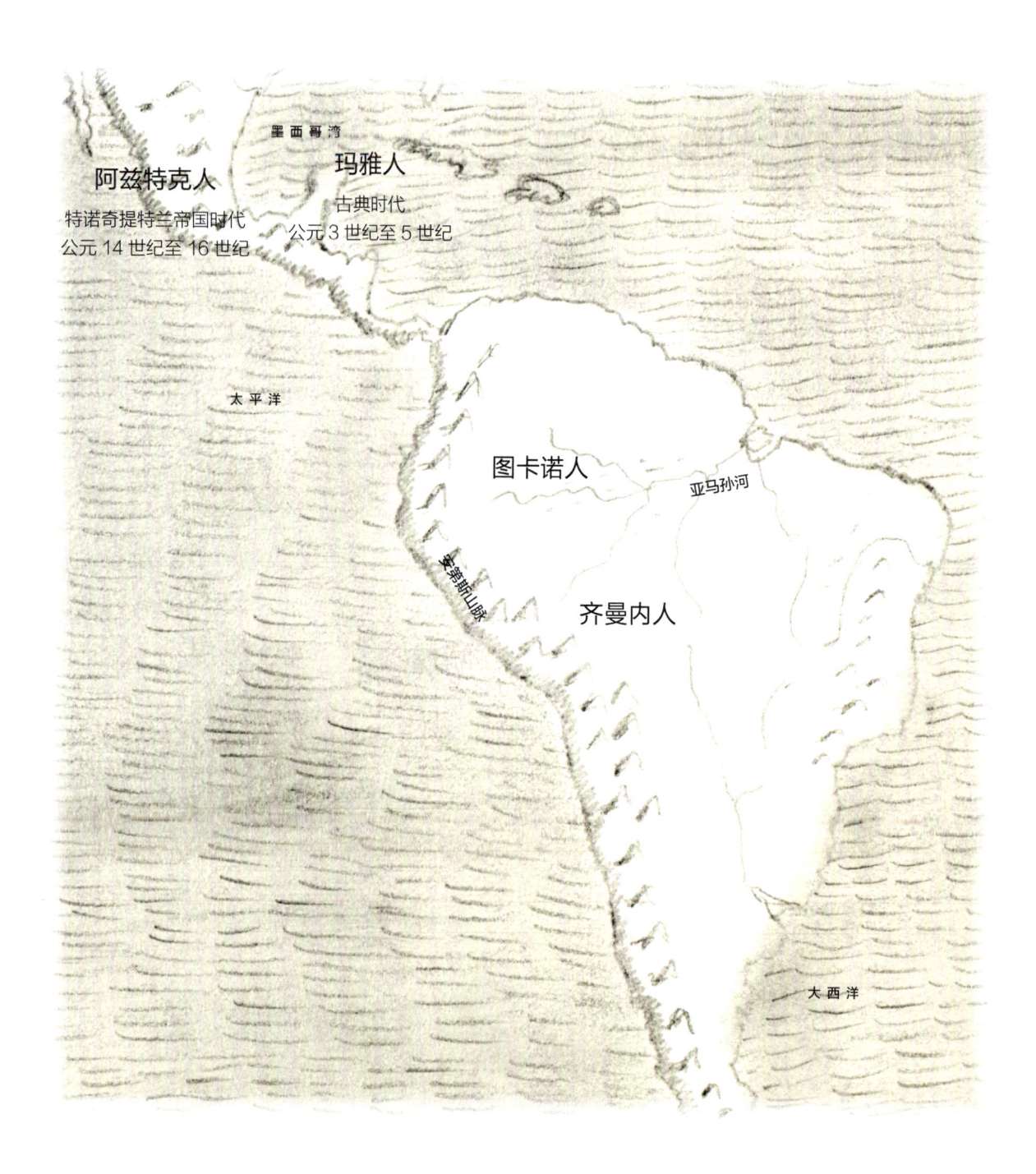

阿兹特克人
特诺奇提特兰帝国时代
公元14世纪至16世纪

玛雅人
古典时代
公元3世纪至5世纪

墨西哥湾

太平洋

图卡诺人

亚马孙河

安第斯山脉

齐曼内人

大西洋

玛雅人和阿兹特克人的世界倒像是两个堂兄弟，两个世界仅有一些细节上的差别：一片天空被分成十三层；大地被规划成一个方格子，四角矗立着结实的擎天柱；大地底下是黑暗的冥界，一层层地叠在一起。这两个世界在正式形成之前已有很久的历史，经历过几个时代，但那几个时代都被可怕的洪水给淹没了，那些洪水有自然形成的，也有神发动的。就像先前那几个时代一样，当下这个时代迟早也会消失的。

但玛雅人和阿兹特克人构成了两个明显不同的文明。玛雅文明似乎萌生于公元前3000年，后来发展得很繁荣，分布区域包括今墨西哥东南部、危地马拉、伯利兹、萨尔瓦多和洪都拉斯的一部分。公元3世纪至10世纪是玛雅文明发展的巅峰期，此后这一文明便逐渐衰落，最终彻底消失。玛雅文明早期的文字极少存世，到了16世纪，西班牙入侵者又给予残存的玛雅文明致命一击。要不是一位不知名的玛雅人在16世纪将其神话传说抄写在皮纸上，玛雅人的创世传说早就彻底佚失了，而抄写在纸面上的文字就是《波波尔·乌》。

至于阿兹特克人，他们最初只是一个游牧部落，过着四处迁徙的生活，还经常遭遇其他部落的攻击。后来，他们朝墨西哥南部迁移，去寻找属于自己的希望之地。13世纪，他们来到墨西哥山谷，并在那里安顿下来。据说他们在那里看到太阳神维齐洛波奇特利留下的标记：一只雄鹰落在仙人掌上，正在吞食一条蛇。1345年，他们创建了特诺奇提特兰城，即未来墨西哥的雏形，进而成为中美洲最大帝国的缔造者。不过，这一辉煌并未持续多长时间，1521年特诺奇提特兰城落入西班牙人手中，阿兹特克文明也因此消失在历史的长河中。

然而，往南走，跨入南美洲大陆，尤其是进入热带雨林世界之后，人们就发现宇宙发生了根本性变化。住在亚马孙河流域的图卡诺人，生活在巴西与哥伦比亚的交界地带。齐曼内人是玻利维亚境内的原住民，人数不多，就住在安第斯山脉脚下。他们的世界生机盎然：那里活跃着一千零一个精灵，每个世界都受自身环境的制约，有的宇宙空间仅如人体一般大小，一个挨一个地围着一片地域散布开来。在那里，一条条河流构成一条条通道，每条通道都十分明亮，无论是神还是人，都会借由这些通道到遥远的地方去探索，去传授秘诀。但途中总免不了碰上各种各样的小插曲……

玛雅人

如果造物不完美，
　　不如摧毁重来……

世界水天一线，不知存在了多久。两片广阔的区域宁静、空洞，没有任何生气。所有的一切都停顿下来，静止不动，都在等待着什么。在这浑然一体的世界里住着两个神，一个是羽蛇神古库玛兹（在阿兹特克语中称为奎兹特克），另一个是天神胡拉坎。古库玛兹浑身覆盖着蓝绿色的羽毛和鳞片，在水中盘成一团，身上的羽毛和鳞片闪烁着耀眼的光芒，而整个天空都被胡拉坎占为己有。如同原初世界一样，两个神也睡眼蒙眬，一动不动地沉思默想，最后他们还是抖了抖身体。有一天，他们决定摆脱这种麻木不仁的状态，便开始谈论这个世界，想象出各种各样的东西。要让世界变得有生气，就要造出有形的物质，让它运动起来，给它活力。黎明、光线、树木、嫩芽、果实、野草、飞鸟、昆虫等都成为他们谈论的话题。只要他们说出一种东西的名字，这种东西就立刻出现，因为他们具有神奇的造物能力。他们刚说完"土地"一词，土地就出现在这个世界上。他们造出高山、平原、河流，并给高山和平原覆盖松树与柏树。接着，他们又造出飞鸟、奔鹿、美洲豹、毒蛇等各种各样的动物，还特意送给每种动物一块栖息地。他们命令每种动物用自己部落的语言发出声音，然后告诉动物们来到这个世界的最终目的：颂扬造物主，热爱造物主。动物们赶紧按照造物主的要求去做，于是到处都能听到叽叽喳喳的鸟叫声、叽叽呱呱的蛙鸣声、哞哞的牛叫声，还有虎啸声……但这完全不符合最初的设想，造物主感觉有些沮丧：不会说话的动物是根本无法为他们歌功颂德的。于是他们推翻了原计划，收回为动物造的世界，从此以后任何一种动物都不能自称是世界的主宰。它们成为未来生物的食物，因为未来的生物能和诸神讲话。

把大自然降格为食物来源之后，造物主便着手创制新的生物。他们找来一块泥巴，把泥巴揉来揉去，揉好之后捏出人形。但却白费力气，因为他们只捏出了一个软塌塌的人，这个人稍微一动，身体就变形、散架了。人虽然能开口说话，但说出的话和他自身的形象差不多——含含糊糊、愚蠢至极，没有任何意思，与动物的叫声没有多大区别。两个造物主最终放弃了，毫不惋惜地把第一批人毁掉了。

他们把诸神召集在一起，商量接下来该怎么做。两位占卜神伊斯皮亚科克和妻子伊斯穆卡娜也来参加会议，他们说，通过观察星象，下一代人应该用木头雕制。既然这是天意，那就用木头雕制吧，于是大地上就出现了许多木头人。木头人呆板，没有知觉，不会哭笑，而且动作僵硬、不灵活，血管里也没有血液，生硬得像根棍了。这些人脑中无物，也记不住各神灵的功力，无法寻求神灵的帮助。这次造人又失败了。造物主不禁叹了口气，只好再次毁掉这些人。他们发动了一场洪水，计划把这些可怜的木头人都淹死。洪水过后，为了不让任何人活下来，造物主又让凶猛的恶魔去消灭幸存者，让猛兽也去争食，甚至连火炉、磨盘、水罐、砂锅等厨具都对人大开杀戒。人最终所剩无几，幸存的人变成了猴子。大地再次变得空无一人，整个世界陷入黑暗和恐怖之中，又成为魔鬼的天下。但诸神没有退缩，依然想造出完美的人。他们又聚集在一起商量对策，寻找造人的方法，而且创造的人要敬仰造物主，在提起造物主的名字时要带着虔诚的敬意。诸神最终找到了最佳材料——玉米。

但在创造第三代人或者说最后一代人之前，要先把世界上的所有魔鬼清除干净——诸神当初放出魔鬼是为了让它们追杀那些木头人。要说铲除魔鬼，孪生兄弟乌纳普和伊斯巴兰克二神最能胜任。他们是占卜神伊斯皮亚科克和伊斯穆卡娜的重孙子，父亲也是大英雄，但被冥界的恶魔给杀死了。鸟怪维科布·卡库伊科斯把大地控制在自己手里，它相貌丑陋，而且高傲自大，竟把自己当作太阳和月亮。就在鸟怪打算再次出手造孽时，兄弟俩抢先除掉了它。兄弟俩在一起玩打球游戏，获胜的一方总是振奋高呼、激动不已，阵阵喊声让冥界西巴尔巴的诸神感觉很不爽。西巴尔巴是一片阴森森的亡灵地界，那里的诸神请兄弟俩到他们的地盘上来打球。兄弟俩接受了挑战，经过一番周折，他们最后来到冥界的门口。不过，诸神还是想考验他们，便交给他们一支火把和一根点燃的雪茄，要确保一夜过后火把和雪茄完好无损，也就是不能熄灭。兄弟俩很机灵，他们在雪茄前面粘了一只萤火虫，在火把上贴了一根红鹦鹉的羽毛，闪亮的羽毛看上去好似火苗一样，就这样骗过冥界里的神，因为他们以为看到的是火光和火苗。兄弟俩继续往前走，他们先后穿过恐怖的暗房、冷房、美洲豹房、火神房，最后来到蝙蝠房。蝙蝠房是一处可怕的吸血蝙蝠巢穴，吸血蝙蝠咬掉了乌纳普的脑袋。伊斯巴兰克赶紧摘了一个葫芦放在哥哥的肩上，兄弟俩最后来到球场上。双方开始激烈地打起球，你争我夺，所争的球竟然是乌纳普的头颅！局势似乎对兄弟俩越来越不利，直到一只神兔突然从巢穴里跳出来帮忙，才扭转了局面——神兔把地狱里的神都放出来，去牵制对方。接下来，双方处于胶着状态，但局面很快就变得对伊斯巴兰克有利了，伊斯巴兰克赶紧把头颅放在哥哥的躯体上。兄弟俩最终获得了胜利，但他们的对手耍赖，不按规矩打球，最后把他们俩杀死了，随后把他们的骨头烧成灰，撒到河里去了。

作为神，兄弟俩是不会死的，他们又复活了，随后化身为巫师，穿着一身破衣服，出现在杀害他们的恶魔面前。他们自称有再生能力，能让死去的神灵复活。说着，他们便当着大家的面演示了一番，还真把死去的神灵给复活了。见此景景，大家都惊叹不已。所有的神灵

乌纳普和阿斯巴兰克

都想试试，于是乔装打扮的兄弟俩就把凶神恶煞都切成一段一段的，但不再让他们复活。就这样，兄弟俩设计把世界上的魔鬼都清除掉了，为后来真正的人创造出一个安宁的世界。因兄弟俩为人类做出巨大牺牲，大神让他们飞上天，一个变成月亮，另一个变为太阳。

在给大地营造出一个宁静的环境之后，造物主把白玉米和黄玉米碾成面粉，掺在一起，揉出一个面团，并用这团面捏出四个男人。结果恰如诸神所愿，尤其是第三个男人，长得帅气、正直、健康、聪明、记性好、有觉悟，做出的第一个动作就是向造物者致敬。听着他说出的话语，造物主感到非常满意。但造物主隐约感到这几个人太完美了，因为他们目光敏锐，能够洞察一切，看穿整个宇宙，甚至还能知晓过去和未来，堪与神相媲美。对于由玉米做出的生物来说，这种能力太过强大了，诸神决定要限制人的洞察力，便蒙了一下他们的眼睛，就像在镜子前哈出一口气那样，不让他们看穿所有的一切。于是，人类只能看到世界的一小部分，失去了刚被神造出时的那种睿智和领悟能力。为了安慰他们，神赐予每个男人一个女人……太阳在这最后一个世界慢慢升起，万物再次复苏。

玛雅人的世界

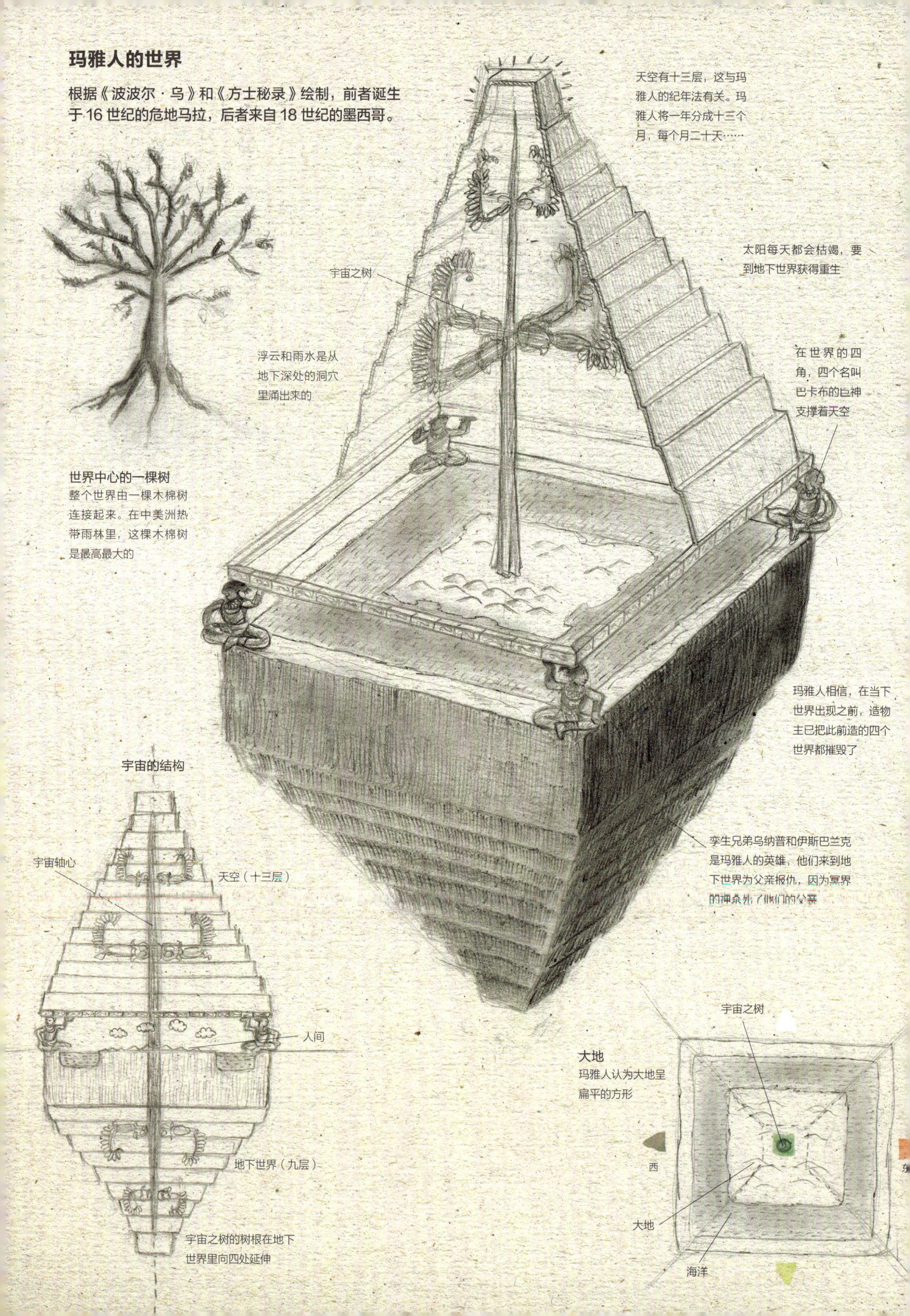

根据《波波尔·乌》和《方士秘录》绘制，前者诞生于16世纪的危地马拉，后者来自18世纪的墨西哥。

宇宙之树

天空有十三层，这与玛雅人的纪年法有关。玛雅人将一年分成十三个月，每个月二十天……

太阳每天都会枯竭，要到地下世界获得重生

浮云和雨水是从地下深处的洞穴里涌出来的

在世界的四角，四个名叫巴卡布的巨神支撑着天空

世界中心的一棵树
整个世界由一棵木棉树连接起来。在中美洲热带雨林里，这棵木棉树是最高最大的

玛雅人相信，在当下世界出现之前，造物主已把此前造的四个世界都摧毁了

孪生兄弟乌纳普和伊斯巴兰克是玛雅人的英雄，他们来到地下世界为父亲报仇，因为冥界的神杀死了他们的父亲

宇宙的结构

宇宙轴心

天空（十三层）

人间

地下世界（九层）

宇宙之树的树根在地下世界里向四处延伸

大地
玛雅人认为大地呈扁平的方形

宇宙之树

西

大地

海洋

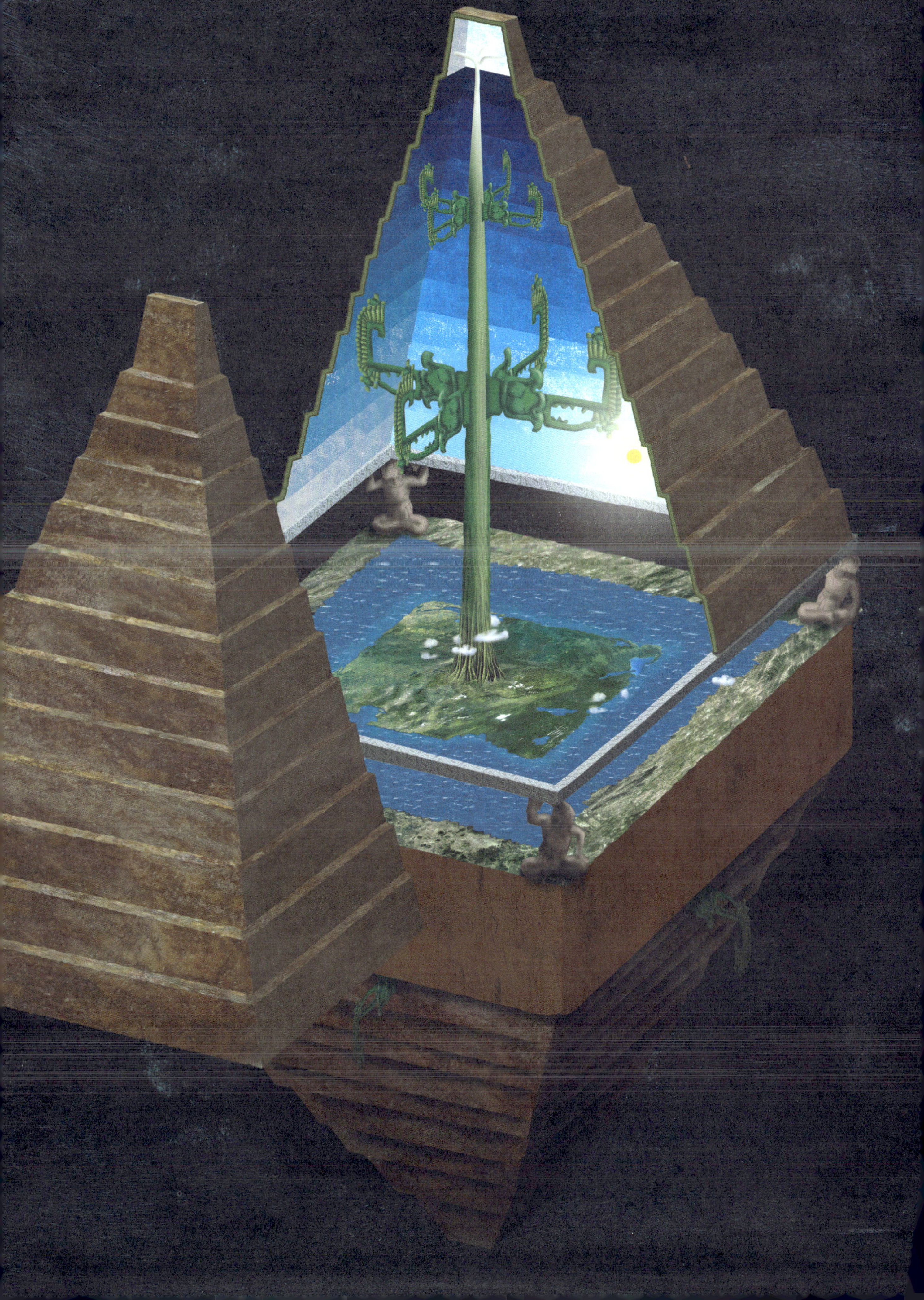

阿兹特克人

神献祭自己，创造太阳

在阿兹特克人的创世神话中，现在的太阳诞生之前曾先后出现过四个太阳，如今的世界属于第五太阳纪，也是最后一个太阳纪，是终极的世界。它是众神之间达成妥协的产物——各路神祇决定放下手中的斧头，不再打仗。在此之前的四个太阳纪，为了能够霸占世界，各路神祇展开了疯狂的决战，四个世界都毁灭了。第一个太阳纪是美洲豹太阳纪，统治者是特斯卡特利波卡。特斯卡特利波卡是多变的神，能变成各种各样的形态。他一身黑色，是太空、黑夜、寒冷和阴影的主宰，是令人不安的"冒烟的镜子"，还是巫师的保护神——巫师们能从黑曜石的镜面上预知未来。战神们都非常怕他，因为一到晚上，战神在各个路口都会被他打得落花流水。阿兹特克人把他称作"奴隶主"……这一太阳纪的世界里到处都是体格强壮的巨人。但这个世界最终还是被奎兹特克（羽蛇神）给摧毁了，他化身美洲豹毁了世界。羽蛇神是集多神于一身的超级神，化身是金星，代表着东方、白色、水源、多产、生命和复活。他也是历法和文士的保护神，但有时也被当作风神伊厄科特尔。羽蛇神造出第二个太阳纪，即强风太阳纪。但特斯卡特利波卡却把这个世界给摧毁了，他抓起一场可怕的飓风，把世界上的一切都吹得七零八落，把世界里的居民都变成了猴子。第三个太阳纪是在雨神特拉洛克的庇护下创建的，这就是雨水太阳纪。但羽蛇神却用大火烧毁了这个世界，还把那里的居民都变成了火鸡。第四个太阳纪，即洪水太阳纪，则掌控在查尔丘特里魁手里。查尔丘特里魁是特拉洛克的妻子，也是河流与湖泊女神。但这一世界没有抵挡住洪水的袭击，洪水泛滥时天塌了下来，压在大地上，世界的居民都变成了鱼。在特斯卡特利波卡的帮助下，只有一对夫妇——塔塔和内内——从大洪水里活着逃了出来。他让夫妇俩躲进一棵空心的大树里，还送给他们一些玉米，并嘱咐他们不要吃其他任何食物。

但夫妇俩没有听从神的叮嘱，待洪水退去之后，他们从藏身处走出来，感到又饿又累，便抓住一条大鱼，美滋滋地吃了一顿饱饭。特斯卡特利波卡对这种杀生的做法极为恼怒，便砍下他们的脑袋，然后把脑袋贴到他们的屁股上——最后他们变成了狗……

第四个太阳纪结束后，整个宇宙仅剩下一堆废墟。面对满目疮痍的灾后惨景，宇宙里的各路仇敌决定停止对抗，再给世界最后一个机会。特斯卡特利波卡和羽蛇神携手合作，用一只海洋怪物的巨大身躯造出新的大地。这只怪物就是长得像鳄鱼的希帕克特里（它是"大地之主"特拉尔泰库特利的变体之一），它食量巨大。特斯卡特利波卡和羽蛇神都被它的胃口给吓坏了，认为这样一只怪物不应该活在第五个太阳纪，于是决定除掉它。两位神化身为巨蛇，分别缠住怪物的四肢，然后各自向外拽，将怪物撕成两半。两神用他的一半身躯创造出高原大地，用另一半造出了苍穹；又把苍穹分成十二层，为每一层都安排好天体。

人类是羽蛇神独自创造出来的。为了造出完美的人类，他特意赶到米克特兰——亡者的居住地，也就是冥界。羽蛇神来到冥王米克特兰堤库特里及冥后面前，很客气地询问能否从这里取一些第四个太阳纪毁灭前人类的遗骨。夫妻俩起先答应给他一些人类的遗骨，但后来又反悔了，用一些不着边际的话来搪塞他。羽蛇神最后听得烦透了，未经允许就偷偷拿了一些遗骨，然后转身逃走了。冥王对此极为恼火，便给羽蛇神设了一个陷阱：他挖了一个大洞，再派一只鹌鹑去吓唬逃走的羽蛇神。羽蛇神慌不择路，坠到大洞里，失去了知觉。鹌鹑则趁机搞破坏，去叼啄遗骨，把遗骨截成长短不等的小段（人的身材也因此变得有高有矮）。待苏醒之后，羽蛇神只好用这些长短不一的遗骨去造人，并给新造的人洒上自己的鲜血，让他们活过来。

接着，诸神又造出玉米，让人类能有食物吃；后来又计划给他们造出太阳。如果没有太阳，第五个世界里就不会有光明，也不会有生命，所有的一切都不可能存在。诸神在特奥蒂瓦坎城（遗址位于今墨西哥）召开会议，大家一致认为，他们当中要有一位神献出生命，焚烧自己变为太阳。诸神讨论后，指定一个名叫纳纳瓦特辛的神去完成这一使命。纳纳瓦特辛长相丑陋，身有残疾，还长满了脓包，浑身上下一副可怜相。这时，特库希斯特卡特尔自告奋勇，愿意做出牺牲。此神高傲自大，又有派头。这样，诸神就有两个太阳可以选择。在做出牺牲之前，两神需要经过一段时间的净化、静修、净食。特库希斯特卡特尔带来大咬鹃的漂亮羽毛，还带来黄金、白玉和香料；而纳纳瓦特辛只带来芦苇和荆棘刺，上面沾着他的鲜血。到了牺牲那一天，诸神燃起一堆篝火。临近子夜时，他们披上各自的祭祀礼服：特库希斯特卡特尔披挂着黄金白玉首饰，戴着漂亮的羽毛装饰，而纳纳瓦特辛仅穿着用皮纸做的便服。站在篝火面前，特库希斯特卡特尔试图跳进火堆里，但犹豫了一下又退回来，先后尝试了四次，也没有成功。纳纳瓦特辛则勇敢地跳进火堆，心甘情愿做出牺牲。看到纳纳瓦特辛做出的榜样，特库希斯特卡特尔也义无反顾地跳进火海，直至火堆燃尽。待他们的躯体化成灰之后，诸神开始朝天空观望，看他们有没有变成托纳提乌——第五个太阳，也是烈日之神。有的神朝北方看，有的神朝西方和南方看，羽蛇神和特斯卡特利波卡则选择朝东方看。两

阿兹特克人的世界

个做出牺牲的神正是从东方出现的，纳纳瓦特辛像太阳一样，而特库希斯特卡特尔的外观更像月亮。不料，月亮太亮了，于是诸神便朝月亮抛了一只兔子，兔子遮住部分月光，给月亮表面蒙上一个大黑影。遗憾的是，太阳神托纳提乌似乎不想动弹，诸神开始担心起来：要是太阳一动不动地挂在当空，诸神的造物会被烤焦，这个世界就会毁于一旦。这时，他们意识到有一个办法能够挽救这个世界，尽管这个方法有些残忍——他们一个接一个地躺在羽蛇神面前，羽蛇神剖开他们的胸膛，挖出心脏，将其献给托纳提乌。托纳提乌最终动了起来。当太阳升到天顶时，就变身为维齐洛波奇特利——生性残暴、无所不能的保护神。阿兹特克人每天都要用鲜血为他献祭，否则宇宙秩序就会混乱，这个世界会在大地震中彻底消亡……

阿兹特克人的世界

根据西班牙人的文献绘制,文献来自16世纪的墨西哥。

天空宛如一座金字塔
继玛雅人之后,阿兹特克人也建造起阶梯金字塔,金字塔的形状让人联想起升天

塔诺安善——老年的乐园

地狱分为九层,每一层都要经历不同的考验。这是人类最常见的归宿

大地漂在一片深海之上,两端触及天空

一对原初夫妻住在第十三重天里。夭折的婴儿的灵魂也住在那里

天顶上的太阳是维齐洛波奇特利的化身,他是战神、猎神,还是阿兹特克首都的保护神

人类是通过西部的孔洞来到大地上的

在九大平原之围里,有进入北方地狱的通道

"大地之主"特拉尔泰库特利每天把太阳吞到肚子里,第二天再吐出来

特拉洛坎是溺亡者和被雷劈死者的天堂,位于太阳升起的东方,雨神特拉洛克就住在那里

希帕克特里是一条大鳄鱼,在原初海洋里游动

大地
大地呈十字形,让人联想到四个方位,方位对应着不同的色彩、神祇、地点和动物等

西 / 东 / 中

大地正中就是阿兹特克帝国的首都特诺奇提特兰

宇宙的结构

天空(十三层)

人间

亡灵要经历各种各样的考验:穿越一座座高山,高山之间的夹缝格外狭窄,山上的小路有恶魔把守;还要通过一片片不毛之地,寒风冰冷刺骨……

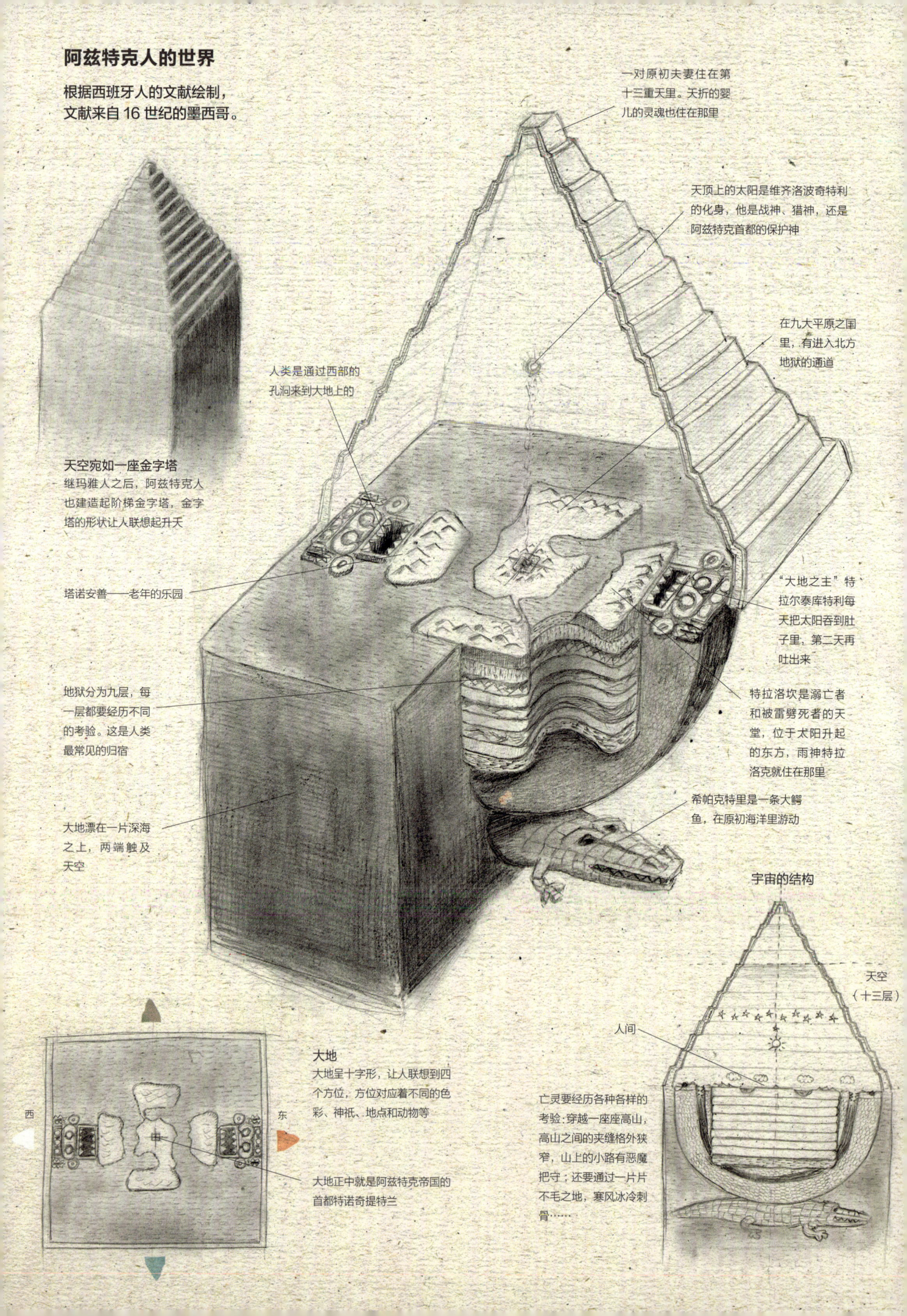

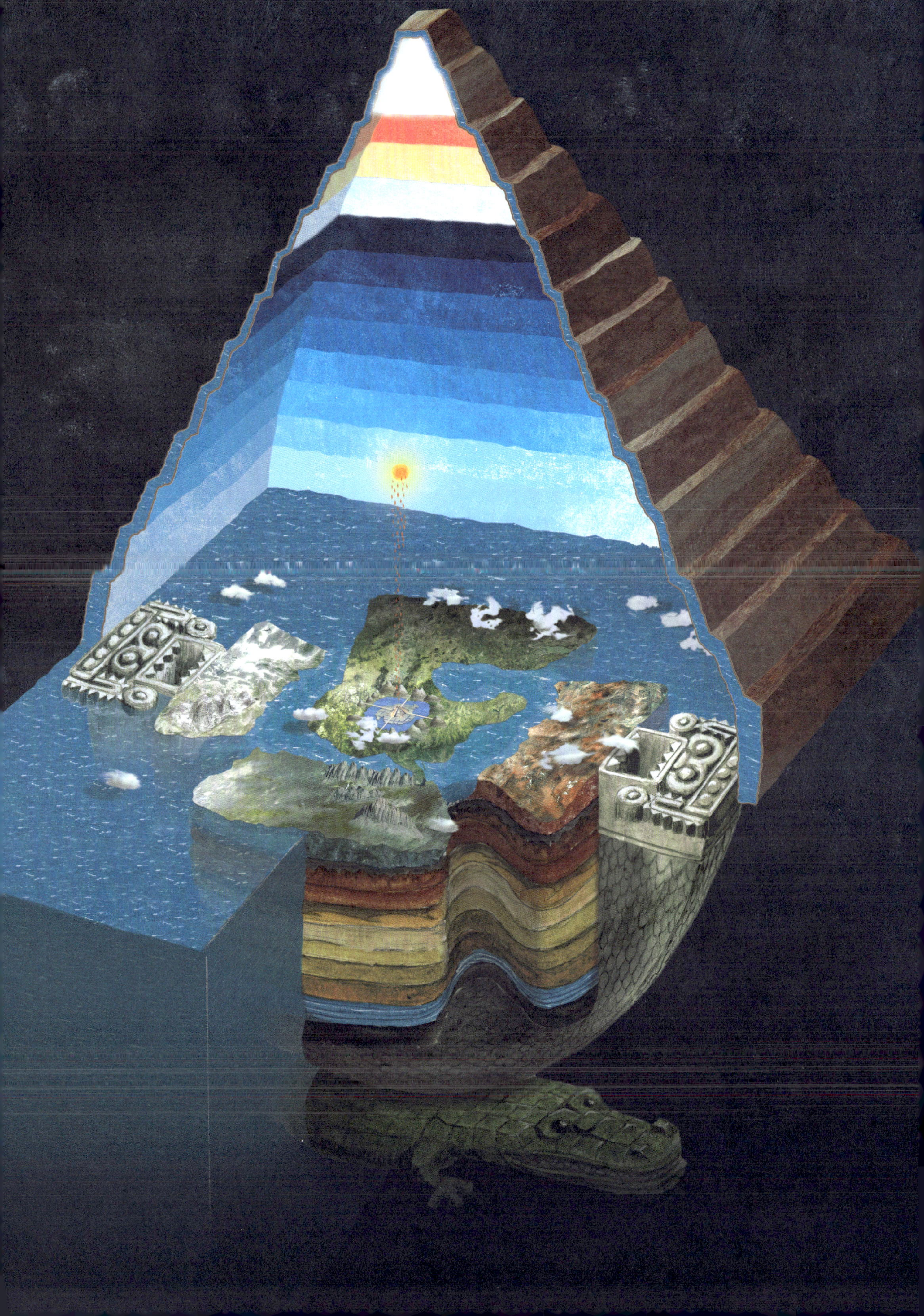

图卡诺人

太阳光芒化育万物

其实早在人类的世界出现之前，就已经有一个世界了，那里住着两兄弟，一个是月亮，另一个是太阳。在很长的一段时间里，那个世界上只有他们俩。后来太阳独自生出一个孩子，是一个女孩，他娶了女孩做妻子。月亮目睹了太阳父女俩乱伦的经过。在此期间，太阳的女儿有了月经初潮，流出的鲜血溅到月亮的脸上，在他脸上留下了无法抹掉的印记。月亮爱上了他的侄女，在太阳组织的一次晚会上，他试图去勾引侄女。太阳对月亮的这种挑逗行为十分不满，一把揪下来他头上戴的头饰——头饰是用闪亮羽毛制作的，太阳头上也戴着一顶完全相同的头饰——接着给月亮头顶扣上一个小头冠（头冠是用不甚明亮的白羽毛制作的），并把月亮这个卑鄙小人赶了出去。从那以后，两兄弟便分道扬镳，而且总是设法躲着对方。月亮就变为"黑夜里的太阳"，代表着引诱者和通奸行为。每到黑夜来临时，他表面露出正人君子的模样，私下里却跑到人间强奸睡熟的女人；就连女人做梦的时候，也会骚扰她们，向她们灌输淫荡的念头，唆使她们做出乱伦的举动，甚至鼓动她们和部落里的男人苟且。月亮还有一个"嗜好"，就是夜里常去墓地游荡，吞食亡者的尸体。

整个宇宙都是太阳创造出来的，他利用自身光芒的神奇能力，赋予宇宙生命，让宇宙变得更加稳定。他造出大地，给大地送来森林、河流、动物和植物。他在大地上造出平坦的平原，整个平原呈圆形，宽阔得一眼望不到边；土壤呈红色，这是鲜血和生命的色彩。大地之下还有一个世界，那个世界是绿色的，人死后的亡灵都会前往那里。在那个世界的东方有一片湖泊，地上世界所有河流的水都会流到那片湖泊里。从地下世界往上看，就会发现大地是透明的，颇像一个巨大的蜘蛛网，一丝丝蜘蛛网线多得数不清，每一丝网线都是人生指南，是规范人的行为举止的红线。接着，太阳又让地下世界喷出一条银河，让这条泡沫涌动、随风摇曳的银河由东向西流动。这是一道充满混乱和危险的"拱门"，但又是人与神灵世界沟通的渠道。图卡诺人的萨满将世界看作是一个巨大的人脑，银河将这"大脑"一分为二。银河是天神维克索的领地。维克索起初只是太阳神肚脐处的尘埃，他能让人产生幻觉——人有了幻觉之后，就能和诸神沟通联系了。银河还是疾病和邪恶的聚集地，是一个巫术横行的危险区域。

太阳接着又造出了人，并给每一个与图卡诺人沾亲的部落造出一个典范人物，随后再给他们派一个向导，让向导带领他们走出地下世界，一直护送他们到达目的地，也就是最终安家落户的地方。在动身之前，太阳送给每人一个小黑包——黑包是密封的，里面装着一件宝物——并要求他们务必精心看护好这件宝物。

他们登上一艘巨大的独木舟——其实是一条蛇，一条巨大的水蟒。那时候，地面的河流里还没有鱼，见蟒蛇游过来，地下世界所有的鱼都游过来，聚集在蟒蛇身边，鳌虾都紧紧地挂在蟒蛇的尾巴上。于是这支奇怪的队伍动身出发，开始了漫长的旅行。向导的任务是把人类护送到河水的源头，于是蟒蛇逆流而上，游了一天又一天。

那时候，还没有黑夜，只有白昼，每天都是太阳当空，人出发不久就感觉累了。人一累就变得很烦躁，其中一个人打开太阳送的黑包，顿时成千上万只黑蚂蚁从包里涌出来！黑蚂蚁多得数不清，把整个太阳都给遮挡住了，让世界顿时陷入黑暗。这就是人世间的第一个黑夜。向导送给每人一只萤火虫，好让他们有点亮光。但是黑蚂蚁越聚越多，把极微弱的光线也给遮挡住了。大家惊恐万分，开始祈求诸神前来出手搭救，把这些黑蚂蚁统统赶走，但徒劳无功。最后还是太阳神亲自出手相救，只见他用魔棒敲了敲小黑包，黑蚂蚁就都跑回黑包里了。仅有少数几只蚂蚁没有回去，留在地面上。从那以后，蚂蚁就在地面上安顿下来，还给自己搭建了蚁巢。队伍继续往前走，有一天，蟒蛇船被一座巨大的空心岩石挡住了，船上的人以为到达了目的地，便通过

图卡诺人的面具

船前面的洞跑了出去。向导想用脚把这个洞堵住，但还是太迟了，船上的人都跑进了森林。他从后面追上这些人，送给每个人一件物品，物品随地掉下来，每件物品就代表着各个部落后来所从事的活动：图卡诺部落得到的是狼牙棒，德萨纳部落拿到的是弓箭，库里帕克部落得到的是切木薯的锉刀。向导还送给每个人一件遮挡下身的皮衣，然后返回地下深处——最终把人类留在那里，让人去掌管自己的命运。

图卡诺人的世界

根据哥伦比亚亚马孙雨林里流传的创世传说绘制。

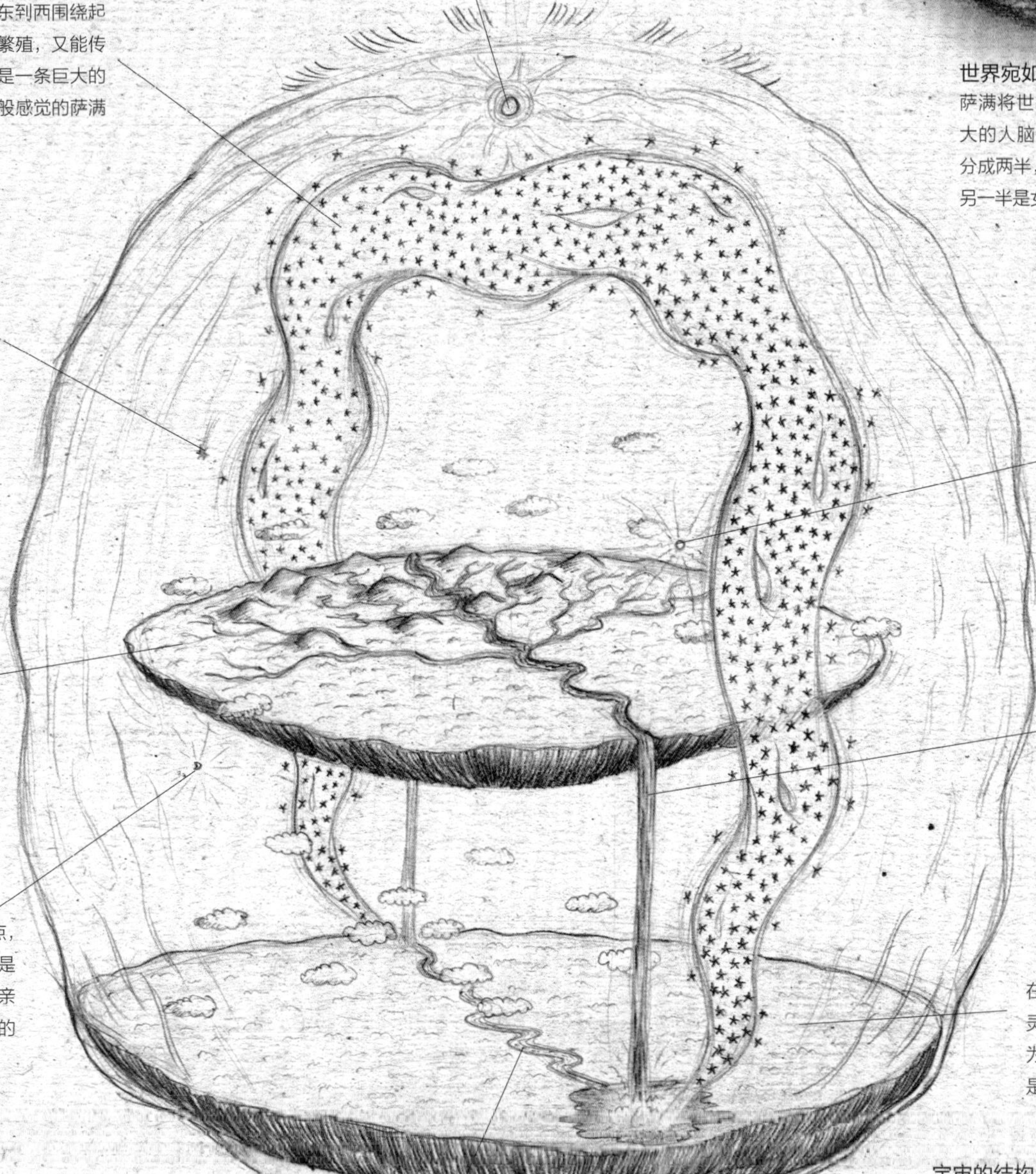

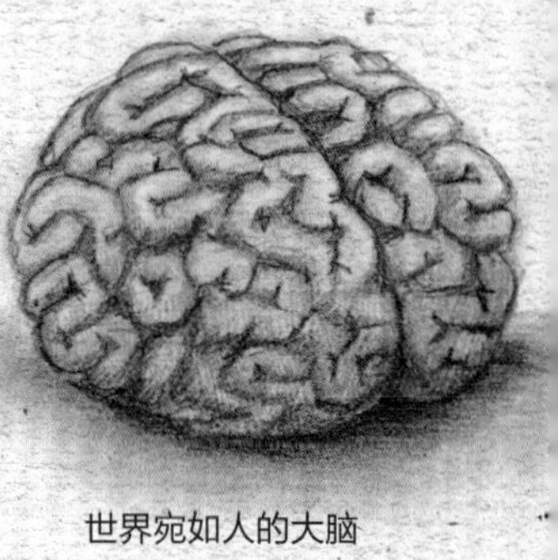

世界的造物主"太阳父亲"就住在天空里,那一层天空是隐形的,沉浸在一片黄光之中。宇宙宛如一个子宫,太阳总是不断地让宇宙孕育出新生命

世界宛如人的大脑
萨满将世界比作一个巨大的人脑。大脑被银河分成两半,一半是男性,另一半是女性

银河是一条由纤维和风构成的河流,将大地从东到西围绕起来。它既能促进繁殖,又能传播疾病。它就像是一条巨大的蟒蛇,喜欢梦幻般感觉的萨满最钟情这片区域

流星是两颗星星的爱情结晶

肉眼可见的太阳其实不过是"太阳父亲"散发出的物质

大地呈红色,仿佛是一个胎盘,抑或是一个蜘蛛网

亚马孙河朝"下层世界"的湖泊奔流而下,这条河流将两个大地连接在一起

月亮上带有污点,亮度也很弱,这是"太阳父亲"与亲生女儿乱伦留下的耻辱痕迹

在"下层世界"里有亡灵之家。那里的主色调为绿色,所有的一切都是颠倒的

宇宙的结构

"太阳父亲"的领地

第一层天空:银河

"我们这一层":人间

下层世界:冥界

大地
大地为扁平的环状,由水(河流)和土壤(森林)组成。西部地区为不祥之地

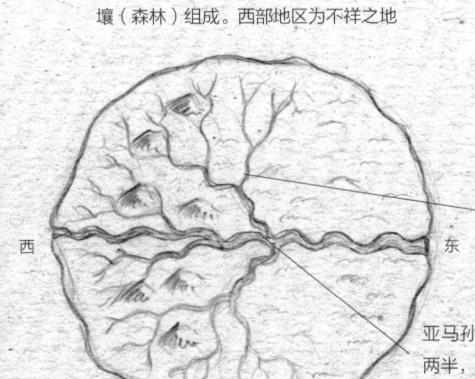

亚马孙河变成一条绿色的乳河,由东向西流动,涌入地上世界

西 东

图卡诺人认为,河流的尽头住着巨蟒

亚马孙河将大地分割成两半,河水由西向东流,流向大水之门

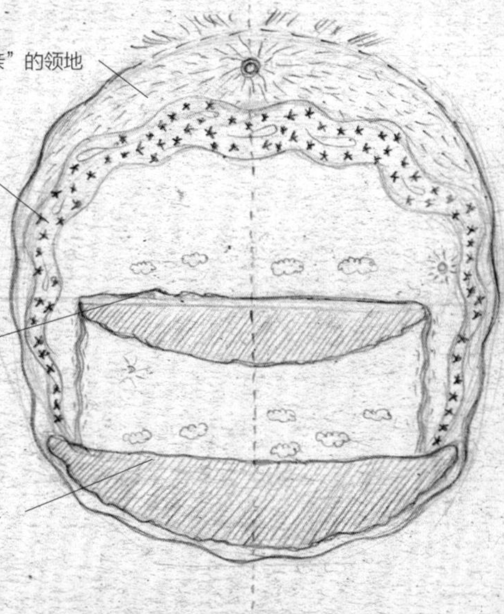

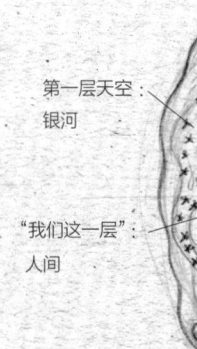

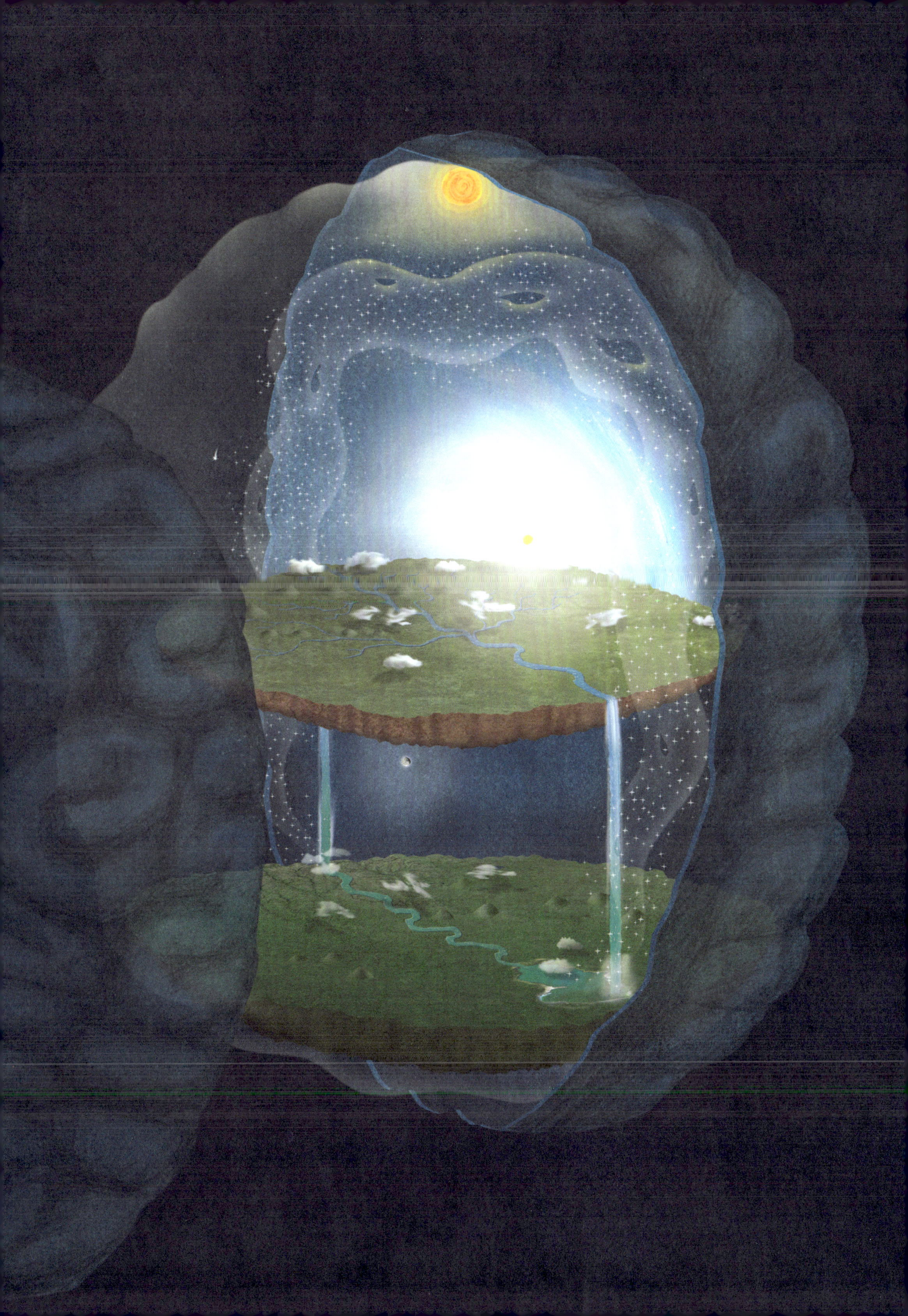

齐曼内人

滑稽造物主的奇特之旅

居住在玻利维亚的齐曼内人，他们眼中的世界仿佛封闭在一个葫芦里：西部有连绵不断的安第斯山脉阻挡，东部是局促的不规则空间，中部是森林和热带草原；马尼奇河从草原上缓缓流过，好似这一世界的脊柱……大地是由两兄弟创造出来的，他们一个名叫多吉蒂，另一个名叫米沙。他们合力朝天空抛去一块覆盖物，覆盖物慢慢膨胀，一直膨胀到符合兄弟俩的期待。但覆盖物很不稳定，总是摇来晃去，就像小船在波浪中荡漾似的，还上下翻倒了好几次，甚至以自身为轴旋转，以至于没人知道现在的西方是不是过去的东方……尽管如此，多吉蒂还是想办法让它稳定了下来。他朝高空放飞一只鸟，让鸟朝西飞，于是大地逐渐升高，并沿着大地边缘的曲线翘了起来，由此诞生出安第斯山脉。

原初之时，天空并不比大地好多少，它很低，总是掉落在大地上，把大地上的一切都压得粉碎。是一只名叫诺柯的小蜥蜴坚定勇敢地站出来，把天放回原来的位置，并一直托着天空。这只小蜥蜴是由一个独身老妇人养大的，起初它只是住在一个陶罐里，但身体却不断长大。每长大一点，老妇人就给它换一个更大的新陶罐。诺柯帮助老妇人捕鱼，他们有一套非常有用的钓鱼技巧：诺柯横卧在河里，把河水拦住，老妇人只需弯下腰就能在上游捞到鱼。随着小蜥蜴不断长大，他截住的河流越来越宽，老妇人在上游捞的鱼也越来越大。村里的居民开始对她突如其来的财富说长道短，老妇人便把捕鱼的秘密告诉了村里人。诺柯为村里人组织了一次捕鱼节活动，它自己横卧在马尼奇河上。那天晚上，它完成了自己的使命，便朝天空奔去。它首尾分别触及大地两侧，在空中伸展自己的身体，把苍穹举起来，不再让天空落到大地上——勇敢的蜥蜴将自己的身体化成一条拱形银河。其实那时候，它还没有完全长大，中途感觉有些疲乏，险些放弃。如果真是这样，那又会造成一场新的灾难吧……

造物主多吉蒂和米沙是很滑稽的一对兄弟。一天，他们去妹妹多芙丝家，在路上两人决定跟太阳兄弟开一个玩笑——待太阳走到天空的顶点时，他们打算邀请太阳兄弟一起聚一聚，然后用酒把他灌醉。喝醉了的太阳动弹不得，到时候整个大地就会被太阳烤焦，天底下的人也无法入睡，因为世间已经没有昼夜更替了。这个鬼主意让多吉蒂和米沙感到很开心，不过还是被多芙丝识破了。她一直很警觉，反而把兄弟俩给灌醉了。他们醉倒之后，就昏沉沉地睡死过去了，太阳便可以放心地走自己的路。

酒醒过来之后，他们发现没有见到太阳兄弟，不禁感到很伤心，竟然流下了眼泪。一串串泪水变成一根藤，一直垂到地面。他们决定顺着这根藤滑落到自己的领地。多吉蒂先滑下去，然后轮到米沙。突然，多吉蒂冒出一个念头——要让米沙摔在地上。可怜的米沙跌落在地，身体被摔成两半，身首异处。多吉蒂想把头接回米沙的身子，但却接错了地方，接到他屁股上了。从此，他的兄弟变成了一个怪物，胳膊也由此变成腿了。

后来，这对可怕的兄弟又想去探索广袤的世界。他们在路上遇到青蛙女子部落。青蛙女子们很客气地邀请两位兄弟来部落歇息。他们商量好，不滥用主人的好心，各自只找部落里的一位女子过夜。米沙恪守自己的承诺，但多吉蒂却趁着部落女人睡熟的时候，奸污了她们。青蛙女子们非常愤怒，把兄弟俩抓起来，先关进了一座窝棚里，然后再决定怎么处置他们。

米沙想尽快逃离这个地方，他趁多吉蒂熟睡的时候挖了一条很长的地道，一直挖到世界的尽头，挖到天地交界处的外侧。逃走之后，他刻意抹去逃跑的痕迹，并在世界的尽头建立起居所，打算在那里长期住下去。多吉蒂醒来之后，见兄弟没了踪影，不禁担心起来。他准备去找兄弟，但首先要想办法从这里逃出去。他假装死去，让浑身上下爬满蛆虫。见此场景，青蛙女子们恶心得要命，以为这是一具高度腐烂的尸体，便将尸体扔到河里，多吉蒂这才得以顺利逃脱。

他踏上征途，顺着马尼奇河往下游走。为了填饱肚子，他采用了一个很残忍的办法：只要在路上遇到人，就把他变成食物，将其宰杀之后，用火烤熟吃掉。一天，他发现有一群鸟朝他要去的方向飞，便向它们索要一些羽毛，然后用羽毛做成翅膀，和它们一起飞。飞鸟答应帮助他，但要求在飞行途中不能模仿雌鸟叫。多吉蒂肯定不想错过模仿雌鸟叫的机会，刚飞了一会儿，就开始学雌鸟叫，结果他身上的羽毛即刻掉光了。他从天空中掉下来，落在一棵很高的树上，以至于根本爬不下来。后来，他花言巧语骗了一只毛毛虫，毛毛虫答应帮他爬下去。刚一落到地面，他就想，要是把毛毛虫从树上扒拉下来，可能会很好玩。结果，倒霉的毛毛虫被摔得粉碎……

最后，他来到世界的尽头。那里恰好是天地的交会处，米沙就住在尽头的另一侧。多吉蒂琢磨着，该用什么好办法，才能穿过世界的尽头找到自己的兄弟呢。想来想去，能用的办法并不多：他首先要把紧紧咬合在一起的天地掰开，再用结实的柱子撑住，随后从这道裂缝钻过去。他尝试着拿各种植物制作结实的柱子，直到找到最结实的材料，便开始实施自己的计划。他从天地间的缝隙钻过去，来到世界尽头的另一侧，走到善良的

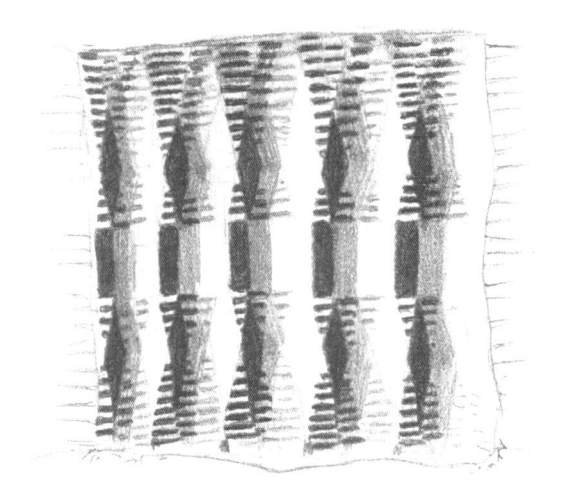

齐曼内人的装饰图案

米沙家里。米沙一手搂着一个妻子，膝下还有一个儿子，好像已经适应这里的新生活。米沙不计前嫌，很热情地接待了自己的兄弟。但就在返回大地的那一天，多吉蒂绑架了米沙的一个妻子，并把她带回大地……多吉蒂再次踏上征程，但这一次是朝相反的方向走，即朝西方走。当他来到安第斯山脚下时，他把妻子和旅途中生下的儿子变成了盐。多吉蒂为什么要这么做呢？恐怕只有他自己知道……他朝天空放出一只鸟，要飞鸟把目测的定位告诉他。他本以为自己来到了世界的中心，但观测定位的飞鸟让他猛然醒悟：是他自己搞错了，世界的中心在那一座座高山的顶上，那里是玻利维亚重镇拉巴斯的所在地。于是，多吉蒂便朝世界的中心走去，他好像至今还在那里……

齐曼内人的世界

根据玻利维亚流传的创世传说绘制。

世界宛如一个葫芦
世界像是一个葫芦或横放的瓶子，有底部，只有一个出入口

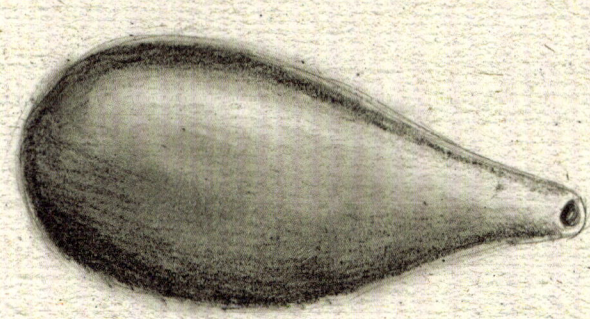

西部的安第斯山脉是世界的底

银河是蜥蜴诺柯的化身，是它支撑着天空，不让天空落下来

所有的星球都在这个体系之外

东部是世界的尽头，也是通往外部世界的出入口——天空和大地在此定时发生碰撞

大地
大地分成三个区域：西部是安第斯山脉，山脉东边是齐曼内人居住的森林和热带草原，再往东是世界的尽头……

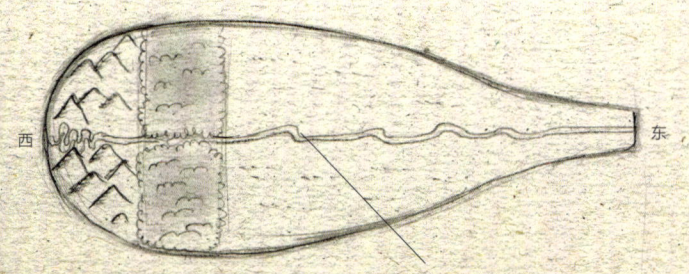

西 　东

在世界的中心流淌着马尼奇河，它的流向与太阳运行的方向相反

宇宙的结构

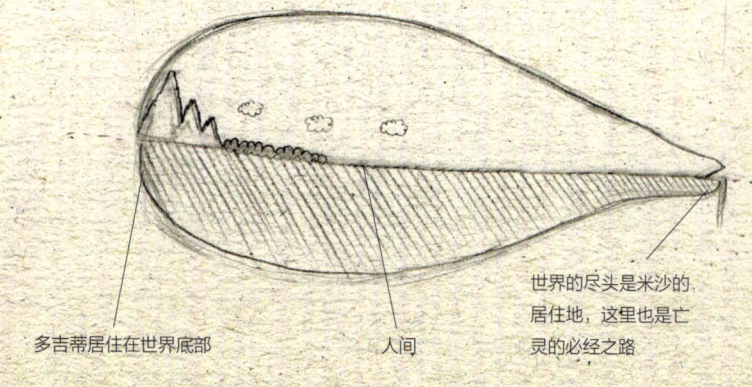

多吉蒂居住在世界底部

人间

世界的尽头是米沙的居住地，这里也是亡灵的必经之路

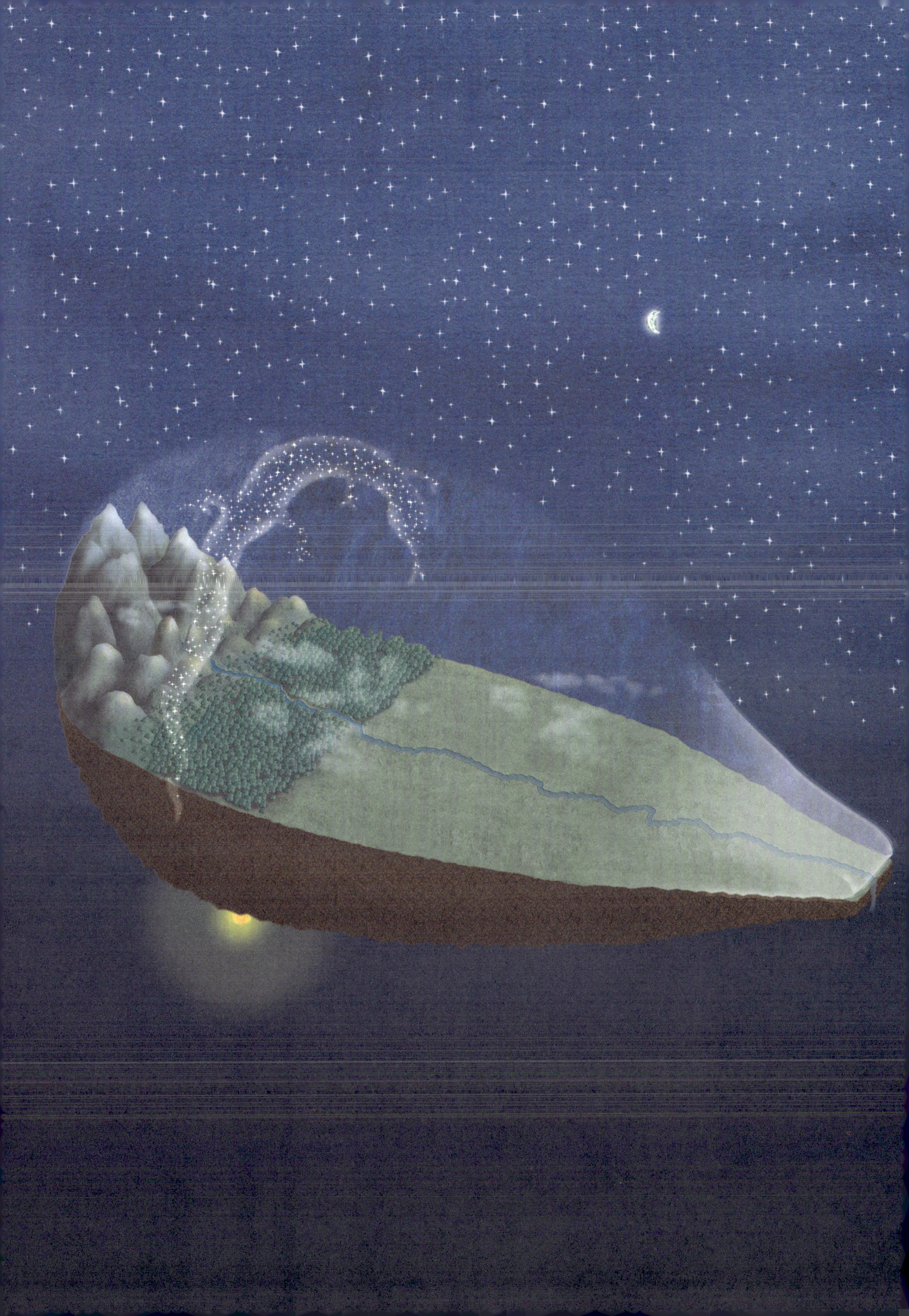

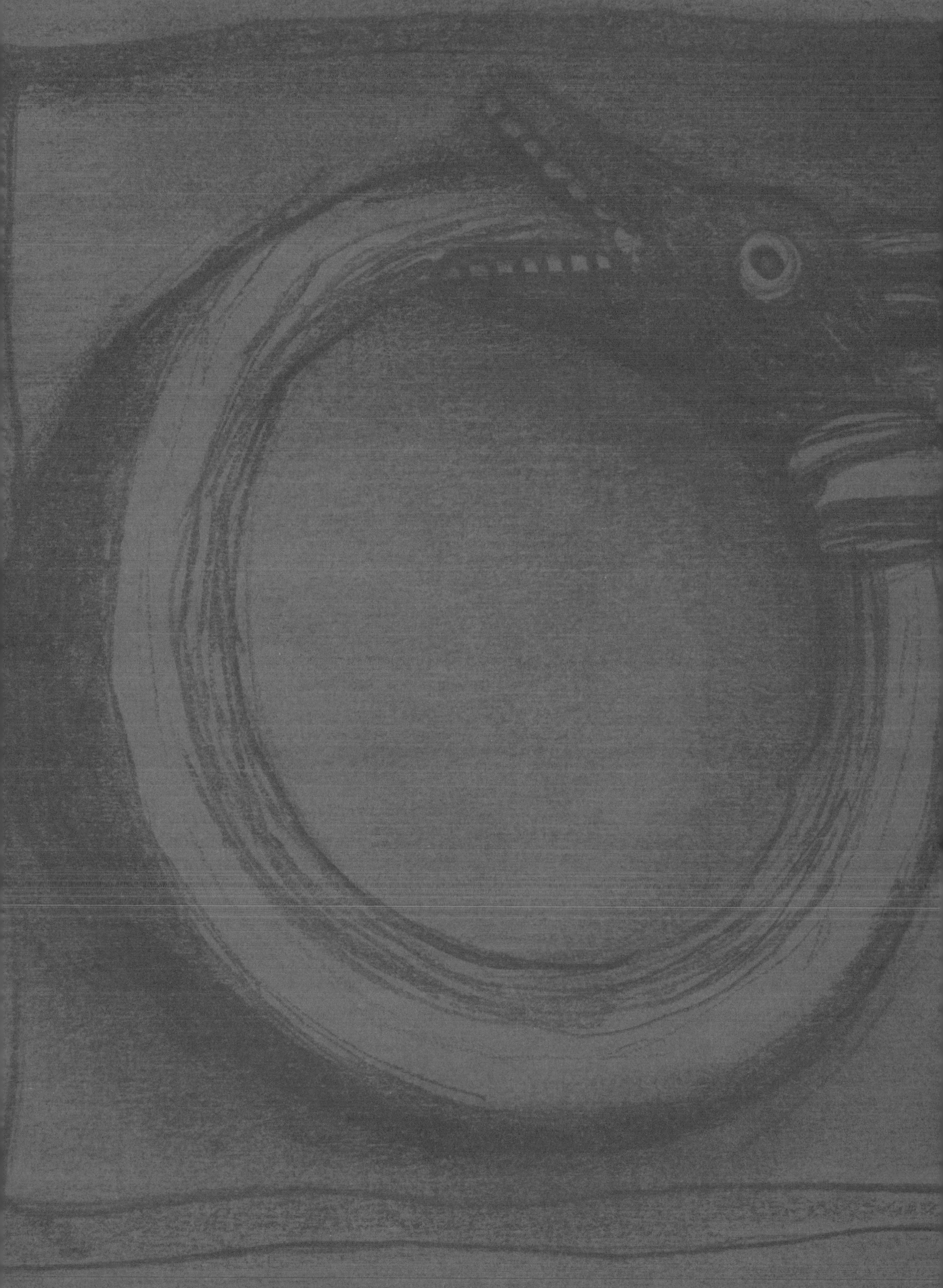

非 洲

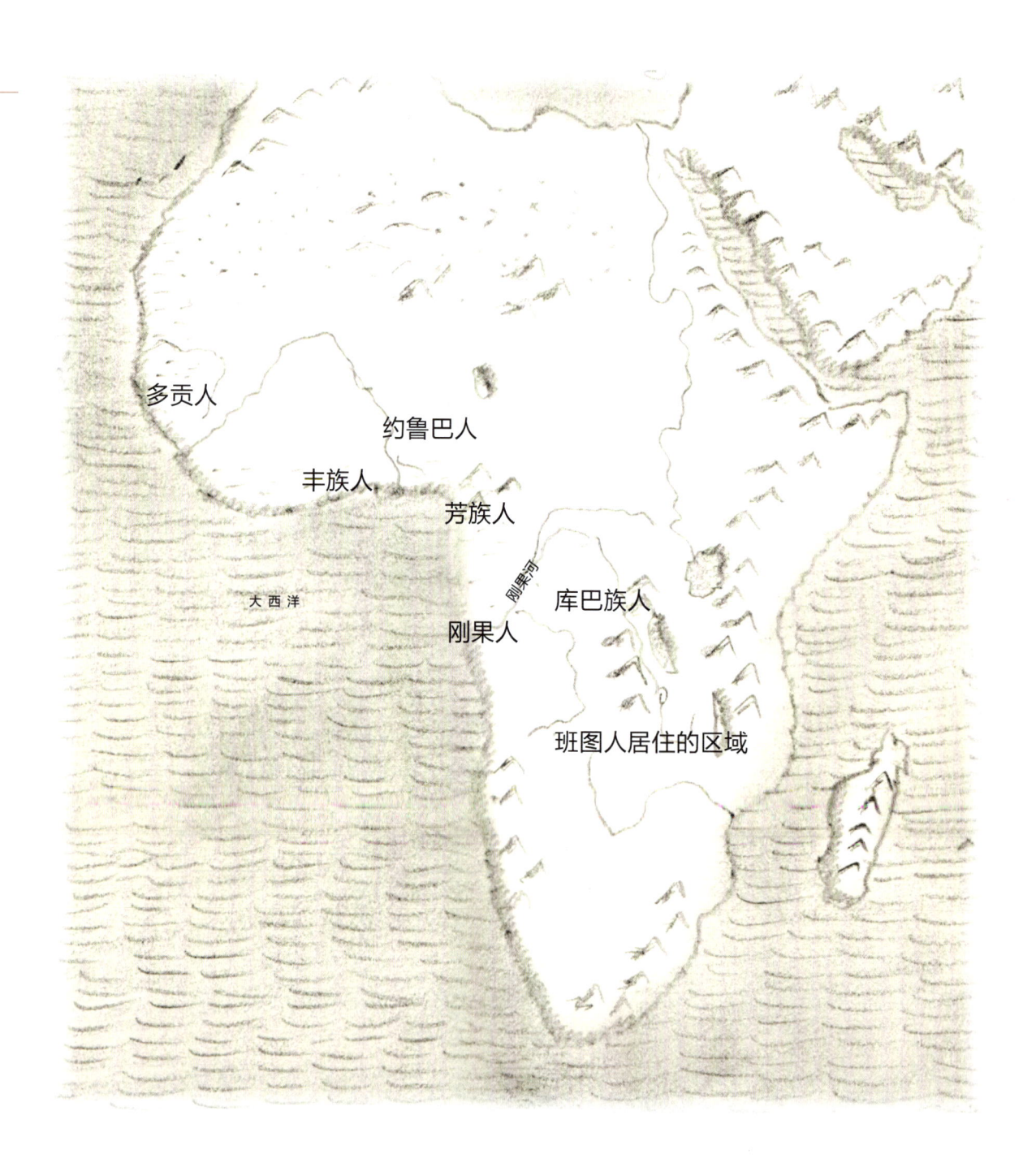

非　洲

多贡人

约鲁巴人

丰族人

芳族人

刚果河

大西洋

刚果人

库巴族人

班图人居住的区域

尼日尔河在马里境内拐了个大弯，河的西南部是陡峭的邦贾加拉悬崖，多贡人就生活在那里。多贡人关于宇宙起源的传说，听起来令人毛骨悚然——宇宙诞生的过程中，充斥着奸淫、乱伦、割礼和流血；一个个暴力的世界仿佛扁平的圆盘，被大蛇锁住，动弹不得。无论是造物主埃玛的举动，还是原罪煽动者奥格（奥格的化身是白狐，是混沌的产物）所犯下的罪恶，抑或是为恢复秩序所做出的必要牺牲，所有这一切都可以为多贡人的种种禁忌（包括乱伦、割礼等）做出解释。在很长的一段时间里，多贡人的神话让天文学家感到迷惑不解——他们的神话中精准地描绘出了天狼星的伴星，而这颗伴星在19世纪60年代才由天文学家发现。如果不用天文望远镜，根本就发现不了这颗伴星，可那时的多贡人手里没有任何天文观测仪器。

在多贡人的一个个世界里，大蛇起着承上启下的作用，而这条蛇也是约鲁巴人和丰族人世界的主要支撑。约鲁巴人和丰族人既是近邻，又是有血缘关系的亲属，他们信奉着共同的造物主，都认为世界建立在一条宇宙巨蛇的身上，世界的平衡也取决于这条巨蛇。丰族人和约鲁巴人信奉过伏都教，崇拜奥瑞莎诸神，伏都教后来经黑奴贩运船传入古巴、海地和巴西等地。约鲁巴人在尼日利亚创建了一个辉煌的城市文明，这一文明在18世纪时达到巅峰，包含若干个城郭。而早在16世纪，丰族人便离开约鲁巴人的居住地，迁徙到今贝宁一带。根据传统的说法，他们在那里创建了达荷美王国，首都在阿波美城。达荷美王国十分繁荣，也有野心，它把四周丰族人的小王国都纳入自己的势力范围，并和欧洲人积极展开贸易活动。达荷美王国后来专门从事黑奴贸易，为此与邻近的奥约帝国（由约鲁巴人创建）总是产生摩擦。19世纪末，达荷美最终落入法国手中。

班图人是非洲大陆最大的民族。公元前1000年，班图人聚居在喀麦隆和尼日利亚交界处的一片地域，随后他们从聚居地出发，分别向非洲大陆的东部、中部和南部迁徙。在漫长的迁徙过程中，他们逐渐分成许多部族，其中有加蓬的芳族、南非的祖鲁族，以及刚果民主共和国的库巴人、鲁巴人和刚果人。（15—16世纪，刚果地区出现了几个强大的王国，如刚果王国、鲁达王国、伦达王国。）班图人的神话也是多种多样，每一个部族都有自己的创世神话，但有些神话听起来并不那么诱人，比如按照库巴族的神话，他们是从姆博姆博神的呕吐物里诞生出来的。

多贡人

性与血的造物

多贡人认为，世界是万能的埃玛神创造出来的。埃玛神用泥土造出一个卵（其实就是子宫），将其分成两个完全相同的子房，子房后来就变成了胎盘。接着，埃玛又用土、水、气和火造出诺母。诺母是雌雄同体的神，总与六须鲶鱼结合在一起。造物主将诺母神做成四个化身，即主管天空和暴风雨的大诺母、使者诺母、水潭诺母和奥格。造物主把他们放入胎盘里，一个胎盘放一对。每个诺母神自身都有对应的女性化身。

奥格在胎盘里待不住，开始不顾一切地寻找自己的女性化身，好与她结合在一起。不过这个女性化身埃玛还没有做好呢。还没等到预产期，奥格就迫不及待地从卵里钻出来，他扯断脐带，把胎盘也连带着扯下一块来。他把这块胎盘当作滑梯，顺着滑梯一直滑到空荡荡的空间里，而这块胎盘随即变成大地，他就落到大地上。落地后，他一直在找自己的女性化身。其实此时埃玛刻意把他的另一半给藏起来了。奥格在胎盘里仔细寻找，以为把她随胎盘一起带到了大地上。在寻找的过程中，他进入大地，做出乱伦举动，犯下强奸之罪。据说由此诞生出叶邦族，他们是穴居族，个头不高，脑袋较大。奥格一无所获，便又回到胎盘里，希望能在那里找到自己的女性化身。但埃玛把他的女性化身变成一个火球，小心翼翼地把火球从原初子宫的西口放了出去。不甘心失败的奥格没有其他办法，顺手偷走了埃玛放在卵里的八颗种子，随后赶紧返回大地。造物主随即派蚂蚁、白蚁和蜘蛛去追他，要把种子夺回来。但闲不住的奥格已把其中的一粒种子——非洲红小米种到地里了，希望通过这一举动来启动创世的进程。从奥格种下种子的那刻起，非洲红小米就被看作是一种不纯洁的植物。埃玛对此感到很窘迫，要是让奥格继续肆意妄为，最初设想的美好的创世计划就会遭到破坏，而且他会把天地糟蹋得不像样子。可是，埃玛又不想再重新创造出一个新宇宙，于是决定清除、净化奥格所造出的世界。这就需要做出巨大的牺牲。他把奥格的孪生兄弟——水潭诺母从胎盘里摘除，并要求使者诺母开始实施礼仪。

埃玛破坏了水潭诺母的雌雄同体，将所谓的性别灵魂分割开，男女的差别也就明显地展现出来。祭司割掉他的脐带，分离出他的性别。流出的鲜血衍生出天狼星和金星。而奥格一直在外面东奔西跑，偷走献祭者的性别灵魂，将灵魂放入自己的包皮里。他还成功地回收了自己的精液，并带着这件宝物逃了出去。但祭司一直盯着他呢。说时迟，那时快，只见祭司如闪电一般，立刻张口咬住奥格的龟头，将其咬断，把藏在那里的性别灵魂都招纳回来。对奥格实施割礼流下的鲜血变成了火星。祭司拽下奥格的舌头，拔掉他的牙齿，舌头和牙齿也都变成了星星。奥格不但没法说话，而且连本身所具备的复活能力也被造物主给消除了。他只好返回地面，后来被埃玛变成白狐狸。

然而，献祭并没有结束，使者诺母砍掉献祭者的四肢和脖子。献祭者拖着身躯朝北爬去，用他的鲜血浇灌大地，身后留下的血迹形成银河，途中还造出其他新星，如木星和毕宿五。接着，使者诺母又把献祭者切成六十六块，均分成四份，分别置于四个方位基点上，用来净化空间；再把献祭者的各个器官收拢在一起，揉捏成人的模样，赋予他新的生命。献祭者由此变为水潭诺母神，他是各个水系及宇宙秩序的守护神。世界最终被清洗干净，太阳由此可以在这个世界里升起，宇宙露出自己最终的模样。埃玛又造出四对夫妇，他们就是多贡人的八位先祖。埃玛造了一艘方舟，将生活所需的各种动物、矿物和植物都放在方舟里，让四对夫妇搭乘方舟来到大地。为了丰富他们的生活，造物主还让他们学会了跳舞。

在牺牲过程中，有两粒种子从献祭者的锁骨里脱落出来，变成肉眼看不见的星星，一颗是非洲小米星，另一颗是高粱星。依照多贡人的说法，这两颗星星围绕天狼星运转。天文学家对多贡人神话中的这个说法感到很困惑——天狼星确实有一颗伴星，那是一颗白矮星，围绕天狼星运转。从各方面看，这颗伴星都非常像多贡人神话里的非洲小米星……但如果没有高精度的天文观测工具，根本就看不到这颗星星。多贡人手里当然没有这样的工具。那么，他们是怎么看见这颗星星的呢？民族学家们最终还是发现了其中的奥秘：原来在20世纪30年代，有几位传教士来到多贡人的聚居地，他们随身携带了几本天文学杂志，这份杂志在1931年至1938年间发表了几篇介绍天狼星伴星的文章……

多贡人的创世传说还有一个版本，也许与另一种祭礼有关。埃玛依然是这个宇宙的造物主。他把泥土做成小球状和香肠状，然后抛向天空；又做了十四个扁平的世界，即十四个太阳系，这些世界一层层地叠在一起，每个世界的四周围着一条首尾相衔的巨蛇。埃玛造出的大地神有着女人的模样，一座朝南洞开的蚁穴就是女人的性器官。蚁穴前恰好有一座白蚁巢——造物主本想和自己的造物行云雨之事，但这座白蚁巢却在那儿碍他的好事。一怒之下，埃玛踏平了白蚁巢，也戳入了大地。大地神诞生出她的第一孩子：豺。埃玛再行云雨，生出一对双胞胎，是绿色的人身蛇尾两兄弟，他们就是诺母神。兄弟俩见母亲裸着身体，便给母亲做了一条裙子，让她穿在身上。但这个天然屏障还是太脆弱，无法阻止豺去奸淫大地神，去玷污纯洁的大地。尚未完成使命的埃玛只好亲自动手去造人。他用潮湿的泥土捏出一个子宫，从天空朝子宫里投放了两个土球，其中一个土球呈男人性器官的模样。两个土球在子宫里结合，诞生出一男一女。这对男女又生出四男四女，这八个人就是多贡人的先祖。他们当中的第七个人创造了语言和纺织技艺，纺织术后来由蚂蚁传给人类……

八位先祖登上天空，去找诺母，但诺母不允许他们相互走动。埃玛把非洲小米的种子交给第一位先祖，同时明令禁止他们食用非洲小米。但遗憾的是，几位先祖很快就把食物吃光了，违背了天意。天神罚他们重新返回大地。先祖的首领做了一艘巨大的方舟，将世界上所有活着的野兽、家畜、植物等都放入方舟。首领还把打铁的全部工具，比如风箱、铁砧、铁锤等都放到方舟里，而且从太阳那里偷来了火种。后来，首领顺着彩虹，驾驶着方舟回到地面。但落地时摔得有点狠，因为那时他的四肢还很脆弱，结果胳膊腿都摔折了。从那以后，后代人的胳膊和腿在摔折的部位长出了关节。后来首领开始动手为自己的伙伴耕田，教他们锻造技艺和农耕技术。此后，天上的其他先祖也都陆陆续续地返回地面，在大地上安顿下来。

多贡人的八位先祖

多贡人的世界

根据马里邦贾加拉悬崖一带流传的创世传说绘制。

世界之卵
造物主埃玛创造了十四个世界,这十四个世界都容纳在一颗巨卵里

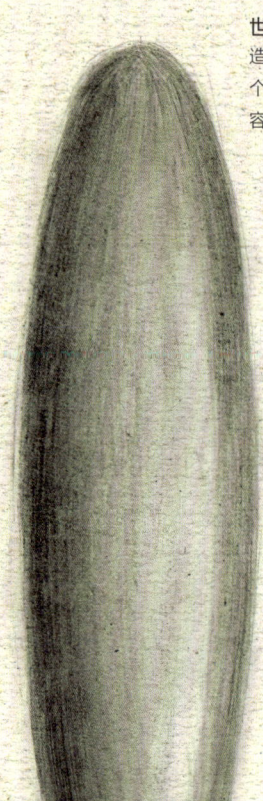

造物主埃玛的主要居所

每一个世界都围绕着一根巨大的铁柱旋转

诺母神借助彩虹,把水源带给人类。彩虹也是将各个世界连接在一起的桥梁

在每一个世界里,都有一个太阳和月亮,他们轮番登场,形成白昼与黑夜。与转动的世界所不同的是,所有的星星都固定在天空上

上层的七个世界里住着头上长犄角的神,这些神很像伊斯兰世界里的灵怪

如果首尾相衔的巨蛇松开嘴巴,人类世界就会崩溃

大地

宇宙的结构

顶端

在造物主所创造的世界外部,空间尚未定型

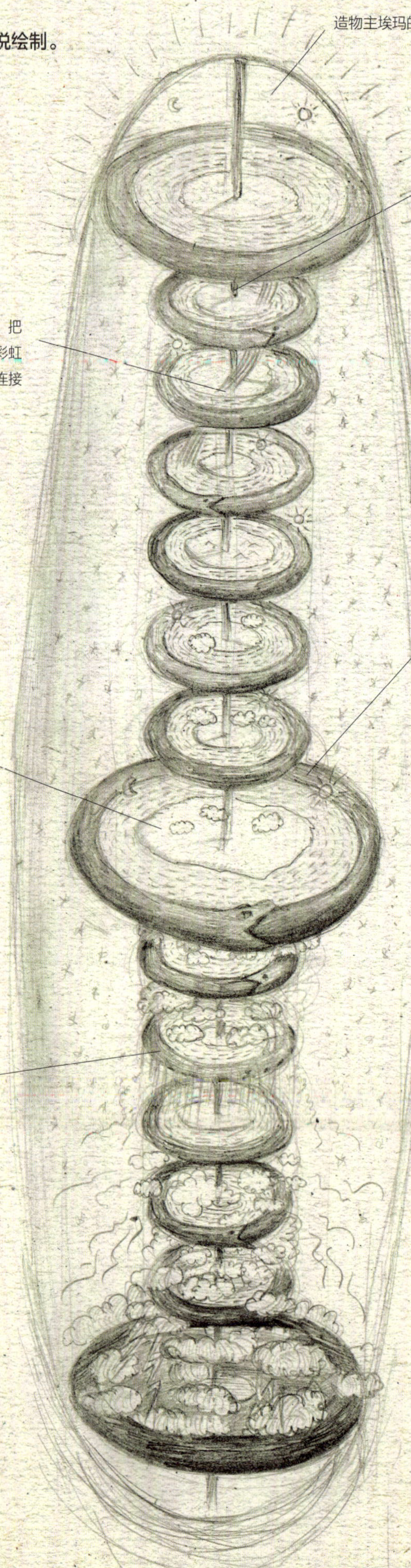

在大地的下方,有六个下层世界,那里住着长有尾巴的精灵

上层世界:光明、静谧

上一层世界的水波涛翻滚,向外涌出后,落到下一层形成雨水

人间

大地
第七层世界就是大地本身,它自转一圈需要一整天

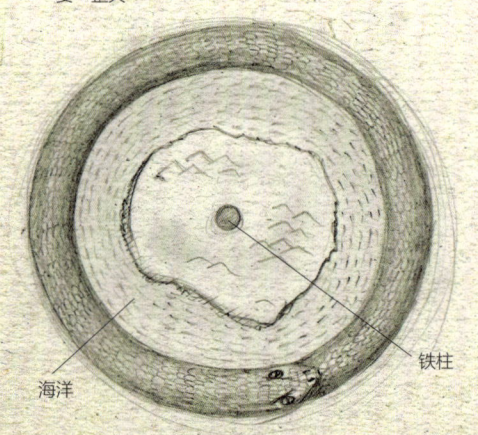

下层世界:混沌、原始

海洋　　　　铁柱

底端

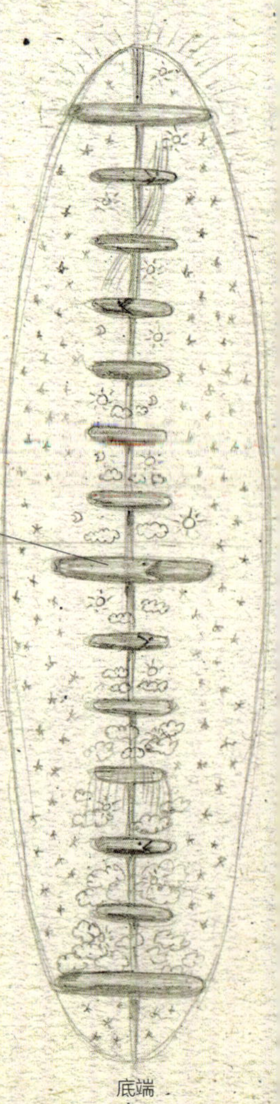

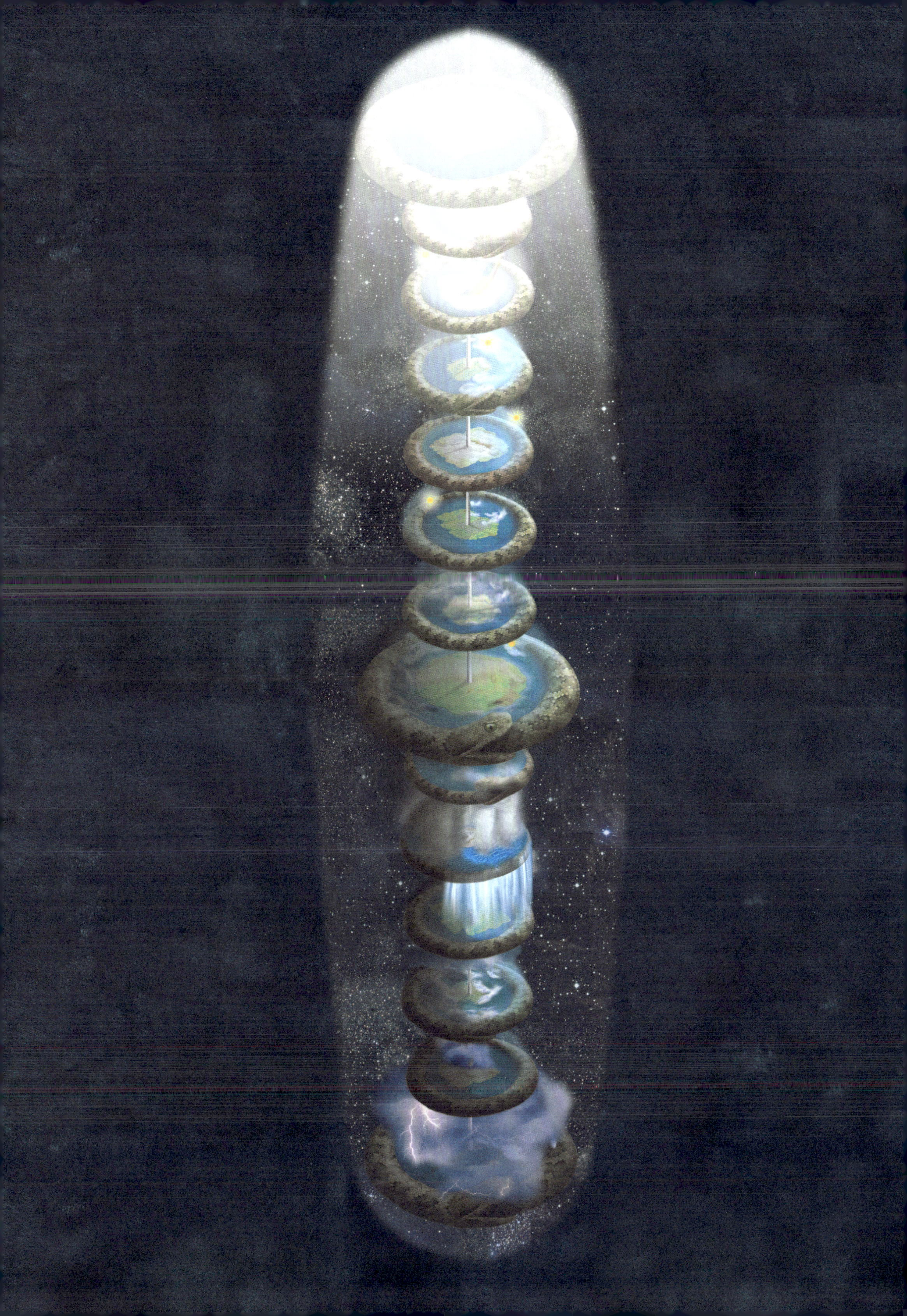

丰族人

巨蛇支撑的世界

马伍是丰族人的主神，他召唤来巨蛇艾多-韦多，要巨蛇帮助他去创造世界。马伍创世时，巨蛇就用嘴叼着这个世界（正因如此，大地表面才呈现出凹凸不平的样子）。造物主把世界制成一个南瓜状的大容器，把所有的造物都放进去，比如高山、河流、动物、植物等。创世完成之后，造物主才意识到这些东西太重了，便要求巨蛇盘成一团，在大地底下托着。艾多-韦多对这个提议并不上心，因为地下面太热了。听闻巨蛇的抱怨，马伍便把大地浸入海水里，好给巨蛇带来丝丝凉意。虽然心里有一股怨气，但巨蛇最终还是浸到水底托起大地。粗糙的大地有时让它感觉浑身刺痒，它就扭来扭去，动动身子来止痒，于是产生了地震。生活在海水里的小红猴会捞一些铁棒，来给巨蛇喂食，要是哪天没有吃的，艾多-韦多就只好吃自己的尾巴来填饱肚子。这样一来，大地就失去平衡，落入海水里。宇宙巨蛇还有一个孪生兄弟，即彩虹巨蛇，它生活在天空里。正是彩虹巨蛇向大地释放闪电、霹雳，它甩甩尾巴就发出巨大的雷声。

人也是主神马伍造出来的，他用泥土捏出一对原初夫妇：埃丹胡和耶姓。丰族人当中流传着一个传说：在原初时代，马伍就和人住在一起。他和妻子丽萨生了十四个孩子，也就是十四个神。其中有一个神名叫雷格巴，他总喜欢弄出点滑稽可笑的东西，但又不招人讨厌。有一天，他去见马伍，告诉主神，村里人打算去偷山药。主神很喜欢吃山药，对自己种在地里的山药格外上心。闻听此言，主神十分生气，于是告诫自己的造物，谁也不许动他最喜欢吃的蔬菜，否则就让他后悔一辈子。村民们都吓坏了，发誓绝没做过让主神不满意的事情。马伍得到村民的承诺，也就放心了，便回到家里，准备美美地睡上一觉。趁主神睡熟的时候，雷格巴悄悄地溜进主神的屋子，偷走了他的鞋子。他走到田里，穿上主神的鞋子，刻意在疏松的土地上留下主神的脚印，顺便把山药挖出来，美滋滋地吃了一顿。第二天早晨，见自己最心爱的山药地被糟蹋得不像样子，主神非常恼火，便把村民们都召集起来。村民们高喊冤枉，但主神无论如何也不相信，要把他们统统杀死，以示惩罚。这时有一位村民提议，看看地上的脚印究竟是谁留下的，这样不就能断定谁是盗贼了吗。所有人（包括雷格巴）都把脚放到脚印处比对，但没有一个人的脚能与脚印吻合。这时，雷格巴暗示也许是主神本人留下的脚印，因为主神此前曾从田里走过。主神一下子被激怒了，反驳说他不可能到田里去偷自己的东西，况且他还没有老到梦游的地步。但雷格巴还是恳请主神比对一下。主神只好答应试一试，没想到地上的脚印和他的鞋印完全一样。主神窘得无地自容，情愿从此离开人类，跑到天上去住，再也不返回人间。从那以后，雷格巴就在主神王国与人类王国之间往来穿梭，给双方传递信息。

在约鲁巴人的传说里，雷格巴被称作埃舒；彩虹巨蛇名叫奥舒马雷，是活力、运动、财富的化身。它支撑着大地，不让大地松散掉。彩虹巨蛇是约鲁巴远古时期的国王尚戈的奴仆，它的任务就是把汲取自地面的水送到天上去。

很久以前，那时候还没有人，世界只是一片天空和一池广袤无垠的海水。一天，约鲁巴人至高无上的神奥洛伦召见奥巴塔拉神，命他去造一片结实的土地，让人居住在那片土地上。奥巴塔拉准备了一个袋子，袋子里放了一点沙子、一些钢条和一只母鸡。他沿着一条挂在苍穹上的链条走下来，下到水面上时，他把钢条投到水里，再撒上一些沙子，一片平地便从原初海底浮出了水面。他放出母鸡，母鸡把沙子撒到这片土地的各个角落。接着，他又把生性谨慎的变色龙放到地上，看这片土地是不是变得很结实；又把约鲁巴人的奥瑞莎诸神喊来，到这片新土地上生活。

这个创世说还有一个版本，说创造大地的并不是奥巴塔拉，而是约鲁巴人的先祖奥度度瓦。奥巴塔拉喜欢喝酒，常常喝得醉醺醺的。就在奥洛伦命他去造大地的那一天，其实他就喝醉了，还没动手创造土地就睡着了。至高无上的神等了半天，却不见任何动静，于是派奥度度瓦到下面看看究竟发生了什么事情。奥度度瓦发现奥巴塔拉喝得酩酊大醉，就把创造大地的袋子背走了，替奥巴塔拉完成了创造大地的使命。待酒醒之后，奥巴塔拉感觉羞愧不已，但奥洛伦还是很大度，让他用泥土来造人，以将功补过。他端尽全力地造人，尽量不喝酒，但有时还是禁不住美酒的诱惑，而他酒后造出的人确实很糟糕：人不成形、肢体残缺、奇形怪状、火候不够（也就是说肤色太白了）……

另一个传说称，是奥兰米央最终完成了造人的使命。奥兰米央的父亲是战神兼铁匠保护神奥岗和奥度度瓦。这两个神在同一天与同一位女子发生了关系，奥度度瓦肤色很白，而奥岗肤色很黑，于是这位女子生出一个半白半黑的孩子。

那时候大地还仅仅是一片广袤的水域。一天，至高无上的神奥洛伦把王子们都派到大地上去。奥兰米央是奥洛伦派去的第七位王子，也是王子当中年龄最小的。奥洛伦给每位王子一个背包，里面放了一个葫芦、部分食物、一个睡袋和衣服，同时还交给他们一只母鸡、二十根钢条、还有一种用黑布包起来的神奇宝物。面对脚下一片广袤的水域，七位王子不知道该在哪里落脚。于是至高无上的神让水域里长出一棵巨大的椰子树，让王子们在椰子树上落下脚来。依照至高无上神的安排，他们都是神之子，身份没有高低之分，每个神与其他神都是平等的，但每个神都想去指挥其他的神。局面变得难以控制，最后他们一致同意：大家从此各行其是。六位王子大哥把七小弟的背包给没收了，把背包里的衣服和食物也都瓜分了，然后就各自跑到椰子树上去了。

巨蛇艾多-韦多

倒霉的奥兰米央手里仅剩下二十根钢条、一只母鸡和那个奇怪的黑布包。他赶紧打开黑布包，发现里面包着一种奇怪的东西，是以前从来没有见过的。他把黑布包翻过来，包里的东西散落到水面上，东西既不下沉，也不融化，而是在水面上形成一个小土堆。母鸡跳到土堆上，开始在土里啄食、扒拉土堆，把土扬得到处都是，海面很快就被蒙上一层结实的硬土，硬土不久就变成了陆地。奥兰米央高兴极了，赶紧把钢条都收到背包里，把这块陆地掌控在自己手里，将这里变成他的新王国。见此情景，六个哥哥纷纷从椰子树上跳下来，想再次掠夺弟弟的财产。但这一次，奥兰米央发起火来，一根根钢条变成可怕的武器，变成一把把长矛、大砍刀，还有削尖的飞箭。几位哥哥想置他于死地，只见他顺手抓起一支锋利的长矛，朝哥哥们刺去。哥哥们哪个也不想做刀下鬼，纷纷跪倒在他脚下，请求宽恕。奥兰米央饶他们一命，并答应分给他们一小块地，但要他们每年缴纳租子和贡品，他们的子民以后也要向他称臣。奥兰米央后来成为约鲁巴人的第一任国王。

丰族人的世界

根据贝宁流传的创世传说绘制。

月神和太阳神生了好多孩子，满天繁星都是他们的后代……他们决定甩掉一些孩子，便把孩子封入大袋子，扔进大海里。太阳神的孩子在海里变成各种鱼，而月神的孩子则变成海星。不过月神还把自己的部分后代撒在天空上

球形世界宛如一个南瓜
和约鲁巴人一样，丰族人也把世界看作是一个大南瓜。大南瓜分成两部分，上半部分是天空，下半部分是海洋

星星都是太阳和月亮的孩子

天空是拱形的实体

彩虹巨蛇

人类的命运和海洋深处的一棵树密切相关，因为造物主和恶神达成一个协议：只有把大树砍倒，恶神才可以吃人……每天，当恶神就要把大树砍倒时，便累得一点力气也没有，只好停下来歇息一下，大树却借着这个机会重新长出来

大地上有一座座山峰，显得特别沉重，为了能让大地稳定下来，造物主请巨蛇艾多-韦多来支撑大地。巨蛇感觉身上瘙痒时，就动动身子，于是引发地震

造物主造出海洋，以便给巨蛇艾多-韦多带来凉意

巨蛇艾多-韦多将蛇身盘绕成三千五百圈，一动不动地待在海洋里，有小红猴给它喂食铁棒

大地
大地呈圆形，就像南瓜一样

陆地

海洋

宇宙的结构

顶端

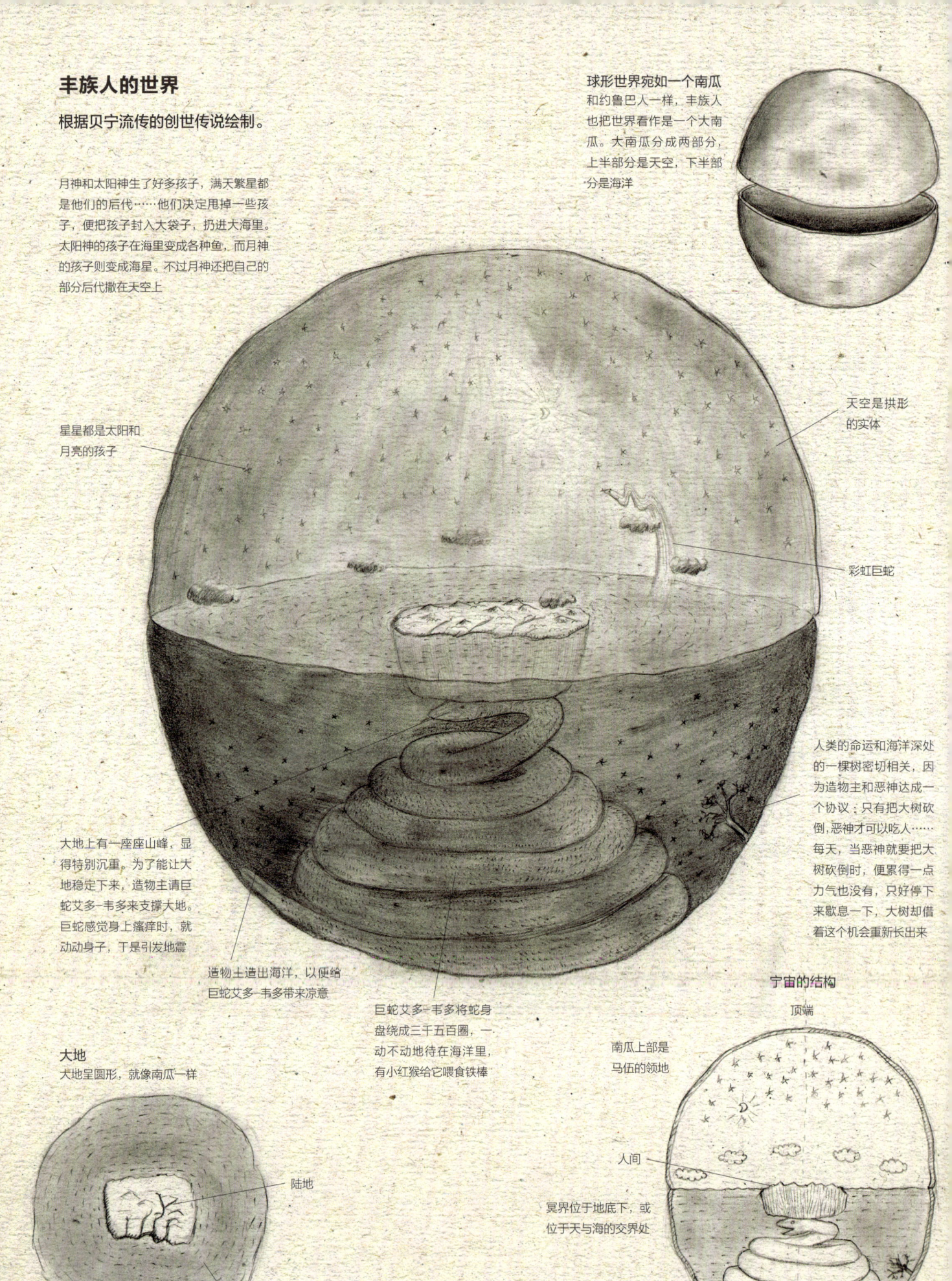

南瓜上部是马伍的领地

人间

冥界位于地底下，或位于天与海的交界处

南瓜下部是马伍妻子丽萨的领地

底端

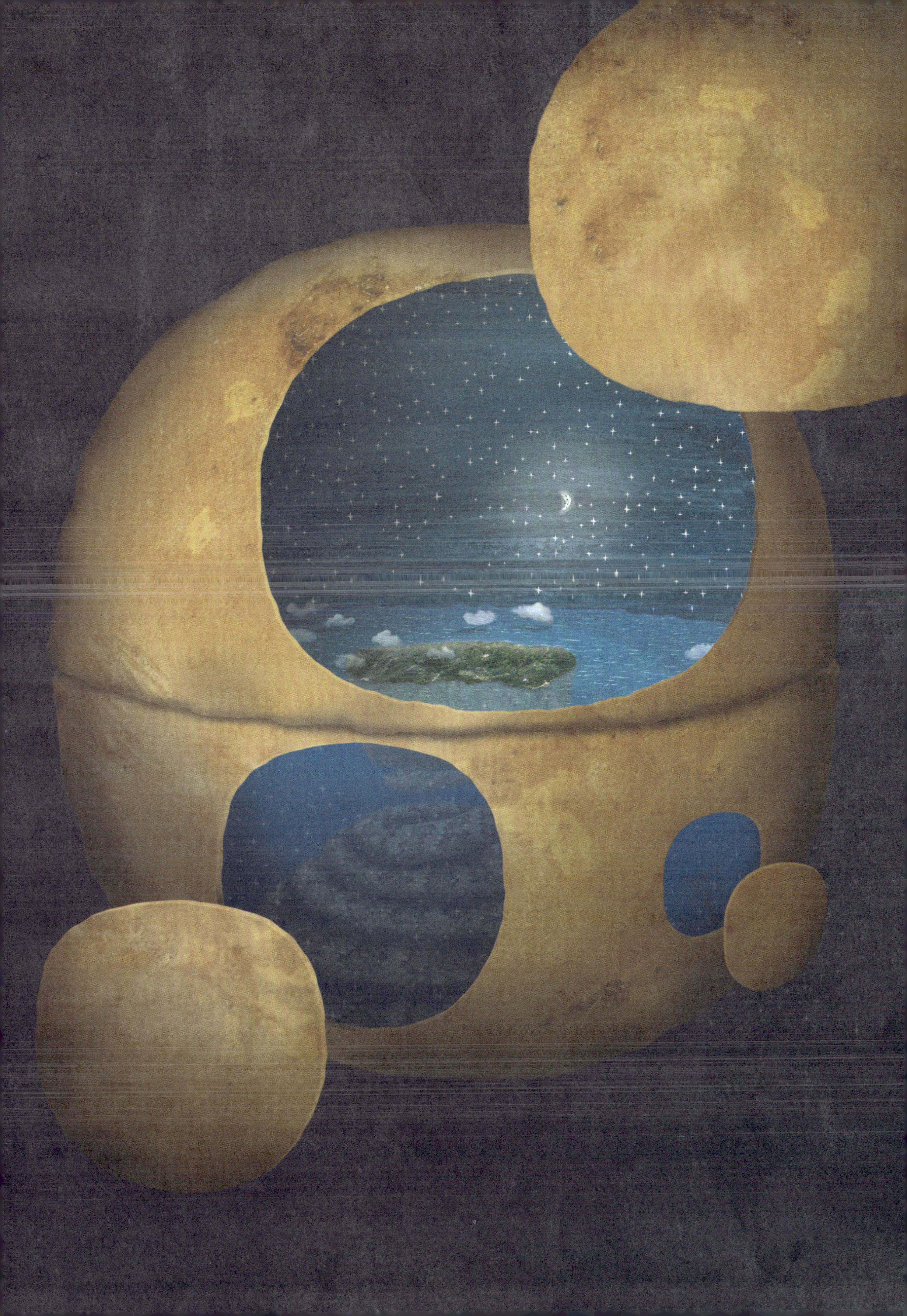

班图人

创世领袖

在刚果人中一直流传着一个传说：很久以前，世间曾出现过一个部族，他们是恩佐多人，是世界上第一个部族。但其实他们只是半人，每个人只有一条胳膊、一条腿和一只眼睛。在一段时间里，他们经常在地面上出没，后来他们选择在地下生活，在刚果河（或称扎伊尔河）底下生活。这时，英雄吉旺达出现了，他长相丑陋，顶着一个大脑袋，手上长着二十四根手指。诸神见他长得这么丑，就把他抛弃了。他有一个孪生妹妹，嫁给了食人的恩佐多人。他决定不惜一切代价，找到自己的孪生妹妹，于是带上八个伙伴，动身前往地下王国。他穿过白黏土层，即上部世界与下部世界之间的隔层，撞开分隔生死的大门，闯入恩佐多人的村庄。他给恩佐多人下了迷幻药，让他们昏沉沉地睡过去，再趁机找到妹妹，逃出村子。在路上，他把村庄里的面具都给偷走了。面具是恩佐多人从大地之神穆本扎那里借来的，戴上这些面具，恩佐多人就能混到人群当中。恩佐多人很快就醒过来了，朝吉旺达追过来，但吉旺达敏捷地躲过了追捕者投过来的标枪。他从水底下浮出水面，安全地来到地面上，并在那里为人类创建了第一个适合居住的村庄。刚果地区有两个主要神祇，一个是大地之神穆本扎，另一个是彩虹蛇及河流之神穆邦巴，据说彩虹蛇能阻止天空下雨。那里还流传着一个传说：人是用穆邦巴神的身躯造出来的，它的身躯被劈成了两半。那时候，人类处在一个辉煌的时代，但随着恩佐多人的到来，这个时代戛然而止，因为恩佐多人故意在刚果河源头制造大洪水。洪水泛滥时，很多人都被洪水卷走了，活下来的人也被冲散到各地，他们的生活条件骤然糟糕到了极点。

在刚果人的想象当中，天空是四方形的，四个边缘由四根铁柱子支撑，那里是普鲁·穆邦奇的领地，他是飓风和洪水之神，也是霹雳神。他一点也不喜欢彩虹蛇穆邦巴神，因为穆邦巴神总是设法让雨停下。他和彩虹蛇展开了一场殊死搏斗，遗憾的是彩虹蛇最终被砍掉了脑袋。

作为刚果人的近邻，库巴族也有自己的创世传说。那时候，世界只是一片一望无际的水域，一动不动地包裹在黑暗之中。在这片黑暗的海洋里生活着姆博姆博神和恩贤格女神，女神把自己的大本营设在水域的东部。一天，姆博姆博突然感觉特别恶心，自己的胃如翻江倒海一般，随后吐出了太阳、月亮和繁星。太阳即刻向那片广袤无垠的水域放射出灿烂的光芒，部分水面开始蒸发，在空中形成浮云。水面逐渐降低，露出干涸的土丘。姆博姆博后来又感觉特别恶心，随后吐出了豹子、猴子、飞鹰、流星、铁砧、药物、闪电、第一个女人和第一个男人……

就在姆博姆博把胃里所有的造物都吐出来的时候，女神恩贤格也感觉肚子痛，随后生下一个男孩和一个女孩，男孩名叫沃托，女孩名叫拉芭玛。沃托和妹妹结合在一起，他把自己的孩子染成黑色，教他们学习一种新语言，带领他们朝大陆西部迁徙，在那里成为库巴族的第一任国王。自从第一代神创世以来，部族的风气也渐渐发生了变化，由于沃托娶自己的妹妹为妻，族人开始对他另眼相看。在局势尚未恶化之前，他要离开这个地方，到另一处去建立自己的部族——巴鲁巴。他教孩子们学习一种新语言，并在他们的舌头上划一道小口。他们最后在一片荒凉的地方落下脚来。沃托拿起牛角号，用力吹起来，荒凉之地便冒出一片茂密的森林。猴子把森林当作自己的栖息地。有一天，一个坏人看见猴子，就把它杀死了。豹子非常愤怒，就把这个坏人咬死了。从那以后，人和动物就展开了持久的搏斗……

加蓬芳族人的创世传说里有三位神：一位是恩扎姆，一位是梅柏尔，另一位是恩科瓦。恩扎姆是无所不能的神，他造出万物，并赋予万物生命。接着，他把另两位神请过来欣赏他的造物，并征求他们的意见。另两位神表露出一副怀疑的样子，认为这个世界上还缺少一点东西。恩扎姆让他们赶紧说究竟缺什么。仔细想想之后，梅柏尔和恩科瓦最后指出来感觉别扭的地方：这地面上缺少一个首领。恩扎姆看了看身边的造物，对每个造物做了一番评价，由此来确定哪个造物有当首领的才能。大象、豹子和猴子都有能力，但他还是觉得它们承担不起首领的重任，于是任命它们为副首领。大地依然缺少首领，三个神便一起动手造起来。他们依照自己的模样造出了一个新生命，还给他起了一个名字，叫范姆，即权力的意思。恩扎姆赋予他力量，梅柏尔给予他权威，而恩科瓦则给他一副漂亮的外表。他们把世界的钥匙交给范姆，随后便返回自己在苍穹之上的住所。

起初，一切都进行得很顺利，几个动物副首领——大象、豹子和猴子都恭顺地认可范姆的权威。再往后，局势便恶化起来：因三位神赋予了他特殊的能力，范姆便忘乎所以，傲慢得不得了，变得狂妄自大，对其他造物摆出盛气凌人的架势。他虐待动物，不再向恩扎姆神祈祷，尽管恩扎姆神为他做了那么多事情。恩扎姆后来

保护神恩基西（刚果民主共和国）

怀疑出了什么事，便亲自下到人间，找范姆算账。可范姆却说，人间的事用不着恩扎姆来操心。听了这话，恩扎姆极为恼火，一怒之下，把所有的造物都给摧毁了，但却伤不着范姆的半根毫毛。原来，在造首领的时候，三位神还赋予他长生不死的能力，恩扎姆不能因此而反悔呀……

梅柏尔和恩科瓦又出手相助，三位神给早先的大地覆盖上厚厚的一层腐殖土。只要往地下挖一个深洞，就能看到早先那个世界，而那个世界已变为煤炭和其他的矿藏……他们在大地中央种上一棵大树，所有的生物都从大树的叶子、树根、树皮里冒出来，雨滴也从大树上滚落下来……恩扎姆又造了一个首领，但这一次吸取教训，不再让他长生不死，他就是芳族人的先祖——瑟库姆。先祖用这棵神树的枝叶给自己造了一个女伴。后来夫妇二人生了很多孩子，家族也兴旺起来。不过，范姆有时还会从地底下钻出来，到地面上吓唬小孩子。要是没有范姆捣乱，他们的日子会过得很幸福……

班图人的世界

根据刚果民主共和国马约比地区流传的创世传说绘制。

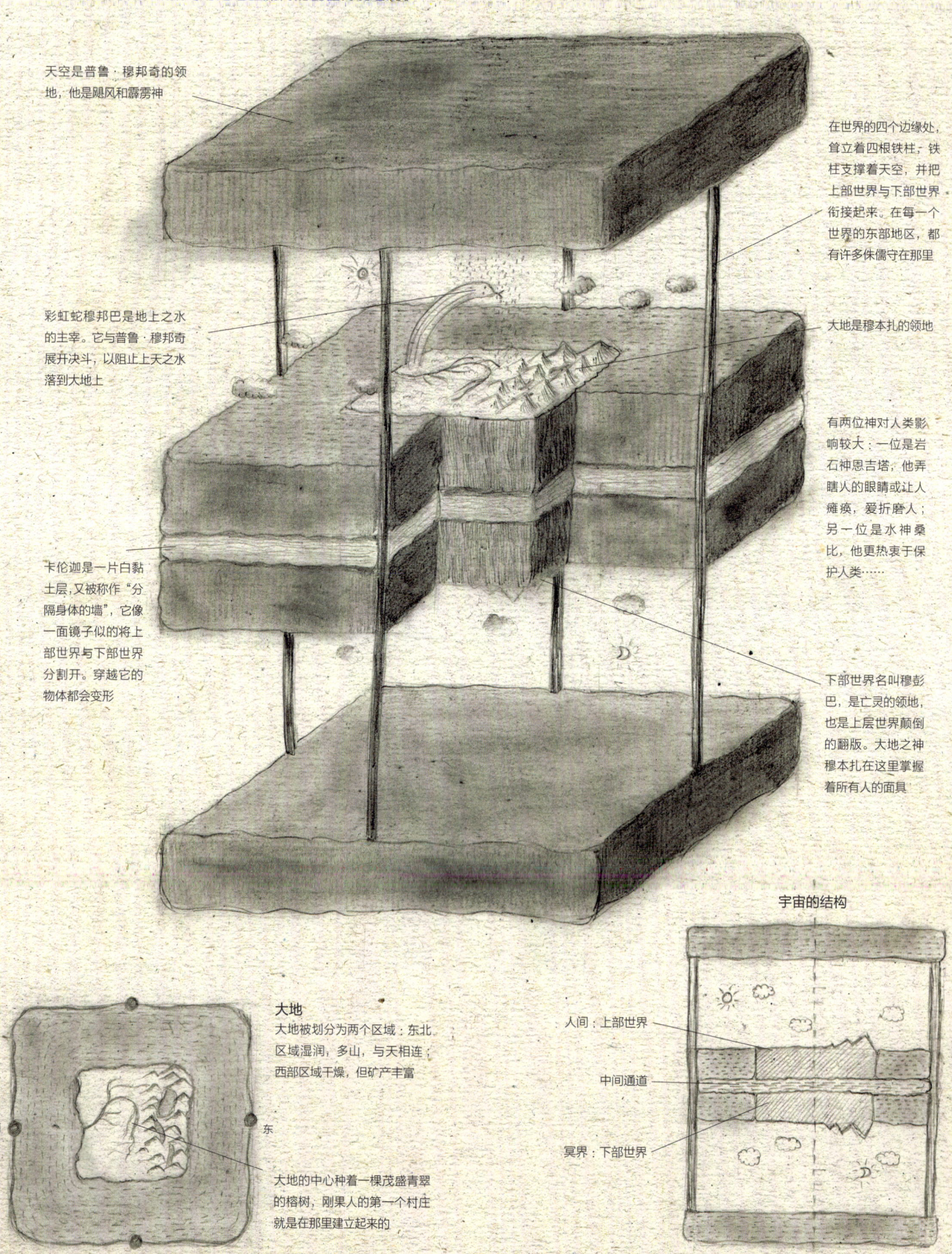

天空是普鲁·穆邦奇的领地,他是飓风和霹雳神

在世界的四个边缘处,耸立着四根铁柱,铁柱支撑着天空,并把上部世界与下部世界衔接起来。在每一个世界的东部地区,都有许多侏儒守在那里

彩虹蛇穆邦巴是地上之水的主宰。它与普鲁·穆邦奇展开决斗,以阻止上天之水落到大地上

大地是穆本扎的领地

有两位神对人类影响较大:一位是岩石神恩吉塔,他弄瞎人的眼睛或让人瘫痪,爱折磨人;另一位是水神桑比,他更热衷于保护人类……

卡伦迦是一片白黏土层,又被称作"分隔身体的墙",它像一面镜子似的将上部世界与下部世界分割开。穿越它的物体都会变形

下部世界名叫穆彭巴,是亡灵的领地,也是上层世界颠倒的翻版。大地之神穆本扎在这里掌握着所有人的面具

大地

大地被划分为两个区域:东北区域湿润,多山,与天相连;西部区域干燥,但矿产丰富

西　　东

大地的中心种着一棵茂盛青翠的榕树,刚果人的第一个村庄就是在那里建立起来的

宇宙的结构

人间:上部世界

中间通道

冥界:下部世界

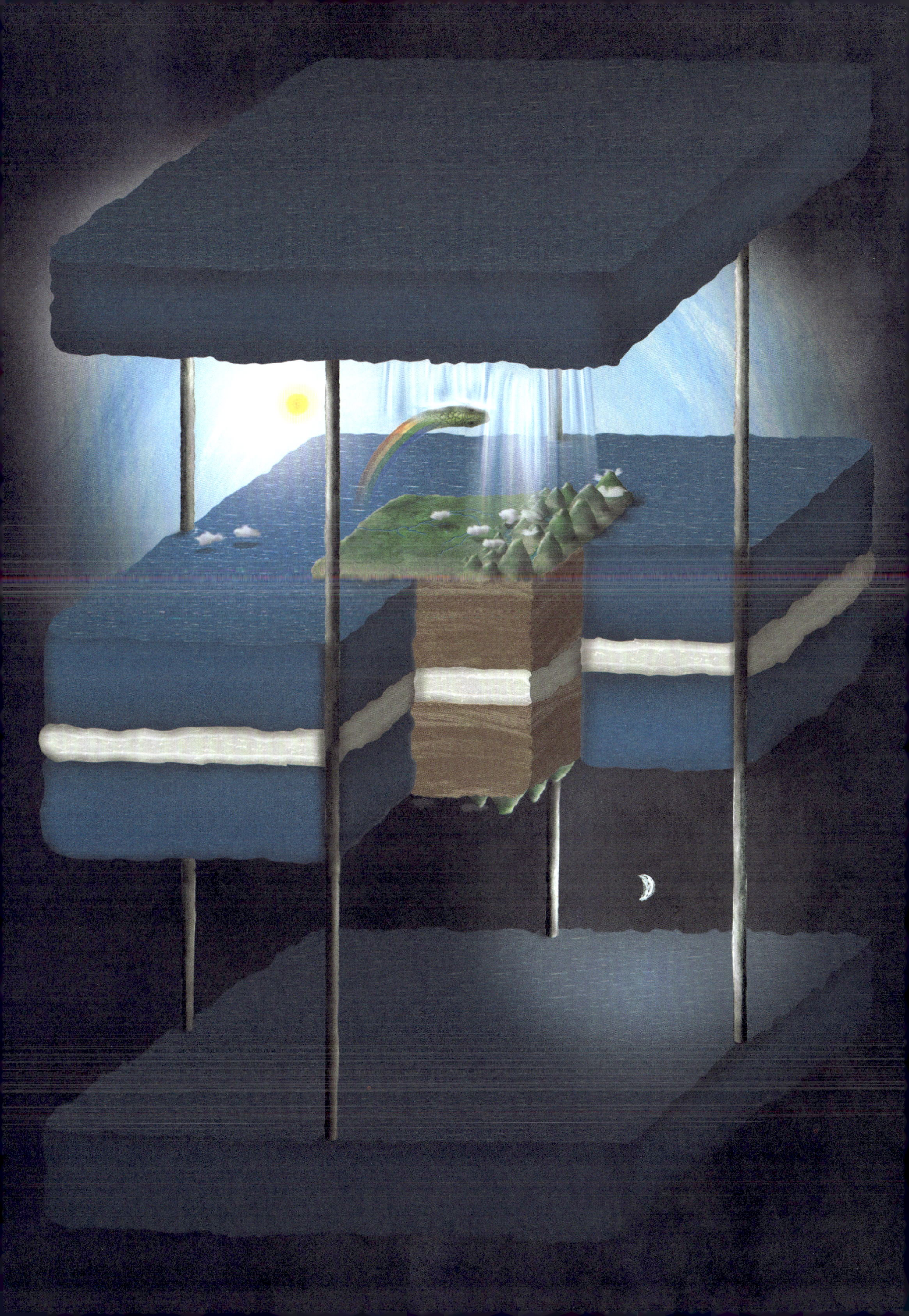

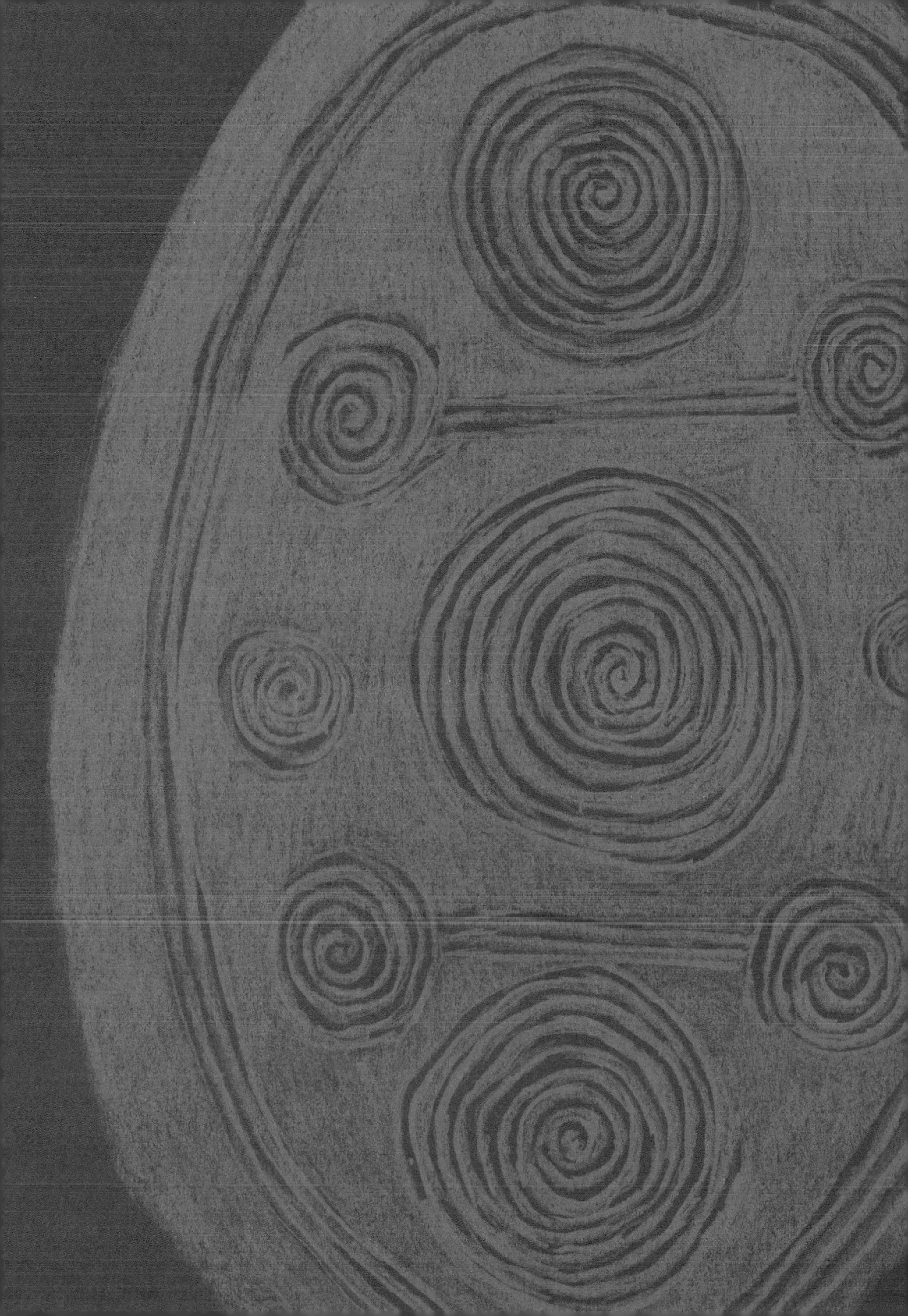

大洋洲

大 洋 洲

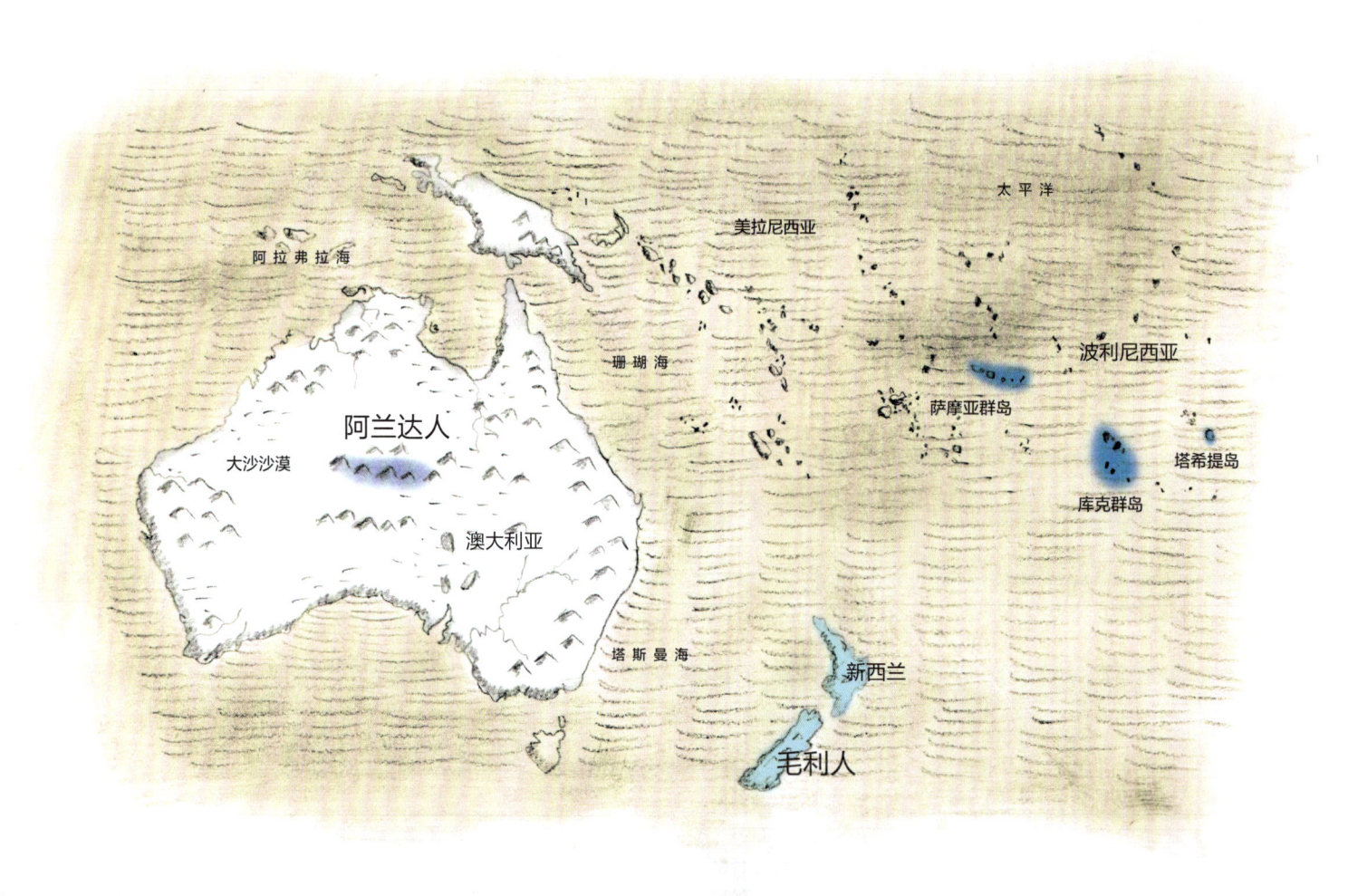

大沙沙漠 阿兰达人 澳大利亚 阿拉弗拉海 珊瑚海 塔斯曼海 美拉尼西亚 太平洋 波利尼西亚 萨摩亚群岛 库克群岛 塔希提岛 新西兰 毛利人

澳大利亚人的创世传说也许是最富有诗意的。18世纪末，当英国人踏上澳大利亚大陆，并开始实行殖民统治时，那里生活着一百多万原住民，他们讲五百多种不同的语言。据考证，原住民在这片土地上已经生活了四万多年。大批的原住民被殖民者残忍杀害，许多人被迫离开祖祖辈辈生活的故土，被驱赶到其他地方，圈禁在保留地里。到1920年，原住民仅剩下约六万人……后来，殖民者又把一小部分土地还给他们。如今，澳大利亚原住民人口约四十万，他们还可以讲两百种语言，许多语言都失传了。

对于澳大利亚的原住民来说，创世并不是从零开始的，世界是奉神的旨意从虚无中诞生的，或者说是神祇亲自动手，让世界从虚无中诞生出来。其实，在神的思想里，所有的一切都已就绪，就等着最终呈现为实物。世界是在"梦创时代"安排就位的。"梦创时代"是世界的伊始，在那个时代，原初先祖们从梦幻中苏醒过来，并唤醒所有的生物，筹划大地，引来水源，把所有必要的知识传授给人类。创世任务完成之后，原初先祖们便消失在澳大利亚的各个地方，这些地方如今依然是澳大利亚原住民顶礼膜拜之地。在原住民心中，先祖们并没有离开这个世界，创世依然在持续进行。

作为澳大利亚的近邻，波利尼西亚（意为"多岛群岛"）是由岛屿和群岛组成的，其中有法属波利尼西亚（包括马克萨斯群岛、社会群岛、甘比尔群岛、南方群岛、土阿莫土群岛），以及吉尔伯特群岛、萨摩亚群岛、汤加群岛、库克群岛、菲尼克斯群岛、瓦利斯群岛和富图纳群岛等。这些群岛大致分布在澳大利亚东北部，形成一片巨大的三角形区域，其顶角是夏威夷群岛，两个底角分别是新西兰和复活节岛。波利尼西亚最著名的神话来自毛利人。根据神话的描述，天父朗依和地母帕帕是众神的父母，但随着众神逐渐长大，生存空间日益狭小，于是设法把天父和地母分开。天地分开之后，世界才得以开创。众神之中的海神唐伽诺，深受当地人们的爱戴。塔希提岛上的居民称海神为塔罗瓦，萨摩亚人则管他叫唐伽洛，有人也把他视为世界和人类的造物主。在许多传说中，特别是在毛利人的创世传说中，总能听到海神的名字。根据库克群岛上原住民的说法，海神是女恶魔瓦莉玛特·塔克里的孩子，他一直住在世界的最深处。在大家的想象里，这个世界就是一颗巨大的椰子！

澳大利亚

梦创时代

阿兰达人是居住在澳大利亚中部地区的原住民，依照他们的说法，早在"梦创时代"，世界就已经存在了。但那是一个无头无尾的世界，扁平的大地上既没有群山，也没有洼地；既没有河流，也没有湿地。大地是荒凉的不毛之地，一片黑暗，因为那时天空上还没有太阳、月亮和繁星。整个世界死气沉沉的，像火星一样荒芜。在那种条件下，是不可能存在任何生命的。

然而，如果仔细观察就会发现，大地的各个角落隐藏着许多尚未成形的东西，隐藏着大量既未死去又无生命气息的生物，它们在耐心地等待着。无论是孩子还是成人，仍处于胚胎状态。人是各种动物（如蜥蜴、袋鼠、青蛙等）和植物变形的结果，但变形并未完成，四肢尚未完全成形，他们的眼睛、嘴巴和鼻孔还都紧闭着。由于仍处于未成形状态，他们一个个紧挨在一起，动弹不得，既看不见，也不能呼吸。

地下虽然已有生命，但这是一种潜在的、蛰伏的生命，以成百上千种超自然的生物形态存在。它们已经在那里待了很久，却仍在昏睡。这时，一个伟大的时刻来临了，这些生物苏醒过来，冲破地壳，从地下钻了出来。与此同时，太阳、月亮、银河也随他们一起显露，天空与大地也彼此分开。这些生物（即原初先祖）变化出多种多样的形态：有的变成动物，比如蜥蜴或鸸鹋；有的则变成人类，或变成半人半兽的生物。

有两个至高无上的神住在西部的天空中，他们手里拿着石刀，从天上来到地面。他们要用石刀把人身上的动物杂质剔除掉，打碎人与人之间的隔膜，让他们睁开双眼、张开嘴巴、撑开鼻孔，并割掉他们手指间的蹼，剪去四肢之间的隔膜，赋予男女明显的性别特征，以区分男女。原初先祖把所有必要的知识传授给他们，让他们过上好日子，并治理这个世界。创世的任务完成之后，先祖便离开了这里。他们随后又陷入原初的沉睡之中，消失在地底下，变成大树、岩石、泉水等。从此以后，这些地方就成为阿兰达人崇拜的圣地。

在澳大利亚东南部还流传着另一个创世神话，即拜艾梅创世神话。传说在"梦创时代"，整个宇宙安静极了，到处是一片黑暗，毫无生气。那里没有植物，没有动物，没有人，没有风，也没有任何声响……所有的造物都在沉睡。众神之父拜艾梅决定唤醒太阳母亲彝。太阳母亲睁开双眼，一道暖洋洋的光线顿时灌入整个大地。拜艾梅又给太阳母亲委派了一项艰巨的任务——下到凡间，去唤醒依然沉睡的生灵。来到凡间之后，太阳母亲从南走到北，从东走到西，整个大地都走遍了。她所经之处，鲜花、青草、树木开始生长。当整个大地都长满绿色植物之后，她才停下脚步，然后返回天上，去见拜艾梅。拜艾梅对她的工作感到非常满意，但还是指出她的工作尚未完全结束，她还要到阴暗的石窟和洞穴里，唤醒那里的生命种子。太阳母亲听从了拜艾梅的安排，再次来到凡间，到地下深处及黑暗的洞穴里探查。她把昏睡的昆虫从洞穴里抱出来。昆虫们来到地面上，呼吸着清新的空气，高兴极了。完成使命之后，太阳母亲坐在地上，兴奋地看着这些刚来到世界上的昆虫，看着它们在各种植物上采蜜。但在拜艾梅看来，自己做得还不够，还有一个更深、更隐蔽、更黑暗的洞穴等待她去探查。于是，她潜入地下深处，那里覆盖着厚厚的冰层。太阳母亲带去的热量很快就把冰层融化了，困在冰层里的成百上千种生物被唤醒。水涌到地面上，形成泉水、小溪、江河、大海，蜥蜴、游鱼、青蛙等动物都从这股神水里诞生出来。接着，太阳母亲又唤醒了鸟神，还有其他各种动物精灵。

众神之父对此非常满意。太阳母亲把所有可爱的造物聚集在一起，要它们和睦相处，平平安安地在一起生活，还把夏季和冬季的时光送给它们，然后就同它们告别了。太阳母亲返回天空，在那里变成真正的太阳。

地面上所有的生物都非常想念善良的造物女神，他们伤心地看着太阳在天空中缓缓移动，看着她慢慢地朝西边落下去。见太阳完全消失在地平线下，黑暗再次笼罩大地，他们感到非常害怕。对他们来说，第一个黑夜真是太难熬了。不久之后，太阳又出现在东方，他们这才明白，太阳母亲并没有抛弃他们，而是给他们造出黑夜，让他们能甜美地睡上一觉，好好休息。太阳母亲离开之后，河神和湖神十分伤心，去天空找她。太阳母亲只好把两神融化成无数个小水滴，水滴落到地面上，浇灌各种植物。这就是雨水的由来。对大地万物来说，太阳母亲就是爱的化身。为了缓解孩子们对黑夜的恐惧，太阳母亲在其床头点燃两盏灯，一盏是启明星（金星），另一盏就是月亮。

人类是众神之父拜艾梅创造出来的，他用山顶上的灰尘造出了人。造好人之后，他把众人放在一处很美丽的地方，并告诉他们可以吃任何一种食物，但绝不能吃动物，因此早期的人类都是食素的。在当时，这并没有什么问题，因为大地极为富庶，可以提供足够多的食物。他们的生活过得很幸福。直至有一年发生旱灾，天上一滴雨也不下，人类第一次遭遇饥馑。大家似乎已绝望，找不到任何出路。于是，有个人不顾拜艾梅的忠告，杀死了一只袋鼠。他把猎杀的袋鼠带回家，由妻子把袋鼠烤熟，并客气地邀请一个朋友与他们一起分享袋鼠肉。朋友断然拒绝了他们的邀请，因为他不想违背众神之父的旨意。这对夫妇一再坚持要他尝一尝，但朋友丝毫不为所动。夫妻二人吃过袋鼠肉之后，感觉有些后悔，便去看望那位朋友，但朋友不在家。他们顺着朋友留在地上的脚印去找他。他们来到一条大河边，河水卷着泥沙，疯狂地朝下游泻去，非常可怕。只见朋友躺在河对岸的一棵桉树下，一动也不动，好像睡着了。他们格外担心，想过河去看他，却无法越过湍急的河流。这时，他们隐约看到一只可恶的怪物，好像半人半兽，脸色乌黑，正悄悄地从桉树上爬下来，向他们的朋友靠近。他们隔着河水，高声呼喊，却无法唤醒朋友。只见怪物抓起朋

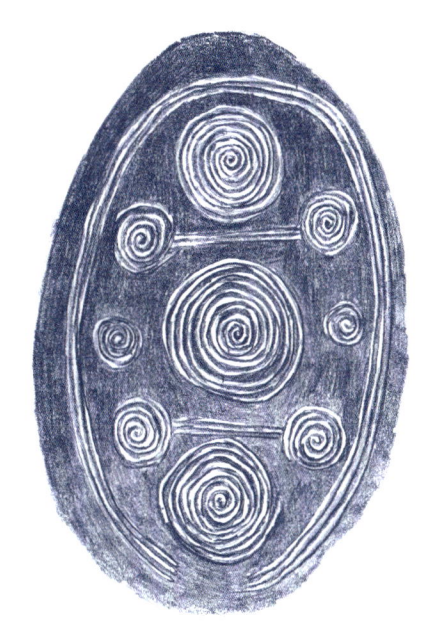

阿兰达人的圣石

友后，又爬到树上，很快就消失得无影无踪了。桉树上冒出一股白烟，发出一阵令人毛骨悚然的响声，怪物腾空而起，朝南飞向空中。它飞到这对犯下杀生之罪的夫妻上方，在地面上投下一个黑影。夫妻俩被突如其来的黑影给吓坏了，抬眼向天空望去，只见两只巨大的白眼睛正朝他们一眨一眨地闪着……两只凤头鹦鹉从大树上空掠过，最后落在树枝上。怪物带着两只凤头鹦鹉朝高空飞去，越飞越高，最后在高空中消失不见了。怪物抵达苍穹，在那里化身为夜空中的南十字座，四颗明亮的星星构成一个十字架，其中两颗星星就是凤头鹦鹉变的。抓走那位朋友的怪物就是死神曜威，是众神之父拜艾梅派到凡间来惩罚那对夫妻的。他们的朋友则是人类历史上第一个被死神带走的人……

澳大利亚

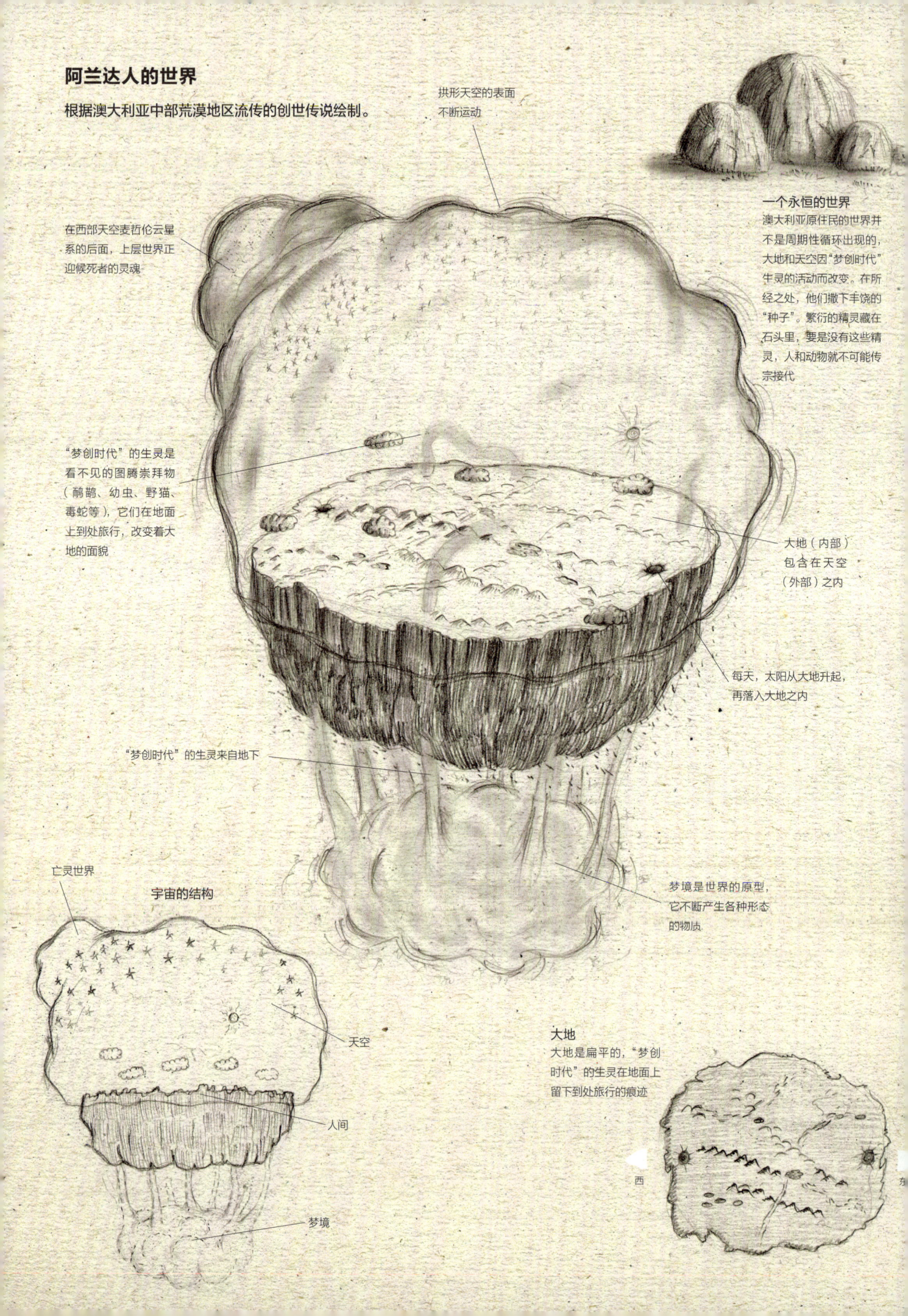

阿兰达人的世界

根据澳大利亚中部荒漠地区流传的创世传说绘制。

拱形天空的表面不断运动

在西部天空麦哲伦云星系的后面，上层世界正迎候死者的灵魂

一个永恒的世界

澳大利亚原住民的世界并不是周期性循环出现的，大地和天空因"梦创时代"生灵的活动而改变。在所经之处，他们撒下丰饶的"种子"。繁衍的精灵藏在石头里，要是没有这些精灵，人和动物就不可能传宗接代

"梦创时代"的生灵是看不见的图腾崇拜物（鸸鹋、幼虫、野猫、毒蛇等），它们在地面上到处旅行，改变着大地的面貌

大地（内部）包含在天空（外部）之内

每天，太阳从大地升起，再落入大地之内

"梦创时代"的生灵来自地下

梦境是世界的原型，它不断产生各种形态的物质

宇宙的结构

亡灵世界

天空

人间

梦境

大地

大地是扁平的，"梦创时代"的生灵在地面上留下到处旅行的痕迹

西　　东

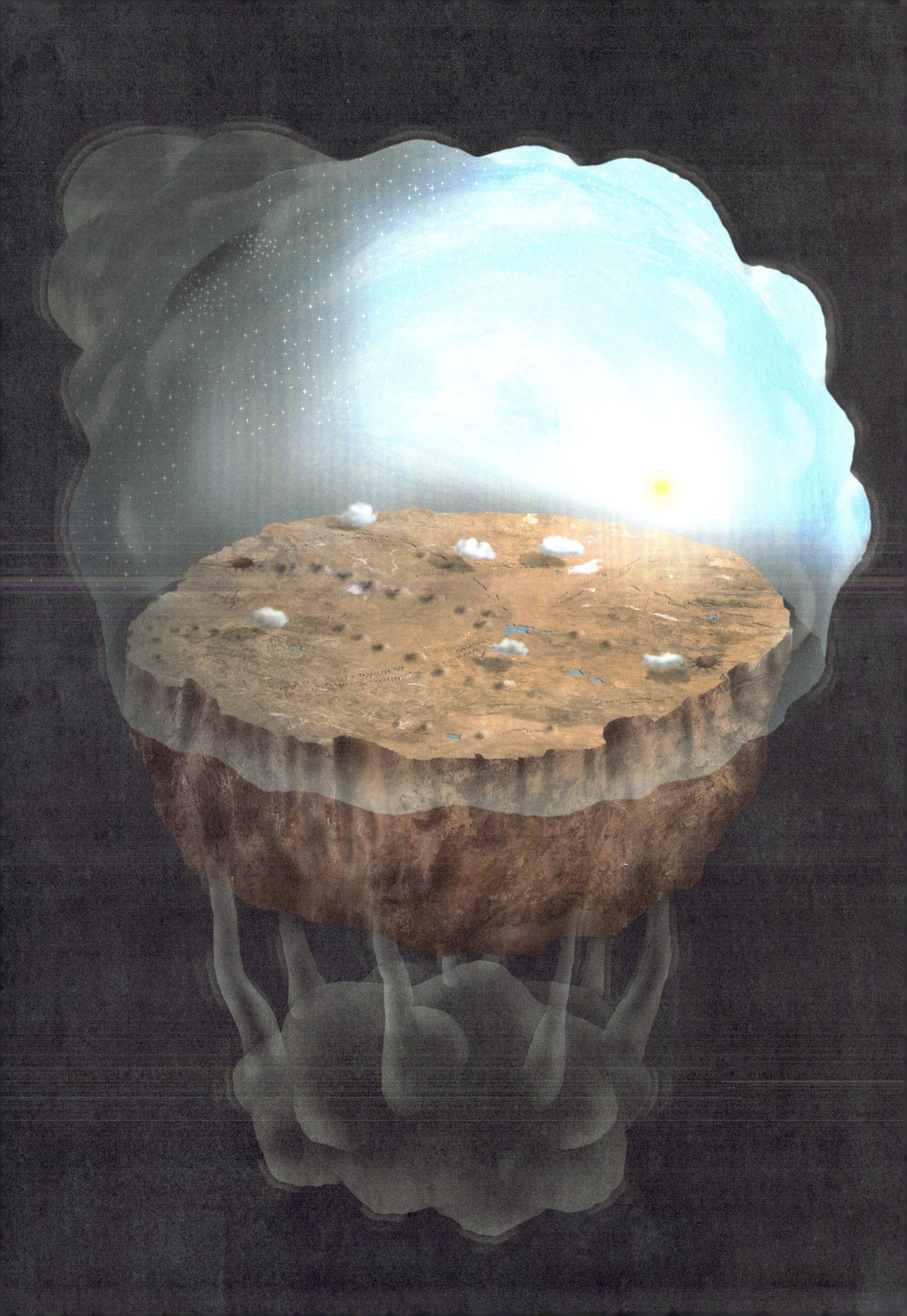

波利尼西亚

当诸神遭遇家族纠纷

毛利人的创世史始于天父朗伊和地母帕帕的结合，两个神爱得如漆似胶。他们的爱意是如此强烈，以至于竟然不愿意分开，总是紧紧地抱在一起。他们生下一群神，小神们就夹在天父地母之间，但他们俩的身体是连在一起的，可怜的孩子们根本无法见到外面的世界。

孩子们渐渐长大，再也无法忍受在这拥挤黑暗的地方生活。他们聚集在一起，商量着要找一个解决办法。难道非得杀掉天父地母，才能从中解脱吗？一定要设法把他们俩分开。战神图倾向于把天父地母杀掉，但森林保护神坦尼则反对这种做法，提出只需要让天空挂在大地上方，与大地拉开距离，他们就有足够的空间和光线了，而且仍然能待在妈妈身边。耕地保护神龙谷和海神唐伽诺同意森林保护神的看法，但风暴神塔威里却坚定地站在战神一边。不过，大多数神还是认可森林保护神的意见，于是众神开始想办法把爱得难舍难分的天父与地母分开。

耕地保护神站起来，用尽全身力气托举天空，试图把天空和大地分开，但根本不管用，天地依然紧密地合在一起。海神、风暴神和战神也出手一试，但都失败了。这时，森林保护神站出来，站在天父地母之间，他用头顶着父亲，用脚压着母亲，缓慢地拉伸自己的身体，就像一棵大树那样奋力生长，终于把天地分开。他将天空远远地挂在大地的上方，光线最终照进这个世界。

见森林保护神取得这样的成就，风暴神十分嫉妒。天父自从被迫与地母分开，始终咽不下这口气，见此情景，他鼓动儿子去报复森林保护神。于是风暴神就把手下最凶狠的臣民派出去，这几个臣民就是寒风、沙尘暴和暴风雨，让他们横扫大地。他本人则变成可怕的飓风，把森林里最高大、最茂盛的树连根拔起卷走，就像吹跑一根草似的。风暴神还把怒气撒到海神头上，在海面上掀起巨浪，巨大的海浪朝岸边扑去。海神通常就住在海岸边，此时见海浪如此汹涌，不得不跑到深海处躲藏起来。海神的孩子被冲得七零八落。一直住在大海里的爬行动物纷纷离开海洋，逃到森林保护神的领地里生活，而大大小小的鱼则潜到海洋深处去躲避。风暴神还嫌自己的怒火撒得不够，又跑去对付耕地保护神。耕地保护神是众神当中性情最温和的一个神，在最后关头，幸亏地母出手相助，才挽救了他。风暴神真的疯了，又去攻击战神，但战神牢牢地扎在地母的怀抱里，挫败了风暴神想摧毁他的诡计。风暴最终平息下来，但战神对众神坐视不管，让他凭一己之力去抵御风暴神的攻击十分不满，一怒之下，他也动手破坏这个新创造的世界。他设置陷阱去抓捕、杀害森林保护神和海神的孩子，把耕地保护神种下的植物统统拔掉，甚至发明出许多咒语和魔咒。凭借这些魔咒，他就能控制天气变化，乃至控制这个世界上的所有事物及生物。

尽管如此，大地最终还是恢复了和平。森林保护神希望能有一个女伴守在自己身边。他主动接近地母，但遭到地母的强烈反对，接着转而去找其他造物恋爱。他和这些造物生出一些奇怪的孩子，比如动物、野草、石子等。他希望能有一个和他长相相似的伴侣，一个真正的女伴，一个女人。地母最后可怜他，把他派到一个小岛上。他在那里用红土捏出一个美丽的年轻女子——西尼·亚·霍尼，她给森林保护神生了一个女儿——西尼·提塔玛。后来保护神娶了自己的女儿为妻。当西尼·提塔玛得知丈夫其实就是自己的父亲时，她逃到地下深处，并派死神替她报仇，把森林保护神的孩子都给杀死了。

在塔希提岛，海神唐伽诺被看作是造物主，名为塔罗瓦，住在卵形贝壳里。当时除了造物主之外，外界什么都没有。塔罗瓦本人就是万物之主，是未来的宇宙，是造物的萌芽。在卵形贝壳里，他感觉格外郁闷。有一天，他打碎了贝壳，从里面走出来。他用半个贝壳做成天空，又用自己的身体造出世界：他的脊椎变成一条山脉，他的脚和手的指甲变成鱼鳞及贝壳，他的皮肤与毛发变成树木和植物，他的泪水变成河水和大海，他的鲜血变成彩虹和落日余晖。他只给自己留下了头颅……

在萨摩亚群岛，海神唐伽诺又被称作唐伽洛。在原初时期，这位造物主独自生活在无限的虚无当中。有一天，他醒来之后，发现一块岩石正在他身边生长。他劈开岩石，露出大地，大地四周是浩瀚的海洋。紧接着，造物主又让大地涌出淡水，造出天空、空间、高山及许许多多的事物。他还创造出精神、心灵、思想、意志，并把这一切赋予人。人和大地女神结合，生出女儿法图和儿子埃勒·埃勒。他们俩被派到世界另一处，去繁衍生息。唐伽洛后来又生了苍天王子和信使，让信使做他的代表，把夜神和昼神请过来。夜神和昼神住在下面的世界，他们在那里诞生出太阳、月亮及萨摩亚群岛。经过几次商谈之后，大家决定让夜神、昼神及其子女都搬到这个世界来住，这样整个世界就变得完整了。

天父地母

库克群岛的原住民认为，他们所住的群岛是从埃威奇衍生出来的。所谓埃威奇就是"非世界"，是灵魂与亡者的归宿。根据原住民的说法，整个宇宙都包裹在一个巨大的椰子里，世界下部有一根茎。茎的下端非常细，端点是一个极小的圆点。那个点是万物的起点，形成生命之神，这位神名叫拉辛。神的上面有一个魔鬼，名叫威，比神更强壮。在茎最粗的部位，住着一位长命神。正是这三位神构成整个世界的基础。在椰子的底部住着一个女恶魔，名叫瓦莉玛特·塔克里，她为世界造出六个神：瓦塔神，人身鱼尾，一只眼睛是太阳，另一只眼睛是月亮；提尼罗神，海鱼之主；汤戈神；土穆塔纳瓦神；回音神；拉卡女神，既是风神，又是天父地母的化身。一天，瓦塔神做了一个梦，梦见了漂亮的地母神。梦醒后，他到处去找地母神，找到之后立刻娶她为妻。海神唐伽诺和耕地保护神龙谷就是瓦塔和地母神的爱情结晶。

库克群岛人的世界

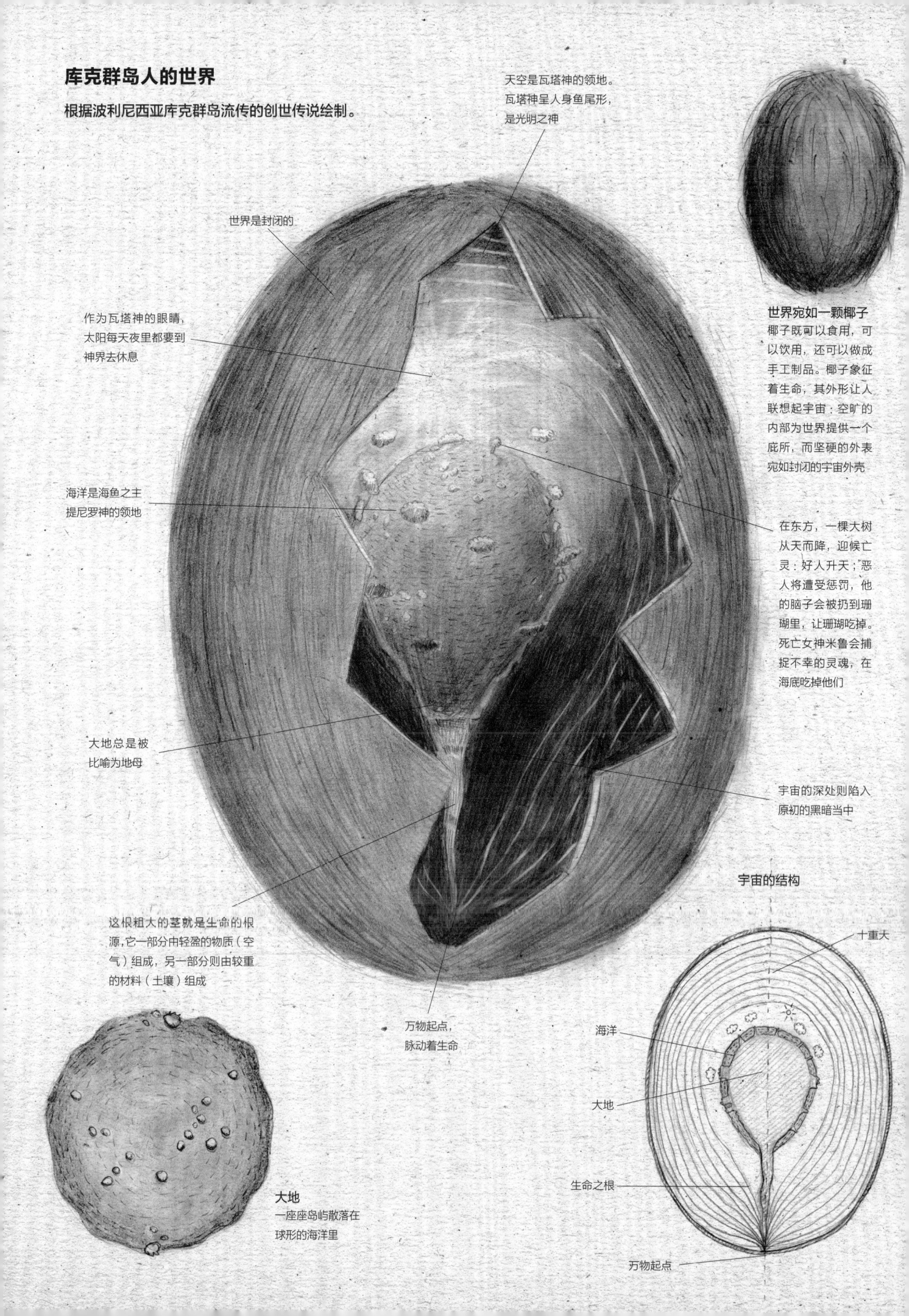

根据波利尼西亚库克群岛流传的创世传说绘制。

世界是封闭的

作为瓦塔神的眼睛，太阳每天夜里都要到神界去休息

天空是瓦塔神的领地。瓦塔神呈人身鱼尾形，是光明之神

海洋是海鱼之主提尼罗神的领地

大地总是被比喻为地母

这根粗大的茎就是生命的根源，它一部分由轻盈的物质（空气）组成，另一部分则由较重的材料（土壤）组成

万物起点，脉动着生命

在东方，一棵大树从天而降，迎候亡灵：好人升天；恶人将遭受惩罚，他的脑子会被扔到珊瑚里，让珊瑚吃掉。死亡女神米鲁会捕捉不幸的灵魂，在海底吃掉他们

宇宙的深处则陷入原初的黑暗当中

世界宛如一颗椰子
椰子既可以食用，可以饮用，还可以做成手工制品。椰子象征着生命，其外形让人联想起宇宙：空旷的内部为世界提供一个庇所，而坚硬的外表宛如封闭的宇宙外壳

大地
一座座岛屿散落在球形的海洋里

宇宙的结构

十重天

海洋

大地

生命之根

万物起点

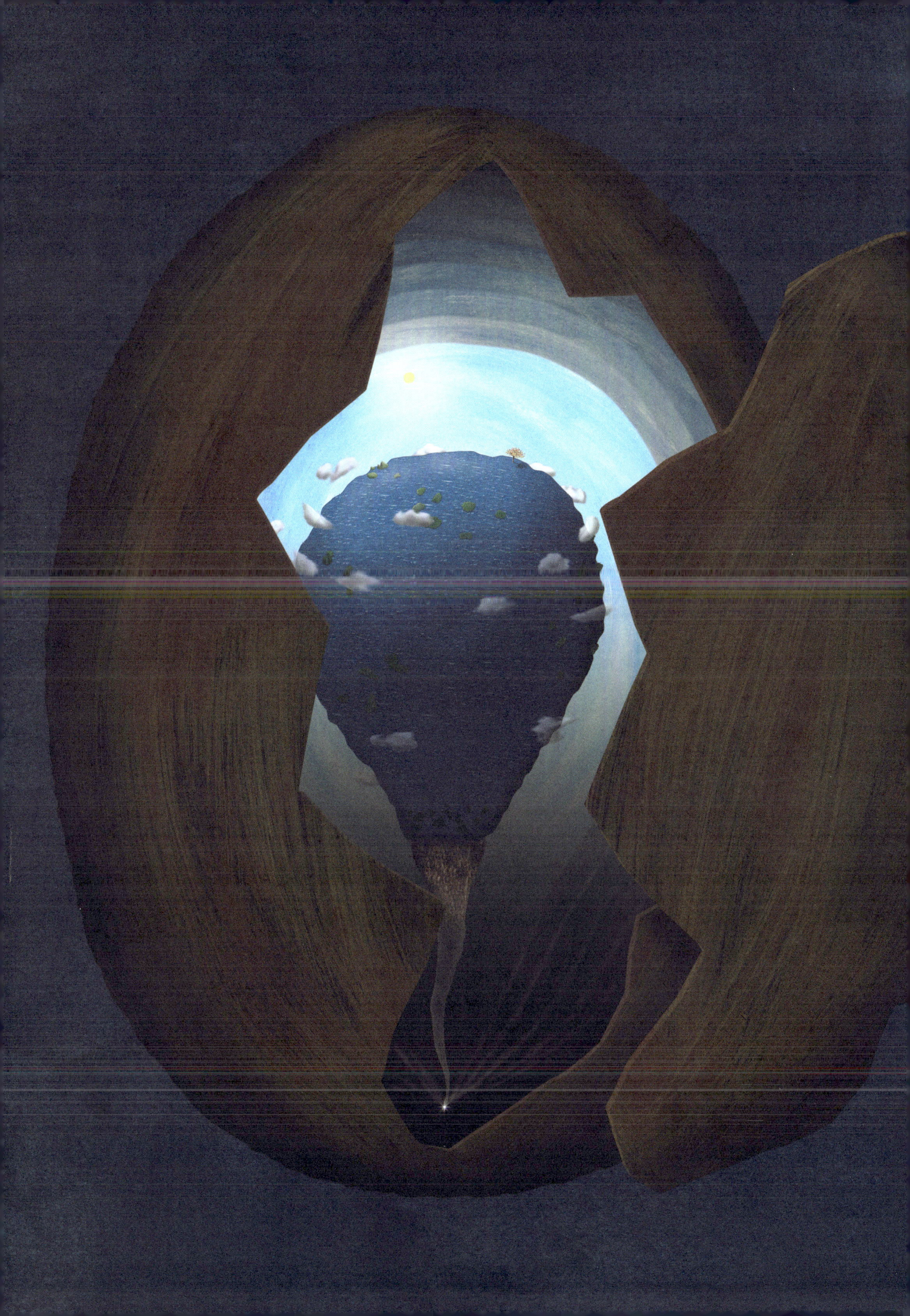

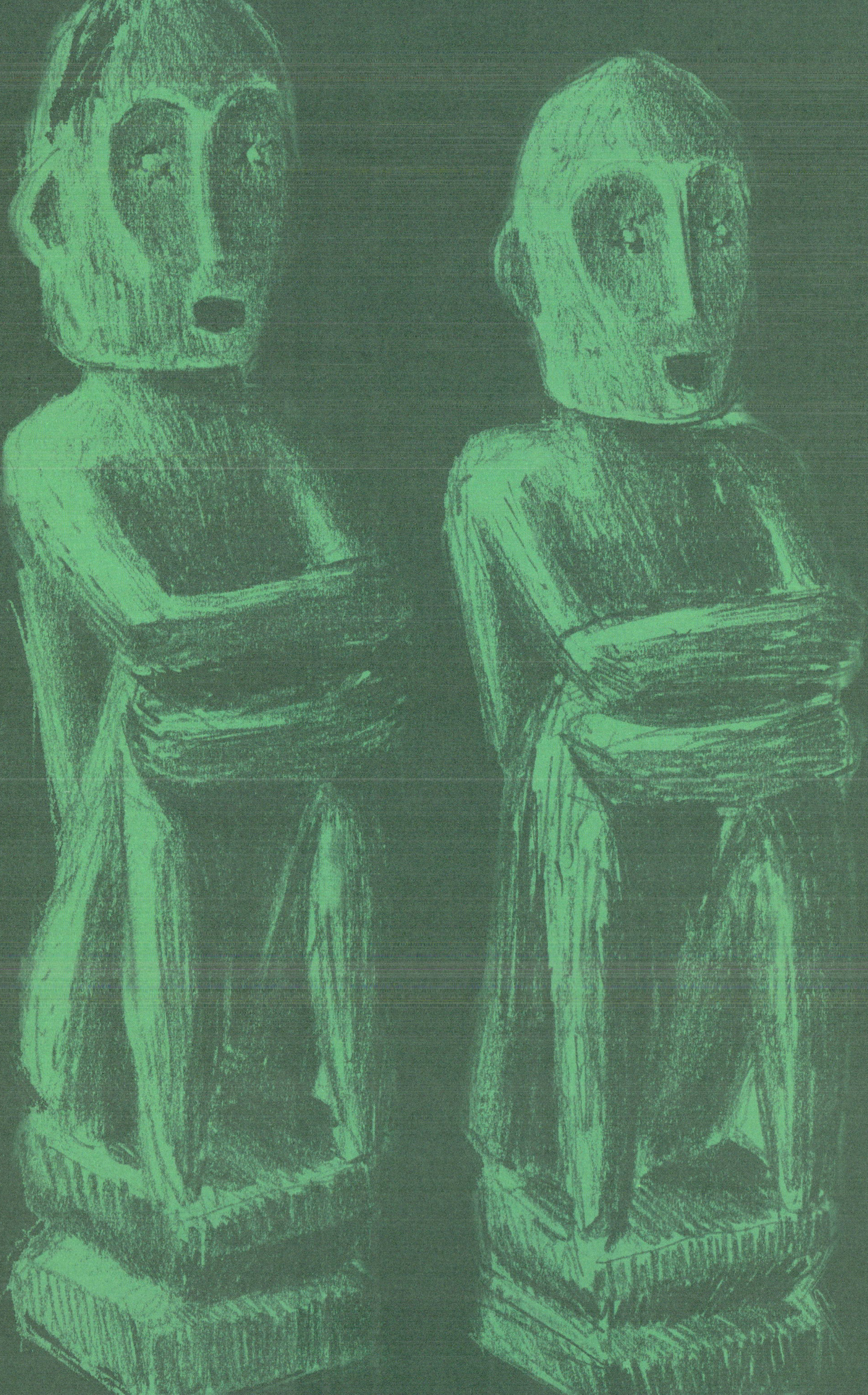

东南亚

东 南 亚

印度尼西亚是世界上最大的群岛国，拥有一万七千多座岛屿，其中主要的岛屿有苏门答腊岛、爪哇岛、加里曼丹岛、马鲁古群岛和苏拉威西岛，以及新几内亚岛的西部。那里是各种语言（七百多种）、宗教（伊斯兰教、佛教、基督教、印度教及泛灵信仰）和民族（三百多种）的汇集地。

印度尼西亚流传的宇宙起源说完美地体现了这种文化多样性，其中最有代表性的就是米南加保人的创世传说。米南加保人生活在苏门答腊岛中部。传说中，他们的世界是山海鱼、巨卵、水牛及宫殿一层层叠起来的。这个世界既奇特又巧妙，借鉴了伊斯兰教、印度教，以及本地泛灵信仰的传统元素。尽管如此，这个世界还有与众不同之处。大部分诞生于群岛的宇宙起源说都建立在同一模式的基础上：宇宙空间被分成多层，包括上部世界和下部世界，上部世界又包括重叠的数层（有七层或九层等版本）。大地恰好处于这两个世界中间，将上下世界隔开。这个创世传说在许多部族当中流传，比如散居在苏门答腊岛西部的巴塔克人（人口约有四百万，分散成许多小部落），住在苏门答腊岛西方的尼亚斯岛上的尼亚斯人，都接纳了这一说法。散居在加里曼丹岛及其与马来半岛之间岛屿上的伊班人、恩加朱人，属于达雅族的分支，他们尽管有的信仰基督教或伊斯兰教，却也接受了这种说法。

玛美里族就居住在马来半岛上，他们是马来半岛的原住民，人口仅约一千四百人，现住在雪兰莪州凯利岛的保留地内。他们传说中的宇宙空间就是一个地道的洋葱，外面裹着一层层皮，而中心部位则充满了蚯蚓和幼虫。在神话方面，无论是印度尼西亚还是马来西亚，抑或是近邻菲律宾，他们都相互借鉴，任凭自己去随意想象。他们想象出了最怪诞、最不可思议的创世方式：飞鸟挤压大地，高山相互碰撞，雌雄犀鸟拼命搏斗……其中最有特色的创世说来自菲律宾棉兰老岛的比兰人，根据他们的说法，一位暴躁的神去世后，用他的皮肤造出了世界。

印度尼西亚

神鸟参与创世

散居在苏门答腊岛西部的巴塔克人认为,神的家族住在上层世界,而下层世界里则住着宇宙之蛇那伽·帕多哈,还有许多鬼神和妖魔。早在创世之前,这两个世界就业已存在了。但位于两个世界之间的世界尚未问世,只有一片平稳、空旷的水域将上下世界分隔开。在上层世界的第七层,即七重天上,住着巴塔克人至高无上的神穆拉·贾迪。神对自己脚下发生的事情漠不关心,他高高在上,可望而不可及,所以人们更愿意去找他的儿子。穆拉·贾迪有一只神奇的蓝母鸡,名叫马努克-马努克,他把它当作真正的女人来看待。它生下三只巨蛋,孵化出巴塔克人的三个主神:一个是本领最大的巴塔拉·古鲁,他把艺术和社交规则传授给人类;一个是索里帕塔;另一个是曼加拉布兰,他既是人类及财产的保护神,又是小偷的守护神。

曼加拉布兰有一个儿子,名叫拉贾·奥达-奥达,他打算让儿子娶巴塔拉·古鲁的长女为妻,但这位勇敢的小伙子却看上了古鲁的小女儿博鲁·迪克·波贾尔。拉贾把自己的想法告诉未婚妻,未婚妻感觉蒙受了耻辱,在父亲举办音乐舞会时,从屋顶跳了下去。而波贾尔也不想代替姐姐嫁给他,干旱一头扎进原初之水里,躲了起来。一只燕子亲眼目睹了公主跳入水中的场景,赶紧飞去告诉她父亲巴塔拉·古鲁。主神对女儿的命运焦虑不已,便抓了一把土,交给燕子。燕子把土撒在海洋上,土很快就铺展开,逐渐扩大、变厚,形成了大地。大地就像盖子一样,盖在下层世界的上方,从此光线无法进入下层世界。这让盘绕在下层世界深处的巨蛇那伽·帕多哈感觉很不爽,巨蛇总想把大地给甩掉。见此情景,巴塔拉·古鲁便派出最勇猛的斗士,去与巨蛇展开决战。经过一场惊心动魄的搏斗,斗士缚住巨蛇,并将其打入黑暗的下层世界底部。被封锁在黑暗底层的蛇经常暴躁地扭动自己的身体,导致地表变形,形成一座座高山和一条条山谷。它若是猛然抖动一下身体,就会造成地震。在战胜巨蛇之后,巴塔拉·古鲁又给大地提供了种种必要的生活条件,让其成为一个温柔的小窝。小女儿波贾尔嫁给了战胜巨蛇的勇士,人类就是这对原初夫妻繁衍的后代。在完成繁衍人类的使命之后,这对夫妻就返回上层世界,从此彻底切断了苍天与大地的联系。

散居在加里曼丹岛上的伊班人则认为,世界是两个鸟神创造出来的,一个鸟神名叫阿拉,另一个名叫伊黎,他们住在一片广袤无垠的水域两端。有一天,他们潜入水底深处,从水底各捞出一颗巨卵。阿拉用那颗卵变出天空,而伊黎则用卵造出大地。遗憾的是,相比之下,天空显得太狭窄了,无法把大地完全覆盖住。为此,阿拉和伊黎只好压缩大地,挤压大地,夯实大地,让大地能完整地罩在天空之下。但这却改变了大地原有的模样——在挤压大地的过程中,有些地面上升,水从许多地方渗透出来,从而形成高山和河流……

在恩加朱人的想象里,创世是一个极为惊心动魄的过程。那时候,"所有的一切都含在海蛇的嘴里","乌云与白云混淆在一起"……那时,只有闪闪发光的金山和晶莹剔透的金刚石山,这两座山是无所不能的主神玛哈塔拉的财产,也是他的宝座和象征,分别代表着上层世界和下层世界。两座山后来发生碰撞,顿时射出一道耀眼的光芒,一朵朵云彩从光芒里飘出来。两座山再次碰撞,天空便显现出来。两座山第三次碰撞,一座座高山拔地而起……两座山每发生一次碰撞,就会诞生出新的东西:太阳、月亮、大地,还有神,如口含幸运之水的罗旺·里沃神,长着一双金刚石眼睛、口含生命之水的迪迪斯·玛汗德拉神。两山碰撞造出的最后一件物品是一顶散发着珠光宝气的金皇冠,上面镶着一枚精美绝伦的宝石。玛哈塔拉将这顶皇冠变成一棵美丽的生命之树。生命之树越长越高,越长越茂密,每片树叶都是金子,树上结的果实闪闪发亮,就如精细打磨过的象牙一般。生命之树还将各个不同的世界连接起来。

玛哈塔拉有一个妹妹,名叫菩提·瑟隆,她也是玛哈塔拉的妻子。菩提·瑟隆养了一只雌犀鸟,它长着一只巨大的钩形嘴,头上顶着一个坚硬的骨质盔突,模样很难看。菩提·瑟隆将犀鸟关在金鸟笼里,用咀嚼过的蒌叶喂食犀鸟。每天都吃同样的食物,犀鸟厌烦透了,它终于冲破鸟笼,逃了出去。犀鸟逃到生命之树上,摘下果实饱餐一顿。就在这时,玛哈塔拉把自己养的雄犀鸟放了出去,雄犀鸟立刻朝生命之树飞去。雄犀鸟并不那么嘴馋,或许是因为它更珍惜主人的造物,它只吃树干表面生出的苔藓。苔藓确实不好吃,雄犀鸟朝美丽的果实瞥了一眼,猛然发现那里有一只雌犀鸟。雄犀鸟极为愤怒,便朝雌犀鸟扑过去。两只犀鸟展开殊死搏斗,结果把生命之树给毁了。雌犀鸟把树干撕成碎片,一块块碎片变成一个个女人;雄犀鸟把吞到肚子里的苔藓吐出来,苔藓就变成了男人。

恩加朱人的宇宙中心

在尼亚斯人的传说里,世界是原初祖母伊娜达·萨玛杜罗·曾沃创造的,她来自原初的混沌。她的女儿伊娜达·萨姆罗·蛋西是由一块岩石变来的,女儿接过母亲的创世工作,生下两个神,一个名叫拉图雷·达诺,主管下层世界,他的形象是一条蛇;另一个名叫罗万黎,是上层世界的主宰,他的形象是一只犀鸟。两个神还各有一个孪生妹妹,他们分别娶对方的妹妹为妻。罗万黎婚后生下一个奇怪的孩子,这孩子是个圆圆的肉球。肉球被劈开之后,一半变成男人,另一半变为女人。他们结合之后,生下世界上的第一个人。

最不可思议的宇宙起源说来自米南加保人。在他们的创世传说里,大地是一个扁平的盘子,一头巨大的水牛用犄角顶着盘子,水牛稳稳地站在一颗巨卵上,而巨卵又立在一只海鱼的背甲上,巨大的海鱼在一望无际的海水里缓慢地游荡,下面则是一片黑暗的虚空。有时候,不知天高地厚的昆虫蜇一下水牛的耳朵,水牛摇摇脑袋,好把这个捣蛋的昆虫赶走,却引发了地震。在高山的上方,挂着广袤的天穹,天穹上叠着宇宙的七重天,七重天一重更比一重美。在七重天的最上方,就是这个奇妙世界的创世主安拉的殿堂……

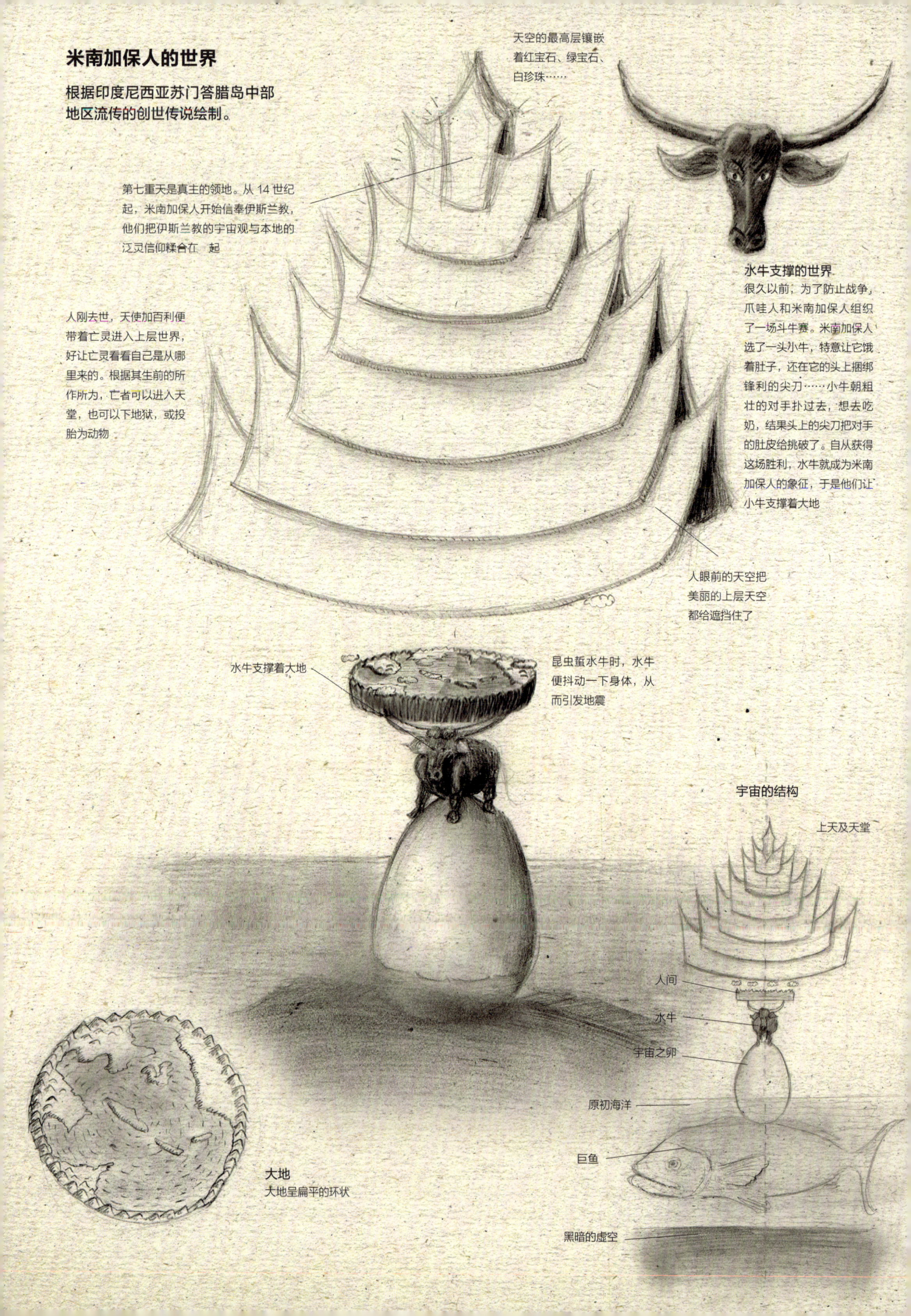

米南加保人的世界

根据印度尼西亚苏门答腊岛中部地区流传的创世传说绘制。

天空的最高层镶嵌着红宝石、绿宝石、白珍珠……

第七重天是真主的领地。 从14世纪起，米南加保人开始信奉伊斯兰教，他们把伊斯兰教的宇宙观与本地的泛灵信仰糅合在一起。

人刚去世，天使加百利便带着亡灵进入上层世界，好让亡灵看看自己是从哪里来的。根据其生前的所作所为，亡者可以进入天堂，也可以下地狱，或投胎为动物。

水牛支撑的世界
很久以前，为了防止战争，爪哇人和米南加保人组织了一场斗牛赛。米南加保人选了一头小牛，特意让它饿着肚子，还在它的头上捆绑锋利的尖刀……小牛朝粗壮的对手扑过去，想去吃奶，结果头上的尖刀把对手的肚皮给挑破了。自从获得这场胜利，水牛就成为米南加保人的象征，于是他们让小牛支撑着大地。

人眼前的天空把美丽的上层天空都给遮挡住了

水牛支撑着大地

昆虫蜇水牛时，水牛便抖动一下身体，从而引发地震

宇宙的结构
- 上天及天堂
- 人间
- 水牛
- 宇宙之卵
- 原初海洋
- 巨鱼
- 黑暗的虚空

大地
大地呈扁平的环状

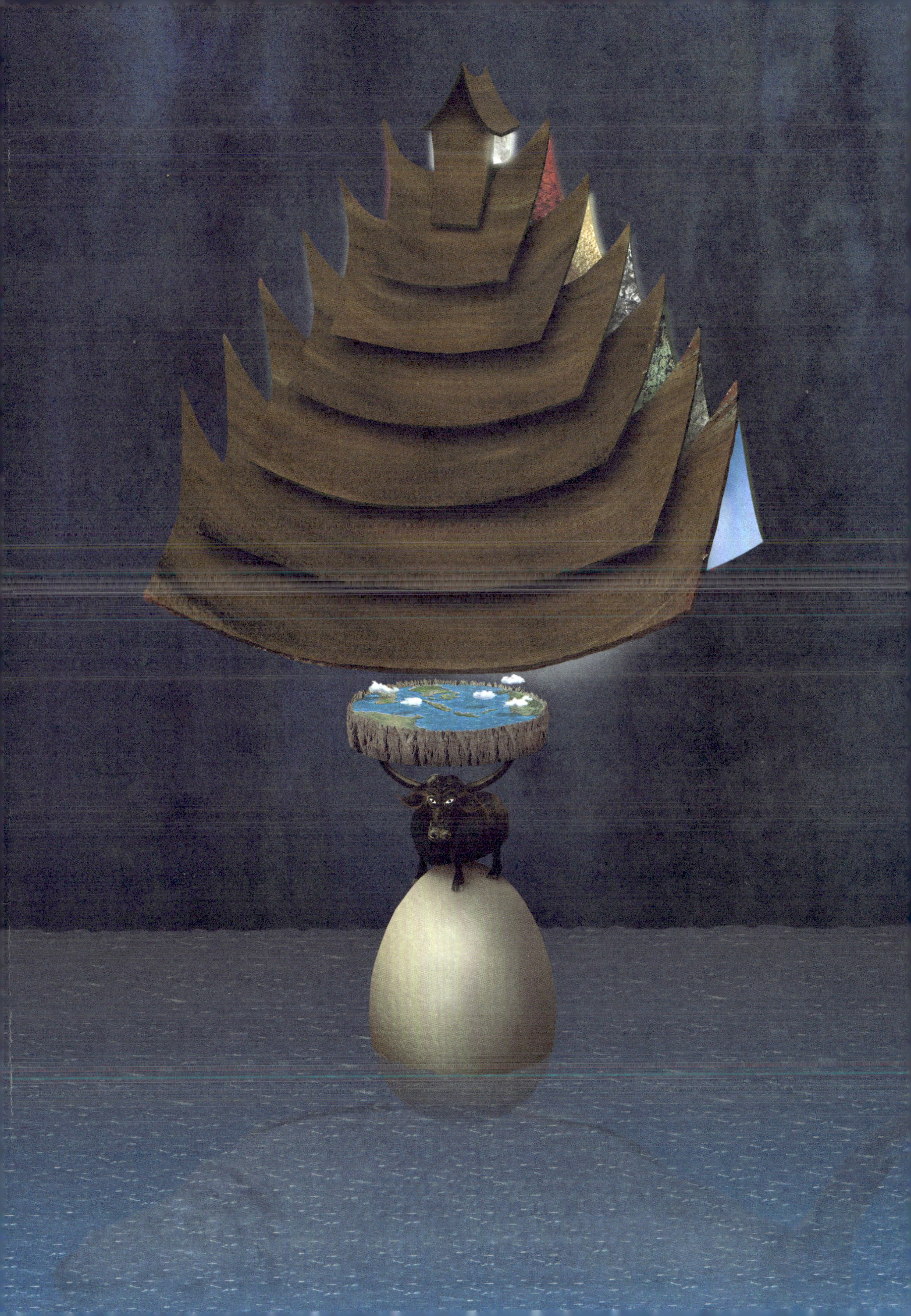

马来西亚和菲律宾

洋葱般的多层世界

马来西亚雪兰莪州凯利岛上的原住民玛美里族把宇宙看作是一个洋葱,洋葱外面包裹着七层皮,漂浮在海面上。大地处在洋葱由内向外数的第八层,第七层便是天界。一切始于原初的第一对夫妻,那时第六层主要由油海构成,他们孤零零地待在油海中。这对夫妻用香蕉树的枝干做成一艘小船,每天就在船上生活。这棵香蕉树是他们的造物主、至高无上的神图翰送给他们的。他们原本靠喝香蕉树汁充饥。日复一日,香蕉树汁越来越少,他们渴得要命,便要造物主送给他们一些水。但图翰让他们喝海水。两人喝着海水直皱眉头,告诉造物主海水根本就不能喝,因为这不是水,而是油。图翰嘲笑他们,和蔼地让他们再尝尝。在神的鼓动下,他们又尝了一下,海水竟然变成了淡水。喝过水之后,他们又感觉有点冷,便向造物主索要保暖的东西。造物主摘了一朵海榄雌树(萤火虫常在这种树上聚集)的花,将花朵变成一小堆篝火。身体逐渐暖和之后,夫妻俩就开始等待天明。但左等右等,天也不亮。于是,他们又去找造物主,客气地请造物主给他们划分出白昼与黑夜。图翰听从了他们的建议:用东边的手摘了一朵海榄雌树的花,用西边的手拿起一颗蛋,接着朝天空抬起双臂,要男人将这两件东西粘贴在天上。男人试了好几次,但都没有成功。图翰只好自己亲自动手:海榄雌树的花变成了太阳,蛋则变成了月亮。图翰又赋予太阳和月亮生气,让它们动起来。从那以后,太阳和月亮就在天穹上运行,也就形成了白昼与黑夜。

这对夫妻大概厌烦在小船上生活了,又请造物主给他们造一块陆地……造物主依然耐心地接受了他们的请求,于是派出一只飞鸟,到大海里去找泥土。泥土被一点一点地衔过来,堆成一堆,变成了陆地。两个可怜兮兮的人高兴极了,但他们依然有点不满:泥土总是粘在脚上……要是换作其他神,早就对他们的种种抱怨感到厌烦,把他们打发走了,但是善良的图翰再次设法满足他们的要求。他为泥土覆盖上一层植物,还把天界的动物送到陆地上。做到这里,图翰本来可以收手了,但他总想让人类过得舒服,依然不断地关注人类,看他们如何生活。人类和大自然和谐相处,日子过得很惬意,这种好日子本来可以一直持续下去,但人类却为所欲为,犯下无法弥补的过错——他们在禁地里随地大小便,把神的造物都给弄脏了。这一次,主神怒不可遏,甩手丢下他们,让他们独自掌握自己的命运。从那以后,曾备受宠爱的人类注定为了生存而去猎杀动物、采摘植物。

生活在菲律宾吕宋岛的伊富高人也有类似的创世传说,讲述的是一对夫妻,两手空空,孤独地在大海里生活。他们的先祖布甘和维甘是居住在上层世界的天神创造的,神造人的目的就是想让大地变得兴旺。他们夫妻俩被神派到森林里去挖红薯。但就在他们挖红薯时,天神发动了一场大洪水,把整个世界都冲垮了。布甘和维甘幸免于难,但却什么都没有了。这时众神纷纷出手相助,向他们提供食物,为他们盖房子,还给他们造出土地,送给他们家畜。于是,往日平静的生活又逐渐恢复起来……

同样在菲律宾,棉兰老岛的比兰人当中流传着另一个传说。原初之时有一个巨人,其身材之高大当今世界无人能比。他名叫梅鲁,住在朵朵浮云当中。他的牙齿是纯金的,又特别爱干净,总是不断地搓洗自己的身体,因此肌肤非常白。他把从身上搓下来的皮屑保存起来,皮屑越积越多。直到有一天,梅鲁打算把皮屑都清理掉。他把这堆死皮揉来揉去,便揉出一片大地。他对自己的造物感到非常满意，决定再依照自己的模样，用剩下的皮屑造出两个人，但人不能太高大。造好之后，他让人住到那片大地上。不过，这两个人并未完全造好，他没有给他们造鼻子。这时，住在地下的土地神陶塔纳从地下冒出来，主动提出要帮助梅鲁造人。经过一番探讨之后，主神答应了土地神，由陶塔纳给人造鼻子。然而不巧的是，陶塔纳把人的鼻子给装反了，鼻孔朝上，鼻梁朝下。人造好之后，两神便各自返回天空和地下了。人就这样生活着，直到有一天下雨，雨水落入了人的鼻孔里。在紧要关头，梅鲁恰好赶来，把人的鼻子给修正过来。要不是梅鲁出手搭救，人恐怕就被水给呛死了。于是，人格外感激主神，并借此机会向主神抱怨他们在这里太寂寞了，因为整个大地只有他们两个人。主神让他们在洗澡时把身上搓下的皮屑或掉下的头发留存起来，然后将这些碎屑捏在一起，给他们变出许多小伙伴，这样他们就不再感觉孤独了。

他加禄人是菲律宾的主要民族之一。根据他们的传说，原初之时，宇宙只有天空和大海。在天空和大海之间，有一只鸟在飞翔。可怜的鸟飞来飞去也找不到一块落脚的地方，便鼓动大海上下翻腾，看能不能找到落脚之处。大海将海水都掀到天上去了，天空便朝大海投掷石头，以阻挡来势汹汹的海水。最终，天空击退了波浪，投入海中的石头变成一座岛屿。天空请鸟到岛屿上落脚歇息、搭建巢穴，好让世界平静下来。与此同时，一股来自陆地的微风和一股来自大海的微风相遇，他们决定结婚。婚后他们生了一个孩子——一根非常可爱的竹子。竹子在海面上漂荡，最后搁浅在鸟住的小岛海滩上。刚碰到海滩时，竹子还扎到了鸟的脚。暴躁的鸟十分恼

伊富高人的原初夫妻

火，便拼命报复竹子，把竹子劈成了两半。结果，竹子的一半变成男人，另一半变成女人。世界上所有的飞鸟和游鱼都赶来观看这个奇迹，让这两个人结合在一起。结婚之后，夫妻俩生了很多孩子。孩子们整天吵闹、乱跑，父母也拿他们没有办法。最终，忍无可忍的父亲发起火来，他抓起一根很粗的棍子，劈头盖脸地朝孩子们打去。孩子们一下子被打蒙了，纷纷四散跑开。有几个孩子跑到家里躲藏起来：有的藏到墙里，有的躲到卧室里，有的干脆蜷缩到厨房炉灶里。后来，藏到墙里的孩子成了奴隶，躲到卧室的孩子当上了岛屿的主宰，而蜷缩到炉灶里的孩子成了黑人，跑到外面的孩子则成为自由人。而那些宁愿跳海也不想挨揍的孩子则消失了很长时间，后来他们又回到岛上，但却变成了白人。

玛美里族人的世界

根据马来西亚流传的创世传说绘制。

世界宛如一个洋葱
玛美里族人认为世界是一个球状体,其结构是一层包裹着另一层,很像一个洋葱头

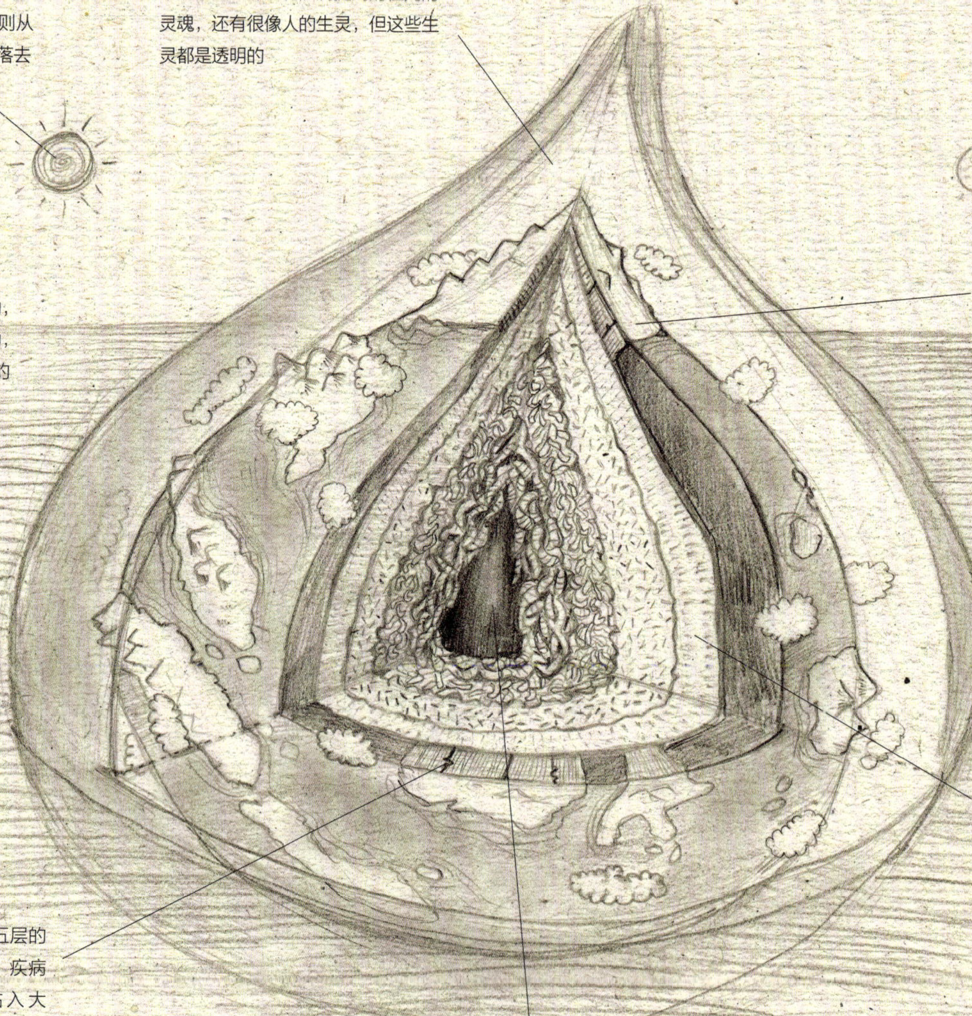

太阳位于上层世界的外部,它每天从东方升起,朝西方落去。月亮则从西方升起,朝东方落去

上层世界是看不见的,那里没有冲突,没有战争,人不需要狩猎,也不需要采摘果实。那里有萨满提到的祖先的灵魂,还有很像人的生灵,但这些生灵都是透明的

人类居住在世界的第六层。玛美里族人认为自己是马来西亚最早的原住民,后来陆陆续续有了马来人、华人、印度人、非洲人,最后来的是欧洲人

月亮和太阳移动,世界则静止不动,漂浮在广袤无垠的海洋上

长得很像人的生物住在世界的第五层,他们是食人族,而且乱伦

通过世界第五层的缝隙和孔洞,疾病和传染病钻入大地,并传播开来

落入世界中心时,会看到创世之初时的景象,那里充满了蛆虫、幼虫

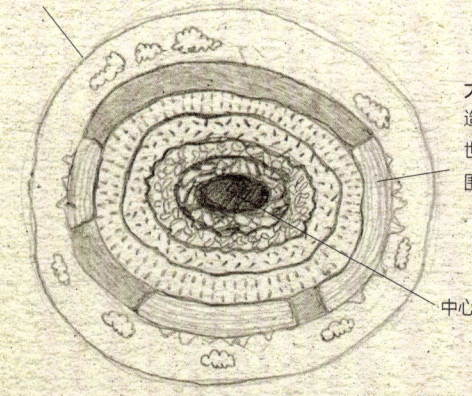

宇宙的结构
上部世界
人间
内部世界

外围

大地
造物主图翰将人类放在内外层的中间,世界的中心依然处于原始状态,而外围则处于一种理想的虚空状态

中心

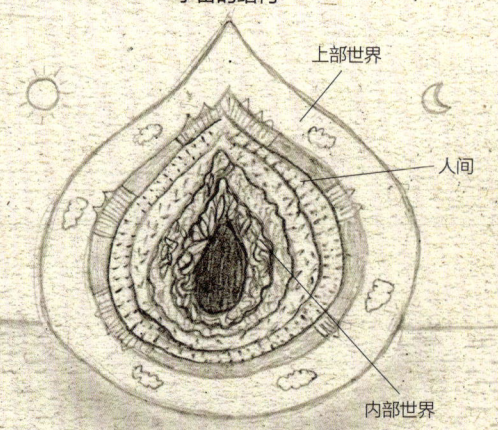

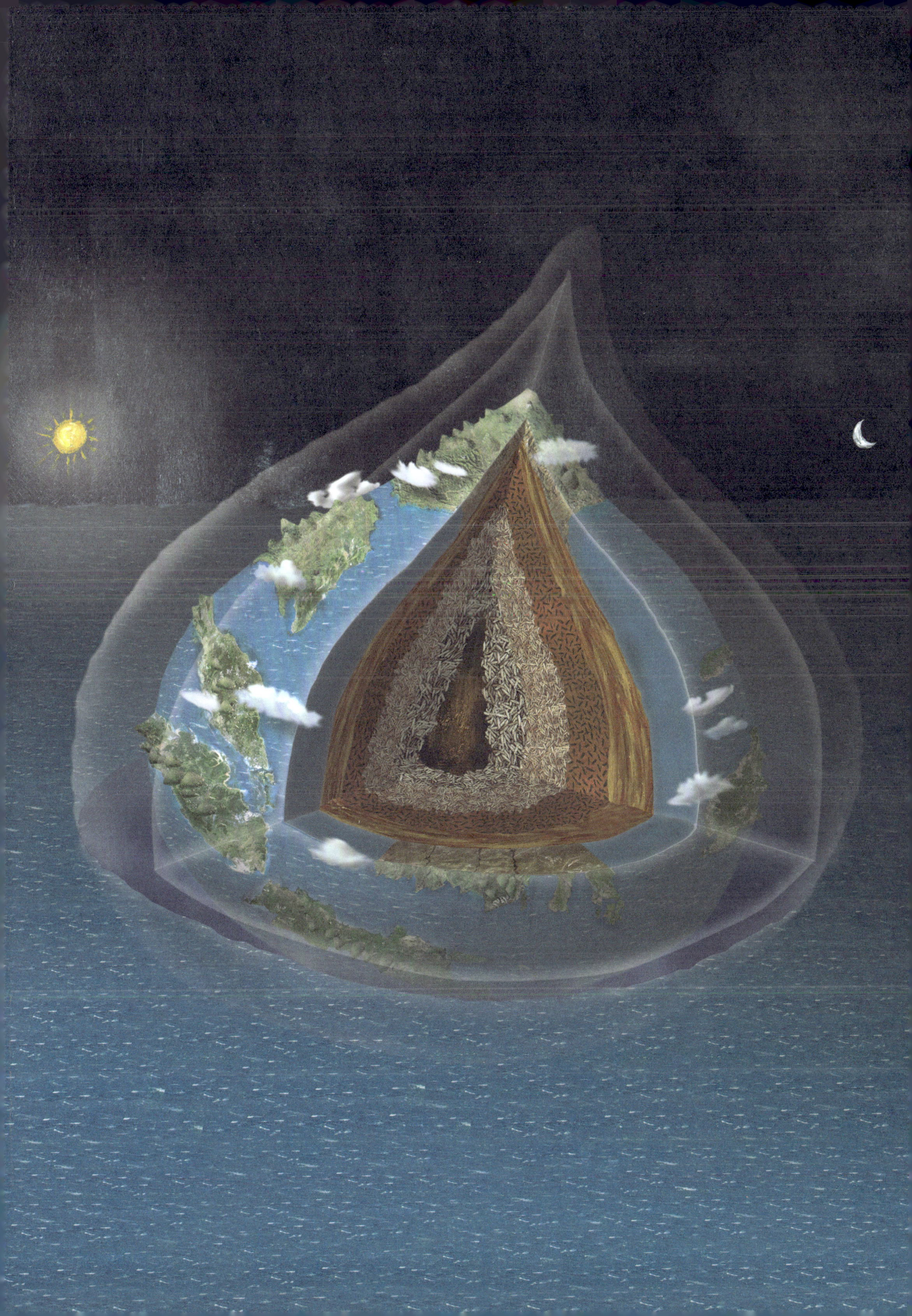

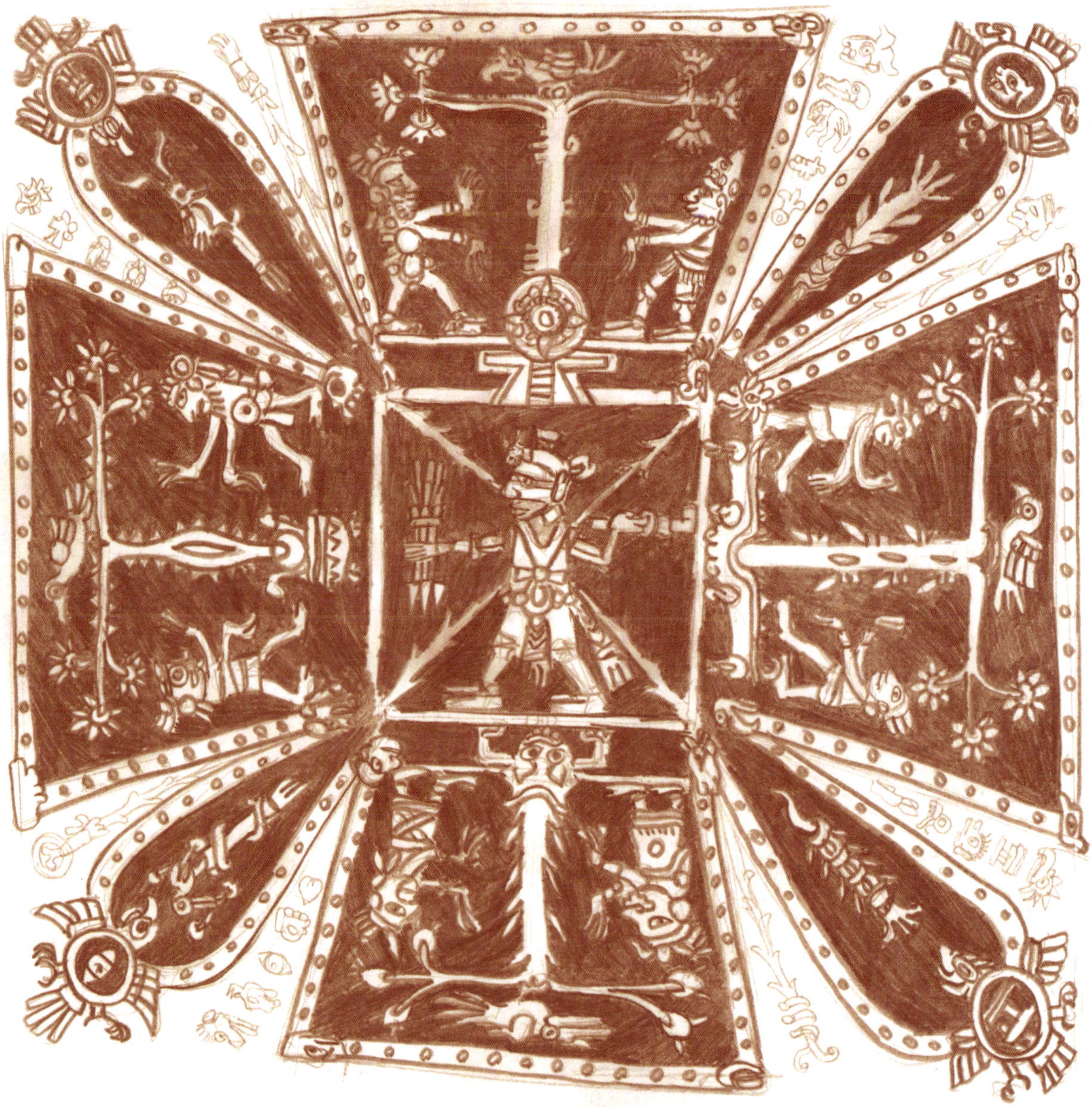

结束语

无论是宇宙起源说，还是创世神话，它们讲述的都是神祇创世的故事，这些故事的情节往往都极为曲折。除了简明扼要地讲解太阳、月亮、繁星、天空及动物的起源之外，这些故事还描述了人类社会的构筑过程。宇宙起源说回答的不仅仅是普世的问题，即宇宙为什么会存在，它是如何产生的，而且为人类社会提供了宝贵的佐证。它详细描述了每一项重大事件，正是这些事件让人变成既有性别差异又生死有命的个人，让人掌握了各种知识和诀窍（包括农耕知识、狩猎诀窍、手工技艺、宗教信仰等），同时让人服从道德规范、遵守社会准则。在神话中，所有这一切都是原初时期具有超自然能力的神赋予人的。在涉及创世这一话题上，古往今来的人不厌其烦地讲述了很多故事，但很少会用图像的形式去展现创世的过程。本书在汲取各种不同文明创世说的基础上，结合科学史、宗教史、人类学研究及艺术史等方面的信息，为宇宙志描绘出一幅幅华丽的图画，细腻地再现了各地的宇宙起源说。这是一本乌托邦式的宇宙画册，是一部有关宇宙的珍品画集，就像某个热衷于宇宙学且心灵手巧的植物学家或昆虫学家，在自己的收藏册里用素描及彩绘的手法对各种宇宙做出细腻的剖析，以萃取世界的精华——人类本身。寻找各种不同的世界起源说，深入了解这些世界，钻研世界内部的结构，更好地把这些不同的世界表现出来，这无异于一次寻根，一种心灵之旅。如果用一句话来概括，那就是："你只要去想象宇宙，就能从中看到自己那一部分。"

无论这些不同的世界起源于何处，不管是来自古代文明还是源于微观社会，它们都有许多共同之处，无非是宇宙之卵破壳创世说，原初巨人肢解创世说，或潜水鸟衔土创世说（这种说法流传于历史悠久的偏远部族中）。富有生命力的人恰好是各种起源说最主要的源泉——世界是种子，是胚胎，是原初富有生命力的水滴，未来生命的所有潜力都包含其中，它们在宇宙的子宫里发育成长。这个世界既是卵，又是期待激活、分化的胚胎，还是神祇结合生出的婴儿，或是由造物主身上的排泄物化成的生物，这些排泄物包括精液、唾液、呕吐物、皮屑、尿液、粪便等。这个世界代表着新陈代谢机制，代表着在旧世界废墟上崛起的新生命。这个世界既不好，也不坏，只不过是大自然自身的写照，是两种矛盾——善与恶、秩序与混沌、黑与白——长期斗争后达成平衡的结果，这也恰好证明世界本身就有苦难、疾病、饥馑、恐惧、黑暗等。作为富有生命力的神圣之物，人既不能避免死亡，也不可能长生不老。

死者会进入世界的西方（这里是指太阳西落处），接着又被一步步地逐入地下世界，那里有守护神看守，这守护神往往是一种爬行动物样的妖怪。天空无论分为几层，均是诸神的居所，诸神在完成造物的使命之后，就会回到天空中。一棵神树，或坐落在大地中央的宇宙高峰，承担着连接诸神与人的重任，也肩负着衔接宇宙中多重天地的使命。面对种种大同小异的宇宙起源说，人们难免会提出疑问：人所想象出的宇宙究竟是一个，还是好几个呢？正如有些人推测的那样，世间是否有一种集体无意识，人类都从中汲取了灵感呢？或者说，这些内容相似的创世说，只不过是各部族相互影响、相互同化留下的痕迹？神话究竟发挥了什么作用？历史学家或人类学家的作用又是什么呢？这些问题一直没有明确的答案。就像对不可见的世界，以及世界有无边界（世界究竟是哪一种呢？）等问题的追问一样，这些都有待当代的宇宙学家去解答。

© 民主与建设出版社，2023

图书在版编目(CIP)数据

天似穹庐 / (法) 蕾伊拉·哈达，(法) 纪尧姆·杜帕著；袁俊生译. -- 北京：民主与建设出版社，2023.5

ISBN 978-7-5139-4137-2

Ⅰ.①天… Ⅱ.①蕾…②纪…③袁… Ⅲ.①神话—研究—世界 Ⅳ.① B932

中国国家版本馆 CIP 数据核字（2023）第 049867 号

First published in France under the title
Mondes, mythes et images de I'Univers
by Leïla Haddad and Guillaume Duprat
© Éditions du Seuil, 2006
© Guillaume Duprat for the illustrations

Current Chinese translation rights arranged through Divas International, Paris
巴黎迪法国际版权代理（www.divas-books.com）

北京市版权局著作权合同登记号 图字：01-2023-1313

天似穹庐
TIAN SI QIONG LU

著　　者	［法］蕾伊拉·哈达　［法］纪尧姆·杜帕
译　　者	袁俊生
责任编辑	王　颂
特约编辑	贾宁宁
装帧设计	王左左
内文制作	陈基胜
出版发行	民主与建设出版社有限责任公司
电　　话	（010）59417747　59419778
社　　址	北京市海淀区西三环中路 10 号望海楼 E 座 7 层
邮　　编	100142
印　　刷	北京华联印刷有限公司
版　　次	2023 年 5 月第 1 版
印　　次	2023 年 5 月第 1 次印刷
开　　本	889 毫米 ×1194 毫米　1/16
印　　张	9.25
字　　数	150 千字
书　　号	ISBN 978-7-5139-4137-2
定　　价	160.00 元

注：如有印、装质量问题，请与出版社联系。